WOLFGANG HENSEL

GARTEN-GLÜCK

SCHRITT FÜR SCHRITT ZUM PFLEGELEICHTEN GARTEN

Den Garten anlegen

Pflanzen auswählen

Den Garten gestalten

Den Garten anlegen

Gärten für Faule – Gärten für Fleißige?

Gibt es einen goldenen Mittelweg zwischen aufwendiger Gartenarbeit für ein üppig blühendes Paradies und dem Wunsch, diese Pracht von der Hängematte aus zu genießen? Einen Prachtgarten ganz ohne Arbeitsaufwand zu erhalten, ist leider nicht möglich. Es ist aber durchaus möglich, mit geschickter Planung sowie maßvoller und regelmäßiger Gartenarbeit einen Garten zu schaffen, der alle Ansprüche erfüllt.

Es ist gar nicht so schwierig, einen Garten zu gestalten, in dem man sich rundum wohlfühlt. Dazu sind nur zwei Voraussetzungen erforderlich:

- Werden Sie sich darüber klar, was Sie von Ihrem Garten erwarten. Viele Gartenbesitzer sind vor allem deswegen unzufrieden, weil sie »alles« wollen und sich bei der Umsetzung zwangsläufig verzetteln.
- Seien Sie bereit, regelmäßig und planvoll in und an Ihrem Garten zu arbeiten.

Wenn Sie diese beiden Voraussetzungen konsequent erfüllen, können Sie einen schönen Garten gestalten, ohne dafür wöchentlich mehrere Stunden schuften zu müssen.

Die Legende vom Garten »ohne Arbeit«

Wer kennt nicht die alberne Lösung für den absolut pflegeleichten Garten: »Betonieren und grün anstreichen.« Allerdings kenne ich keinen Gartenbesitzer, der sich mit einer betonierten Stellfläche zufriedengeben und das »Garten« nennen würde. Die Frage lautet also: »Wie findet man den optimalen Kompromiss?« Einen Garten mit minimalem oder gar ganz ohne Arbeitsaufwand gibt es nun einmal nicht! Solche Gärten gehören ins Reich der Legende – oder eben unter Beton.

Die Lösung (fast) aller Probleme

Der goldene Mittelweg zwischen einer Betonfläche und einem mit viel Mühe und Arbeit gestalteten Garten heißt »pflegeleichter Garten«. Hierbei ist es allerdings nicht damit getan, einige robuste und langlebige Gehölze und Stauden einzupflanzen und dann einfach abzuwarten! Vom Design des Gartens über sein Thema bis hin zur Auswahl der Pflanzen und Accessoires sollte alles gut geplant und aufeinander abgestimmt sein. Dazu gibt es einige Arbeiten im Garten, die Sie unbedingt regelmäßig durchführen sollten.

Sinnvolle Arbeit statt Leistungsdruck

Ein Garten spiegelt die Persönlichkeit/en seines/r Besitzer/in wider. Wer seinen Garten – und die damit verbundene Arbeit – als Hobby betrachtet, wird wohl kaum einen Gedanken an den Pflegeaufwand verschwenden. Einem solchen Gärtner macht es nichts aus, sein blühendes Paradies mit viel Schweiß erkaufen zu müssen. Vielmehr schöpfen diese glücklichen Menschen ihre Lust und Befriedigung gerade aus der Last der Gartenarbeit. Allerdings dürfte diese Einstellung nur für einen relativ kleinen Teil der Gärtner gelten. Die Mehrheit der Feierabendgärtner erlebt den eigenen Garten völlig anders. Bei ihnen verwandelt sich die Lust am Garten sehr schnell in Frust, und das liegt fast immer an der eigenen Anspruchshaltung: Wir sehen das Bild eines wunderschönen Gartens und wünschen uns »genau so einen«. Der Versuch, dieses Traumbild in die Realität umzusetzen, ist aber meist zum Scheitern verurteilt:

Wunderbare Zwiebelpflanzen

Zwiebelpflanzen – und zwar robuste Sorten, keine empfindlichen Spezialisten – verkörpern in beinahe perfekter Weise das Ideal für den pflegeleichten Garten. Zwiebeln legen Sie im Herbst (für die Blüte im Frühling) oder im Frühling (für die Blüte in Sommer und Herbst) in ein Loch und bedecken sie mit Erde – dann brauchen Sie nur noch abzuwarten. Wer sich nicht die Mühe machen möchte, die Zwiebeln zu pflegen (siehe Seite 51), sollte jedes Jahr neue kaufen und pflanzen. Rechnen Sie mit einer einmaligen 20–30minütigen Arbeit pro Quadratmeter. Wenn Sie zudem Sorten mit gestaffelter Blütezeit auswählen, hält die Blütenpracht mehrere Wochen lang an.

Die herrschenden Belichtungs- und Bodenverhältnisse sind anders. Man macht Kompromisse bei Form und Größe der Beete und bei der Auswahl der Pflanzen. Es fehlt die Zeit und/oder Bereitschaft, die notwendigen Pflegearbeiten durchzuführen. Damit beginnt ein fataler Kreislauf von Stress und Leistungsdruck. Der Garten beginnt rasch an Attraktivität zu verlieren. Eigentlich müsste man nun die Gartengeräte in die Hand nehmen und loslegen. Je länger man damit wartet, desto mehr sinkt gewöhnlich die Lust, mit der Arbeit anzufangen. Der Garten sieht immer verwilderter aus. Dann meldet sich natürlich auch das schlechte Gewissen. Kurz, was eigentlich der Erholung dienen sollte, wird zur Quelle von Stress.
Einen Ausweg aus diesem Dilemma bietet nur ein konsequentes Umdenken!

Der Vier-Stufen-Plan zum Erfolg

Ein pflegeleichter Garten entsteht nicht von heute auf morgen, vor allem nicht ohne Arbeit! Am leichtesten geht die Umstellung, wenn Sie stufenweise vorgehen.

- Die erste und wichtigste Stufe zum lustvollen Garten heißt: **realistische Abschätzung der Möglichkeiten.**

So wunderschön die Mustergärten in Büchern und Zeitschriften auch sein mögen, sie verlangen nach einem hingebungsvollen Gärtner, der ihnen einen großen Teil seiner Freizeit widmet. Dabei gibt es eine Menge von Gartentypen, die mit viel weniger Arbeitsaufwand auskommen (siehe Gestaltungsteil). Natürlich sind sie nicht so bunt und üppig wie ein pflegeintensives Staudenbeet, machen dafür aber auch merklich weniger Arbeit. Realismus im Garten bedeutet keineswegs Langeweile oder gar Tristesse! Vom Japanischen Garten bis zum Strauchgarten, vom Kiesgarten bis zum Bambushain bieten sich viele äußerst attraktive Gartenideen an.
Eine einschneidende Entscheidung muss bei den festen Oberflächen getroffen werden. Jeder Quadratmeter Kies, Steine, Pflaster oder Holzdeck reduziert die Arbeit. An diesem Punkt muss jedes Umdenken beginnen, und sei der Rasen noch sehr das Lieblingskind des Gärtners!

- Die zweite Stufe betrifft die **anfallenden Arbeiten.**

Mich erinnert die Situation ein wenig an den fälligen Zahnarztbesuch. Mit der »Ich-sollte-mal-wieder«-Strategie klappt es bei mir einfach nicht. Also lasse ich mir einen festen Termin geben. Tragen Sie in Ihren Terminkalender ein, wann was im Garten erledigt werden muss und halten Sie diese »Termine« dann auch ein. Mit solch einem Garten-Terminkalender können Sie die Arbeiten entzerren. Natürlich gibt es Wochen, in denen es eng wird,

Der Strukturkontrast zwischen den filigranen Wedeln des Farns, den blaugrünen Blättern der Funkie und der rustikalen Amphore macht diesen halbschattigen Standort zum Hingucker.

vieles lässt sich aber auch ganz geschickt über das Jahr verteilen, und einige Arbeiten können gut zusammengelegt werden (z. B. Langzeitdüngergabe und Mulchen oder Gießen mit gelöstem Dünger).

- Stufe drei: **die Pflanzenauswahl**. Lassen Sie sich nicht nur von ästhetischen Gesichtspunkten leiten, sondern berücksichtigen Sie auch die anfallenden Pflegemaßnahmen: Manche Gehölze müssen regelmäßig beschnitten werden, andere kommen (fast) ganz ohne Schnitt aus. Es gibt kurz- und langlebige Stauden. Manche Gehölze und Stauden neigen stark zum Wuchern und sollten eingedämmt werden, andere wachsen mehr oder minder horstig.
- Die vierte Stufe verlangt **Mut und Entschlossenheit**. Ob sich die ausgewählten »pflegeleichten« Pflanzen in Ihrem Garten genauso verhalten, wie es die Theorie (d. h. die durchschnittliche Erfahrung) vorsieht, hängt von vielen Faktoren ab. Bodenbeschaffenheit, Sonneneinstrahlung, Kleinklima, Konkurrenz durch andere Pflanzen können immer dazu führen, dass manche Arten oder Sorten einfach nicht gedeihen wollen. Versuchen Sie nicht, solche Pflanzen zu retten (das gilt selbstverständlich nicht für den hingebungsvollen Gärtner!), sondern probieren Sie andere – und hoffentlich bessere – aus. Nur so sparen Sie Arbeit und vermeiden Frustration.

Gartenlust statt Gartenfrust

Jeder Garten erfordert ein gewisses Maß an Arbeit! Sie können das Ausmaß dieser anfallenden Arbeiten aber selbst bestimmen. Wenn Sie auf pflegeintensive Pflanzen verzichten und mehr feste Oberflächen einplanen, reduziert sich auch der Arbeitsaufwand – jede gesparte Arbeitsminute zahlt sich in einer Minute Gartenlust aus. Die Lust am eigenen Garten stellt sich nur dann ein, wenn Sie ihn ohne Gewissensbisse genießen können. Wer schon morgens überlegt, ob am Nachmittag Zeit für die Gartenarbeit bleibt, setzt sich unter Leistungsdruck. Nur ein pflegeleichter Garten und ein gut durchdachter Arbeitsplan lösen das Problem. Wollte man das Credo eines lustvollen – nicht faulen – Gärtners auf den Punkt bringen, sollte es etwa lauten: Lieber im Liegestuhl auf einer gepflasterten Terrasse liegen, als den Stuhl vor dem Mähen von der Rasenfläche tragen zu müssen.

Feste Oberflächen und klare Linien

Auch wenn es dem Wesen eines Gartens zu widersprechen scheint: Jeder Quadratmeter Erde erhöht den Pflegeaufwand. Freie Erde muss regelmäßig von Unkraut befreit und gelockert werden. Eine Rasenfläche verlangt nach Dünger, Wasser und dem Rasenmäher. Eine mit Stauden bepflanzte Fläche braucht noch mehr Pflegeaufwand. Pflegeleichter wird es, wenn Sie möglichst viele Flächen mit harten Oberflächen wie Holz, Kies oder Platten abdecken. Abwechslungsreicher Materialmix, Ornamente und Accessoires, wie Kübel und/oder plastische Elemente, sorgen für Abwechslung und Spannung.
Wenn das nicht erwünscht ist, sollten Sie zumindest nicht zu viel geschwungene Linien einsetzen und die Grenzen zwischen den Bereichen – etwa zwischen Rasen und Beet – durch fest eingebaute Kanten pflegeleicht fixieren.

Kies in verschiedenen Qualitäten und Farben sieht wunderbar aus und ist pflegeleicht.

Knirschende Körnchen unter den Füßen

Sorgfältig angelegte Kiesflächen (siehe Seite 32/33) sind lange haltbar und bei geeigneter Materialauswahl auch sehr abwechslungsreich. Ob Sie den Kies lieber in einem Baumarkt oder Gartencenter kaufen, ist eine Frage des Preises und des Angebotes. Im Baumarkt oder im Handel für Baumaterialien ist Kies gewöhnlich preiswerter, im Gartenhandel kann das Angebot größer sein. Manche Betriebe bieten so genannten Zierkies an, der sich durch farbige oder besonders glatte, runde Kiesel auszeichnet.
Achtung: Eingefärbter Kies ist nicht immer farbecht.

- Die feinen Korngrößen (Durchmesser der einzelnen Steine 2–6 mm) eignen sich weniger für begangene Flächen, decken aber umso besser Beete oder Kübel ab.
- Korngröße 6–16 mm ist der beste Kies für Wege und Sitzflächen. Je nach Material ist er unterschiedlich gefärbt. Helle Steine (z. B. Carrarakies, Quarzkies) bringen Licht in dunkle Ecken, dunkelgraues (z. B. Granitkies) oder braunes Material (z. B. Gletscherkies) eignet sich besser für offene Flächen und harmoniert gut zu Grüntönen.
- Kies bis Korngröße 32 (so genannter Dränagekies) ist zu groß für Wege, lockert aber größere Zwischenräume im Natursteinpflaster auf. Ähnlich gut dafür geeignet ist gröberer Kies in Kombination mit großen Feldsteinen. Steine mit schärferen Kanten werden gewöhnlich als Schotter oder Splitt angeboten. In kleinen Korngrößen eignen sie sich sehr gut als Wegmaterial, mit größeren Stücken können Sie beispielsweise die Fläche unter Nadelgehölzen gut abdecken.

Natürliches Material mit guter Optik: Holz

Viele Experten halten Holz für das beste Material, um Wege und Sitzplätze zu gestalten. Holz ist ein ästhetisches Material, dessen Qualitäten durch musterhafte Verlegung oder Zieranstriche noch gesteigert werden können. Bei unregelmäßigem oder schrägem Grund müssen Sitzplätze und Terrassen vollständig eingeebnet und ggf. auch mit Stützmauern abgefangen werden – erst dann lässt sich die Fläche mit Kies oder Platten belegen. Bei einem Holzdeck reicht dagegen eine stabile Unterkonstruktion aus Stützen und Trägern. Die ebene Holzfläche kaschiert den darunter liegenden, unregelmäßigen Grund.

- **Weichhölzer** müssen vor dem Verlegen gegen Verwitterung behandelt werden. Besonders gut schützt eine so genannte Kesseldruckimprägnierung, bei der Holzschutzmittel unter Druck in das trockene Holz gepresst wird. Schutzanstriche dringen nicht so tief ein und können außerdem nur von der Oberseite her erneuert werden, da

Holz ist ein sehr warmes, natürliches Material, das in der Nähe zum Haus den Wohncharakter einer Terrasse betont.

Die Natursteine zur Hangbefestigung wirken fast wie eine natürliche Geröllhalde.

nach der Verlegung die bodenseitige Fläche meist nicht mehr zugänglich ist. Andererseits erweitern farbige Anstriche die Gestaltungsmöglichkeiten.

- **Harthölzer**, insbesondere Tropenhölzer aus Plantagenanbau, sind widerstandsfähiger und brauchen keinen imprägnierenden Anstrich. Allerdings sollte man aus Naturschutzgründen eher auf Tropenholz verzichten.

Gerade Linien sparen Arbeit

Die auffälligsten und für pflegeleichte Gärten besonders kritischen Grenzen sind Gras- und Beetkanten.
Rasenmähen erfordert zwar eine gewisse Zeit, ist aber absehbar. Viel mehr Zeit vergeht jedoch, wenn der Rasenmäher nicht mehr in geraden Bahnen, sondern vorsichtig entlang von gebogenen Kanten geführt werden muss. Hinzu kommt die regelmäßige Pflege zum Erhalt der scharfen Kante. Auch Stauden, die über den Rasen wuchern, oder Barrieren (Mini-Palisaden) halten den Mäher auf. Wenn die Rasenkanten dagegen durch eingegrabene Barrieren und Kantsteine gesichert sind, können Sie den Rasenmäher zügig über die Kante führen.

Die Sicherung von Kanten gilt auch für alle anderen Grenzen im Garten: Strauchbeet zum Rasen, Weg zum Beet oder Rasen, Sitzplatz zum Garten. Lassen Sie möglichst viele Kanten in geraden Linien verlaufen und verhindern Sie das »Überspringen« der Elemente.
Kies kann nicht in die Beete eindringen, wenn er durch eine genügend stabile Barriere daran gehindert wird (z. B. Mini-Palisaden, Ziegelsteine). Ein Weg kann von Gras oder Beetpflanzen nicht so leicht überwuchert werden, wenn eine in den Boden eingegrabene Barriere die Ausbreitung der Wurzeln hemmt.

Was ist ein ...?

Zeitsparkonto: Lässt sich die eingesparte Zeit in Minuten und Stunden messen, zeigt Ihnen das Zeitsparkonto die zusätzliche Freizeit im pflegeleichten Garten im Vergleich zum konventionellen Garten an.
Pflegeleicht-Bonus: Nicht immer kann man die Einsparungen direkt auf der Uhr ablesen. In diesen Fällen gibt Ihnen der Pflegeleicht-Bonus an, warum sich die Umstellung auf die pflegeleichte Variante lohnt.

Standortgerechte Bepflanzung

Jede Pflanze – Einjährige, Stauden oder Gehölze – wächst nur in einem bestimmten Lebensraum optimal. Einige Arten stellen keine besonderen Ansprüche und kommen mit einem relativ breiten Spektrum an Licht-, Boden- und Wasserverhältnissen zurecht. Andere sind deutlich heikler: Eine Seerose z. B. kann niemals im Beet wachsen, ein Sonne liebendes Mittelmeergewächs kümmert im feuchten Schatten vor sich hin, und ein Waldfarn hätte in der prallen Sonne keine Chance.
Jede »falsch« eingesetzte Pflanze kostet eine Menge Folgearbeit – vom Gießen über das Düngen bis hin zum Austausch, wenn sie letztlich doch aufgibt. Außerdem wird sie sich niemals so prächtig entwickeln wie am optimalen Standort. Leider sieht man es einer Pflanze nicht an, wo sie am besten gedeiht. Achten Sie daher auf die Pflegehinweise in den Containern oder fragen Sie die Fachverkäufer. Besser noch informieren Sie sich vorab in Gartenbüchern, Pflanzenkatalogen oder im Internet, an welchem Standort die gewünschte Pflanze am besten gedeiht.

In der Sonne und auf lehmigem Boden sind dem Gärtner kaum gestalterische Grenzen gesetzt.

Am beliebtesten: der Platz an der Sonne

Schon ein flüchtiger Blick auf das Angebot in einem Gartencenter macht deutlich: Die meisten Stauden und viele Blütensträucher brauchen einen sonnigen Standort. Auch wenn es beim Kauf noch so frustrierend sein sollte: Lassen Sie die Container mit dem strahlenden Sonnensymbol stehen, wenn Sie Pflanzen für ein schattiges Beet suchen! Sie ersparen sich damit den ewigen Frust beim Blick auf eine traurige Ansammlung schwächlich wachsender und nur spärlich blühender Pflanzen.
Liegt der ausgewählte Standort aber tatsächlich in der Sonne, sollten Sie auf jeden Fall noch die Bodenbeschaffenheit beachten (siehe Seite 26/27):

- Auf durchlässigen, sandigen Böden wachsen nur echte Sonnenanbeter, wie z. B. Sommersalbei, Lavendel, Pfingstnelken, Spornblumen, aber auch Bart-Iris.
- Hält der Boden die Feuchtigkeit besser und ist er vielleicht sogar lehmig, dann dürfen Sie sich auf einen herrlichen Sommer freuen. In solchen Beeten gedeihen ohne besonderen Aufwand (in sehr heißen Sommern muss allerdings mehr gegossen werden) Prachtstauden wie Sonnenauge, Sonnenhut, Sonnenbraut, Rittersporn, Herbstastern und viele andere mehr.

Lassen Sie den Schatten leuchten

Schatten ist nicht gleich Schatten. Im Dauerschatten einer Mauerecke, besonders in Verbindung mit trockenem Boden, wachsen nur sehr wenige Spezialisten. Hier bieten sich als pflegeleichte Lösungen beispielsweise ein Sitzplatz, ein Sprudel- oder Wandbrunnen, eine Grillecke oder Kübelpflanzen an, die regelmäßig wieder in die Sonne gestellt werden (arbeitsaufwendig und nicht ganz pflegeleicht). Am anderen Ende des Spektrums steht der lichte Schatten eines lockeren Gehölzes, der zudem durch einige Sonnenstunden am Tag aufgehellt wird – hier gedeihen sogar manche »echten« Sonnenpflanzen.

- Echte Schattenpflanzen, wie Efeu, Farne oder Immergrün, vertragen auch etwas Sonne, während einige der Halbschattenpflanzen durchaus auch mit mehr Schatten zurechtkommen (z. B. Elfenblume, Funkien, Tränendes Herz oder Veilchen).
- Zu den besten Pflanzen für Halbschatten und normal feuchten Gartenboden gehören die Japan-Anemonen,

Astilben, Christrosen, Eisenhut, Pfingstrosen (lieben leichten Schatten) und verschiedene Primeln.

- Pflanzen Sie einen Bodendecker, z. B. Golderdbeere oder Balkan-Storchschnabel (siehe Seite 92/93), statt sich über spärlichen Schattenrasen zu ärgern.
- Probieren Sie geeignete Arten aus, und entfernen Sie alles, was nicht wachsen will. Die Arbeit, die Sie in den ersten Jahren hineinstecken, zahlt sich später wieder aus.

Was tun bei staunassen Flächen?

Wenn unter der obersten Bodenkrume eine Tonschicht verläuft, kann das Regenwasser nicht abfließen und bildet staunasse Zonen. Auch für solche Bereiche gibt es mehrere Möglichkeiten der Gestaltung:

- Sie verwandeln die staunasse Fläche in eine Bach- oder Teichlandschaft.
- Sie machen sich die Mühe, den Boden grundlegend zu verbessern (siehe Seite 28/29).
- Sie verzichten ganz auf Grün und legen an diesen Stellen feste Oberflächen an.
- Sie wählen eine standortgerechte Bepflanzung – geeignete Pflanzen (siehe auch Seite 110/111) finden Sie im Gartencenter in der Abteilung für Wasserpflanzen. Viele der dort angebotenen Stauden für den Uferbereich (Übergang zwischen freiem Wasser und festem Land) eignen sich auch für feuchte Stellen im Garten. Achten Sie unbedingt darauf, dass die Lichtverhältnisse stimmen – viele Uferpflanzen brauchen sonnige Standorte! Sowohl mit Sonne wie mit leichtem Schatten kommen Ligularien, Frühlingstaglilien oder Sumpfdotterblumen zurecht, etwas mehr Sonne brauchen Blutweiderich und Wasserdost.

Mit Kübeln den Standort überlisten

Obwohl der Einsatz allzu vieler Kübel ganz sicher nicht pflegeleicht ist, erfüllen sie auch im pflegeleichten Garten eine wichtige Aufgabe. Statt mit dauerhafter Arbeit gegen die Ungunst eines Standorts anzukämpfen, machen Sie sich mit einem Mini-Standort im Kübel davon unabhängig. Sie können – Sonne vorausgesetzt – in sandiger Erde Mittelmeerkräuter auf einem Sumpfboden aufstellen. Mit preiswerten Einjährigen für einige Wochen schattige Bereiche zum Blühen bringen oder eine Azalee in saurer Erde über einem Kalkboden genießen.
Betrachten Sie derartige »Tricks« aber immer nur als Notlösung. Sobald die Zahl der Kübel zu groß wird, kosten sie mehr Arbeit als die Pflege der Originalstandorte. Hier – wie auch sonst im pflegeleichten Garten – kommt es darauf an, das rechte Maß zu finden.

Verschiedene Blattformen beleben schattige Lagen (oben), Teichrandpflanzen feuchtere Zonen (unten).

Themengärten statt Beliebigkeit

Die Veranstalter jeder Gartenschau versuchen, ihr Publikum durch eine Vielzahl von Attraktionen zu beeindrucken. Es gibt Staudenrabatten, Wiesen, Rasenflächen, Spielgärten für Kinder und eine Vielzahl thematischer Abteilungen, vom Bauerngarten über Staudenbeete bis hin zu Wasser- und Steingärten.
Wenn ich in manche Privatgärten schaue, habe ich den Eindruck, hier würde ebenfalls auf kleinstem Raum eine Art Gartenschau abgehalten: Da finden sich Steingärten neben Gartenteichen, Bachlandschaften grenzen an Staudenrabatten, und Gewürzbeete konkurrieren mit Rosen. Hinzu kommen Blumenkübel mit exotischen Gewächsen, Hängeampeln an der Pergola und Blumentöpfe auf der Terrasse. So schön solche Gärten im Einzelfall auch sein mögen, sie alle erfordern eine Unmenge an Arbeit.

Mit Farnen und geeigneten Bodendeckern wird aus einer halbschattigen »Problemzone« ein Schattengarten.

Arbeitserleichterung durch Beschränkung

Jedes Beet und jeder Gartenbereich verlangt eine ganz bestimmte Art von Pflege. Da muss gejätet und gedüngt werden, Schnittmaßnahmen wechseln sich ab mit Aussaaten, Stauden teilen oder Neupflanzungen. Je stärker die einzelnen Gartenbereiche voneinander abweichen, desto mehr und unterschiedlichere Arbeit fällt an. Statt seinen Garten zu genießen, müht sich der Gärtner ständig ab, die Ansprüche der zahlreichen Pflanzen zu befriedigen. Das muss nicht sein! Wenn Sie den Garten unter einem einzigen, durchgängigen Thema gestalten, bleiben die anfallenden Arbeiten überschaubar. Natürlich muss auch ein Themengarten gepflegt werden, aber Sie sind nicht mehr ständig und jedes Wochenende mit den unterschiedlichsten Arbeiten beschäftigt.
Der Unterschied zwischen normalen und Themengärten lässt sich gut am Beispiel der Düngung verdeutlichen: Die meisten großen Pflanzengruppen (z. B. Rasen, Laub- und Nadelgehölze, Stauden, Gemüse, Rosen) brauchen speziellen Dünger, der nur dann optimal wirkt, wenn er zur richtigen Zeit aufgebracht wird. Bei dem Versuch, alles zu beachten, verzettelt man sich leicht. Mit der Beschränkung auf ein Thema reduziert sich der Düngeaufwand ganz beträchtlich (übrigens auch die Kosten).
Ein Themengarten bedeutet keineswegs, dass Langeweile ausbricht, denn innerhalb des gewählten Themas können Sie Ihre kreative Fantasie ebenfalls voll ausleben.

Vom Standort bestimmte Gärten

Standortgerechte Themengärten setzen vollständig auf die herrschenden Umweltfaktoren.

- Liegt ein großer Teil des Gartens in der Sonne, bietet sich ein »Sonnengarten« an. Decken Sie schattige und halbschattige Bereiche einfach mit festen Oberflächen oder Schatten liebenden Bodendeckern ab, und bepflanzen Sie die übrigen Flächen mit pflegeleichten, Sonne liebenden Sträuchern und Stauden. Ist der Boden sandig und durchlässig, könnten Sie mit Gräsern, entsprechenden Zwiebel- und Knollenblumen und Stauden eine »Steppe« erstellen. Feuchterer Boden ließe sich als »Wilde Wiese« oder »feuchte Prärie« gestalten. Bei noch feuchteren Böden könnten Sie »Sumpflandschaften« oder »Feuchtwiesen« anlegen.
- Bei einem eher schattigen Grundstück bieten sich die sonnigen Bereiche als Sitzplätze an. Im Schatten und Halbschatten tummeln sich Sträucher und Waldstauden im »Waldgarten«, Farne und Gräser im »Farngarten« oder entlang eines Bachlaufes als schattiger »Wildbach«.

Dieser Sitzplatz mag zwar nicht jedermanns Geschmack treffen, aber er vereint auf nahezu perfekte Weise ästhetische Ansprüche mit geringem Arbeitsaufwand für die Bepflanzung (es muss nicht Papyrus sein).

Weitere standortgerechte Themengärten wären Heidegärten (siehe Seite 138/139), Hanggärten, pflegeleichte Wassergärten oder ein Bambushain (siehe Seite 122/123).
Es kommt nicht darauf an, ein ökologisch korrektes Biotop zu gestalten – das sollte man den botanischen Gärten überlassen –, sondern ein gefälliges Gesamtbild. Vermutlich gelingt es nicht gleich beim ersten Mal, aber wenn Sie kümmernde Pflanzen konsequent durch besser angepasste Arten ersetzen, wird sich Ihr Garten in Richtung auf einen äußerst pflegeleichten Standortgarten entwickeln.

Kulturell bestimmte Themengärten

Zwischen den standortbedingten und den kulturell bestimmten Themengärten bestehen viele Übergänge. So kann sich ein »Cottage-Garten« nur in einem sonnigen Garten mit gutem Boden entfalten. Ein »mediterraner Garten« braucht viel Sonne und durchlässigen, mageren Boden – das gilt auch für einen mexikanisch angehauchten »Patio-Garten«.
Im Unterschied zu den pflanzenorientierten Standortgärten treten bei den kulturellen Gärten Accessoires stärker in den Vordergrund. Damit nähern sie sich sehr dem Ideal des wirklich pflegeleichten Gartens an.
Ein Garten zum Festefeiern etwa braucht vor allem Sitzplätze, eine stabile Unterlage für Tische und ggf. auch einen fest eingebauten Grill. Entsprechend beschränkt sich die Bepflanzung auf trittfesten Rasen, hübsche Sträucher oder Immergrüne und einige Bodendecker, die auch mal einen »Fehltritt« vertragen.
Immer beliebter werden Themengärten mit fernöstlichem Einschlag (siehe Seite 150/151). Während ein echter »Japangarten« vermutlich nur von einem Zen-Meister gestaltet werden kann, bieten unsere Gartencenter eine Vielzahl asiatischer Accessoires an, die zumindest das Flair eines solchen Gartens nach Mitteleuropa verlagern können. Brunnenröhren oder Zaunelemente aus Bambus, Steinschalen, Buddhafiguren oder andere asiatische Elemente verleihen die entsprechende Note.
Als Bepflanzung bieten sich unter anderem horstig wachsende Bambusstauden, Funkien, Azaleen, Rhododendren und Fächerahorn an – alle pflegeleicht. Den Untergrund bilden Kies und/oder Natursteinplatten.

Gepflegter Rasen

Ein gepflegter Rasen verlangt den größten Arbeitsaufwand:
Anlegen: einmalig ca. 1–2 Stunden je m^2;
Düngen: mindestens zweimal jährlich; ca. 2–5 Minuten je m^2;
Wässern: je nach Wetterlage ggf. täglich; Zeitaufwand unterschiedlich (Schlauch, Regner)
Mähen: je nach Rasentyp 1–3mal wöchentlich; 2 Minuten je m^2;
Kantenpflege: ca. 10 Minuten je laufender Meter.
Hinzu kommen Ausbesserungsarbeiten, Unkraut und Moos entfernen, Nachsäen, Vertikutieren

Schnitthecken zur Abgrenzung

Damit Schnitthecken immer schön gepflegt aussehen – dabei spielt ganz sicher die Außenwirkung eine nicht unerhebliche Rolle: »Was mag mein Nachbar über mich denken?« –, sollten sie regelmäßig gedüngt (einmal im Frühjahr, mit Einarbeiten in den Boden ca. 15–20 Minuten je m^2) und gemulcht werden (1–2mal jährlich ca. 5–10 Minuten je m^2).
Der Aufwand für den Schnitt ist unterschiedlich: Eine immergrüne Eibenhecke wird z. B. im Sommer und Herbst geschnitten (je nach Höhe mit elektrischer Heckenschere 20–30 Minuten je lfd. Meter), eine Liguster- oder Buchsbaumhecke sogar 2–3mal pro Vegetationsperiode.

Üppig blühende Staudenrabatten

Staudenrabatten sind zu unterschiedlich, um durchschnittliche Pflegezeiten anzugeben. Das Frühjahr beginnt mit dem Lockern des Bodens, Mulchen und der Grunddüngung. Während der gesamten Vegetationsperiode sollten Unkraut gejätet und der Boden immer wieder gelockert werden. Viele der Stauden brauchen eine zweite oder dritte Düngung, einige müssen gestäbt oder geteilt, bei anderen sollte das Verblühte entfernt werden, nicht zu vergessen der Kampf gegen Schädlinge und Krankheiten. Im Herbst werden empfindliche Knollen und Zwiebeln ausgegraben, Stauden abgeschnitten und zum Schutz gegen Frost angehäufelt oder abgedeckt.

Bepflanzte Gartenteiche

Der Pflegeaufwand ist abhängig von Art und Größe des Teiches. Ein großer, naturnaher Teich mit geschwungener Uferlinie und gestaffelter Bepflanzung vom freien Wasser über die Sumpfzone bis zur Bepflanzung der Umgebung hält den Gärtner fast ganzjährig auf Trab. Vom Reinigen der Pumpen und Zuleitungen im Frühling, über das Auslichten von Stauden, Reinigen der Filter, Teilen der Seerosen usw. bis zum Spannen und Säubern eines Laubnetzes im Herbst – Arbeiten fallen dauernd an. Etwas geringer ist der Aufwand bei kleinen Teichen oder streng formalen Anlagen, deren regelmäßige Becken leichter zu pflegen und zu säubern sind.

Einfach oder kompliziert?

Natürliche Blumenwiese

Bei einer Wiese entfällt das Planieren und Ausbringen von Turbo-Grassamen mit allen folgenden Pflegearbeiten. In den ersten Jahren, insbesondere in Neubaugärten, wird die Wiese zwar eher einer Unkrautflur gleichen, aber das gibt sich. Entfernen Sie wuchernde Pflanzen, wie Giersch oder Brennnesseln, und verteilen Sie großzügig Zwiebel- und Knollenblumen, die in den Folgejahren verwildern dürfen (siehe Seite 94/95).
»Wildblumenmischungen« vermehren die Zahl der Wiesenblumen nur, wenn Boden- und Lichtverhältnisse stimmen. Eine Wiese wird nicht gedüngt und nur zweimal gemäht (Vorfrühling, Spätsommer).

Sichtschutzelemente

Wer sein Grundstück pflegeleicht abgrenzen oder in verschiedene Gartenzimmer untergliedern möchte, dem bietet der Fachhandel eine Vielzahl von praktischen, schönen und Arbeit sparenden Sichtschutzelementen an (siehe Seite 146/147). Handwerklich Unbegabte entscheiden sich für einfache Flechtelemente in Fertigbauweise oder fertig montierte Zaunteile mit verschiedenen Mustern. Kreative Heimwerker finden bei der Konstruktion grafisch ansprechender Holzzäune ein breites Betätigungsfeld. Hübsche Zäune geben auch Bambusstäbe oder Strohmatten ab (Letztere sind allerdings nicht lange haltbar).

Pflegeleichte Bodendecker

Kombinieren Sie immergrüne Bodendecker unterschiedlicher Wuchsform und Größe zu einem bunten Teppich. Klassische Bodendecker sind z. B. Efeu, Immergrün, Kriechwacholder, Zwergmispeln, Thymian, Heiden oder Kriechspindel (siehe Seite 96/97). Fragen Sie im Gartencenter nach interessanten Sorten (z. B. mit buntem oder panaschiertem Laub).
Setzen Sie in die Zwischenräume pflegeleichte Knollen- und Zwiebelpflanzen. In Kombination mit einigen Blütensträuchern oder festen Accessoires wie Kübeln, Urnen, Steinen oder Statuen entsteht ein lebhaftes und ganzjährig spannendes Bild.

Unbepflanzte Wasserstellen

Dieser Sprudelstein steht stellvertretend für die vielen Möglichkeiten, mit Wasser in einem pflegeleichten Garten zu gestalten.
Das breite Angebot der Brunnen, Quell- und Sprudelsteine basiert stets auf einem sichtbaren oder unsichtbaren Auffangbecken, einer Pumpe und den entsprechenden Zuleitungen – in der Regel als Set erhältlich. Sie stellen gewissermaßen die Quintessenz eines Wassergartens dar: sichtbares, spürbares und hörbares Wasser. Da sie, anders als ein Teich oder Bachlauf, nicht direkt bepflanzt werden, fallen auch keine Pflegemaßnahmen an (bis auf die Winterruhe für die Pumpe).

Einmal »schuften« statt dauernd arbeiten

Was hat »schuften« in einem Buch über pflegeleichte Gärten zu suchen? Manchmal gelangt man eben nicht direkt, sondern erst über einen Umweg zum Ziel. Im Falle des Gartens besteht dieser Umweg aus einmaliger und teilweise auch schweißtreibender Mehrarbeit. Wer bereit ist, diese Arbeit zu leisten, wird mit vielen Stunden entspannenden Gartengenusses belohnt. Zum Glück ist auch die Zahl der möglichen Fehler absehbar, und alle lassen sich korrigieren.

Es gibt kaum etwas Tristeres als den nackten Boden hinter einem neuen Haus. Also greift man voller Begeisterung zum Spaten und verteilt so schnell wie möglich Grünes auf der Fläche. Erst hinterher – oft erst nach einigen Jahren – stellt sich heraus, dass die Gliederung des Gartens nicht gefällt, die falschen Pflanzen eingesetzt wurden und trotz großer Anstrengung der Garten nicht so wird, wie Sie ihn gerne hätten. Jetzt gibt es drei Möglichkeiten für Sie:

- Sie arrangieren sich mit Ihrem Garten, so wie er ist, arbeiten gelegentlich (gelegentlich auch viel) und gewöhnen sich langsam daran.
- Sie vermehren Ihre Anstrengungen und verwandeln Ihren Garten mit viel und dauerhaftem Arbeitsaufwand in das »blühende Paradies«, das Ihnen vorschwebt.
- Sie gestalten Ihren »verkorksten« Garten in einen pflegeleichten Garten um. Das bedeutet zunächst zwar auch viel Arbeitsaufwand, zahlt sich innerhalb der nächsten Jahre jedoch durch zunehmend weniger Arbeit aus.

Sinnvoller Aufwand zahlt sich aus

Natürlich – und das möchte ich nochmals ausdrücklich betonen – gibt es keinen Garten, der vollkommen ohne Arbeit auskommt. Die in diesem Kapitel vorgeschlagenen Maßnahmen machen Ihren Garten jedoch zunehmend pflegeleichter und Sie erfahren, wie sich unnötige Arbeiten weitgehend eindämmen lassen.

Das A und O ist zunächst die Analyse und Bearbeitung des Bodens. Je sorgfältiger Sie hier vorgehen, desto leichter geht alles Weitere von der Hand. Bei anderen Tipps lohnt sich zunächst ein Blick auf die Pflanzenporträts (ab Seite 66) oder die Gestaltungsvorschläge (ab Seite 116), bevor Sie mit der praktischen Arbeit beginnen. Wenn Sie sich für einen bestimmten Gartentyp entschieden haben, wissen Sie schon viel genauer, was wann getan werden muss.

Der Weg zum pflegeleichten Garten

Unterziehen Sie Ihren Garten zunächst einer kritischen Analyse, um »Freizeitkiller« zu identifizieren und auszusondern (siehe Checkliste). Nur wenn Sie möglichst viele arbeitsintensive Elemente entfernen, dürfen Sie mit einer spürbaren Entlastung bei der Gartenarbeit rechnen. Oftmals ergeben sich Einsparmöglichkeiten bereits, wenn Sie Ihren gesunden Menschenverstand walten lassen. Nehmen wir nur einmal das Beispiel Kübelpflanzen: Zehn einzelne Blumentöpfe und drei Hängeampeln auf der Terrasse müssen im Sommer häufig und regelmäßig gegossen werden. Ein Beregnen mit dem Schlauch ist nicht möglich, weil Terrasse und/oder Möbel leiden würden. Wenn Sie die Töpfe jedoch in zwei großen Kübeln mit Wasserreservoir zusammenstellen und statt Hängeampeln auf Kletterpflanzen zurückgreifen, ist das Gießen sehr viel schneller erledigt. Hier lohnte sich sogar ein fest installiertes Bewässerungssystem (siehe Seite 35).
Notieren Sie sich einfach, wann und woran Sie wie lange arbeiten, dann sehen Sie sofort, wo Zeit gespart werden kann. Selbst wenn Sie nicht planen, Ihren Garten komplett auf »pflegeleicht« umzustellen – ein bisschen mehr Freizeit kann nie schaden!

Freizeitkiller: Persönliche Checkliste

Folgende Elemente meines Gartens kosten zu viel Arbeit:

- ☐ Zierrasen, insbesondere schattige Rasenflächen
- ☐ geschwungene, unbefestigte Rasenkanten und Rasenwege
- ☐ unbefestigte Übergänge verschiedener Gartenbereiche
- ☐ Steingarten
- ☐ Beete mit viel nackter Erde
- ☐ viele Einzelbeete, vor allem Beete in der Rasenfläche
- ☐ Gemüsebeete
- ☐ Beete mit einjährigen Sommer- oder Schnittblumen
- ☐ viele Rosen, einzeln oder im Beet
- ☐ zahlreiche Kübelpflanzen
- ☐ viele Hängeampeln
- ☐ wüchsige Zier- oder Obstbäume
- ☐ Schnitthecken
- ☐ bepflanzte Wasserflächen

Je weniger dieser Elemente Sie angekreuzt haben, desto pflegeleichter ist Ihr Garten.

Mit dem Boden fängt es an

Der Boden (siehe Seite 26/27) bestimmt ganz wesentlich die Qualität eines Gartens, denn er bildet die wichtigste Grundlage jeglichen Pflanzenwuchses. Wer seinen Garten ohne allzu viel Arbeit genießen möchte, muss daher unbedingt mit und nicht gegen den Boden planen. In diesem Punkt nähern sich Biogärten und pflegeleichte Gärten sehr weit an.
Um in Zukunft Mühe und Enttäuschungen zu vermeiden, sollten Sie den Gartenboden so weit wie möglich optimieren. Damit können Sie den Charakter des Bodens zwar nicht vollständig verändern, Sie erleichtern sich aber die Bearbeitung (siehe Seite 28/29), und der Boden bietet den Pflanzen bessere Voraussetzungen.

Die richtigen Gehölze

Während Sie bei Schnitthecken nicht kompromissbereit sein dürfen – sie kosten nun einmal sehr viel Zeit und Mühe –, lohnt sich eine Betrachtung der übrigen Gehölze. Alle Bäume und Sträucher, die sich in Ihrem Garten gut etabliert haben und ohne größeren Arbeitsaufwand zurechtkommen, verdienen eine Chance. Warum sollte man sie auch entfernen? Es macht mehr Sinn, die übrigen Pflanzen um die Alteingesessenen herum zu planen, als einen Pflanzplan vollständig umzugestalten. Verschwenden Sie aber keinerlei Mühe an einen Strauch, der trotz viel Mühe einfach nicht so aussehen will wie damals im Katalog. Entfernen Sie ihn, und ersetzen Sie ihn durch ein besser geeignetes Exemplar.

Der ewige Kampf gegen das Unkraut

Die heimischen Wildkräuter, die Gärtner gerne Unkräuter nennen, sind ihren üppig blühenden Vettern um Längen voraus. Sie hatten Tausende von Jahren Zeit, sich an die herrschenden Umweltbedingungen anzupassen, und diese Chance optimal genutzt: Einjährige Wildkräuter wie Hirtentäschelkraut oder Vogelmiere bilden Unmengen von Samen, die so lange im Boden überleben, bis sie eine Chance wittern auszukeimen. Viele mehrjährige Unkräuter wie Ackerwinde, Brennnesseln, Brombeeren oder Giersch treiben aus langlebigen Wurzeln und Wurzelstöcken wieder aus, auch wenn die oberirdischen Teile vollkommen entfernt wurden.
Wer das Unkraut in seinem Garten, z. B. durch entsprechende Vorbehandlung des Bodens, in den Griff bekommt, spart viel Zeit. Ein vollständiger Sieg gegen das Unkraut ist allerdings nicht möglich. Auch wenn Sie diesem Ziel relativ nahe kommen können (siehe Seite 32/33),

Ein einziger Strauch kann zur Blütezeit ebenso viel Aufmerksamkeit erregen wie ein blühendes Beet – und macht merklich weniger Arbeit.

ein Rest an Jätearbeit wird immer übrig bleiben. Das richtige Timing und die Gestaltung der Beete bestimmen, wie viel Freizeit dem Gärtner bleibt.

Jeder bleibt an seinem Platz

Die ideale Pflanze für den pflegeleichten Garten wächst nach dem Einpflanzen still vor sich hin und macht einzig durch schöne Blüten auf sich aufmerksam. Leider geht eine Reihe hübscher Gartenpflanzen statt dessen im Beet auf Eroberungsfeldzug. Die Pflanzen breiten sich nach allen Seiten wuchernd aus und bedrängen ihre Nachbarn. Mit der Auswahl nicht wuchernder, horstig wachsender Pflanzen (siehe Seite 90/91) machen Sie einen Schritt in die richtige Richtung. Wollen Sie auf wuchernde Arten nicht verzichten, sollten Sie sie zumindest rechtzeitig in ihrem Wachstum einschränken (siehe Seite 38/39).

Gießen und Düngen

Typische und oft unterschätzte Freizeitkiller sind Gießen und Düngen. Je mehr Pflanzen mit unterschiedlichen Ansprüchen in einem Garten wachsen, desto häufiger ist der Gärtner unterwegs. In einem pflegeleichten Garten sollten diese zeitaufwendigen Arbeiten nicht überhandnehmen. So halten beispielsweise eine einmal im Jahr durchgeführte, gründliche Bodenverbesserung und eine angemessene Düngung bei entsprechender Bepflanzung das ganze Jahr über vor – wobei wir wieder beim Thema »einmal schuften ...« angelangt wären.

Auch beim Gießen von Beetpflanzen und Gehölzen können Sie auf vielerlei Weise Zeit sparen – nicht nur mit Hilfe von technisch raffinierten automatischen und halbautomatischen Anlagen (siehe Seite 34/35). Tatsächlich kann hier das scheinbar bequeme Sprengen mit dem Gartenschlauch oder dem Regner sogar mehr schaden als nützen. Auf den feuchten Blättern setzen sich gerne Pilze fest, gegen die Sie dann wieder mit viel Zeitaufwand vorgehen müssen, wenn Sie die Pflanzen erhalten wollen.

Es gäbe noch mehr Beispiele dieser Art. Gewöhnen Sie sich an den Gedanken, jede Form von zeitaufwändigen Arbeiten durch Umstellungen, Veränderungen oder geschickte Planung zu reduzieren. Sie werden Ihren Garten bald mit anderen Augen sehen.

Guter Boden – besserer Boden

Unter Boden versteht der Fachmann die oberste Schicht der Erdkruste. Im Boden stehen Erdteilchen, Luft, Wasser, Wurzeln sowie vielfältige Bodenlebewesen in einer engen Wechselbeziehung. Für den Gärtner ist der Boden wichtig, weil er die Gartenpflanzen mit Wasser und mineralischen Nährstoffen versorgt. Daher sollte jeder Gartenbesitzer zumindest über die Grundlagen von Bodeneigenschaften und Bodenart Bescheid wissen.
Einige wichtige Eigenschaften des Bodens kann man selbst ermitteln. Wer es genauer wissen möchte, kann auch ein Bodengutachten erstellen lassen (Infos in großen Gartencentern oder im Internet; einige Institute geben sogar Düngeempfehlungen). Für Gärtner mit ökologischem Interesse oder mit wissbegierigen Kindern lohnt sich ein Experimentier-Kasten zur Bodenanalyse.

Die Unterschiede der Bodenarten hier in zwei Extremen: humusreicher Boden (links) und Sandboden (rechts).

Ton, Sand und Humus

Die Anteile von Ton, Sand und Humus bestimmen die Qualität eines Bodens. Jeder dieser Bestandteile ist anders aufgebaut und hat andere chemische Eigenschaften.

- **Ton** besteht aus winzigen Plättchen, die Wasser und Mineralien festhalten. Das ist im Prinzip wünschenswert, doch Ton gibt die Mineralien nur schwer wieder an die Wurzeln ab und backt in heißen Sommern zu einer stabilen Schicht zusammen.
- **Sand** setzt sich aus winzigen Körnchen zusammen (spürt man zwischen den Fingerspitzen); er kann weder Wasser noch Mineralien festhalten, ist aber stets locker.
- **Humus** schließlich besteht aus den teilweise von Bodenorganismen zersetzten Resten von Lebewesen. Die mikroskopischen Bestandteile des Humus (die so genannten Kolloide) halten ähnlich wie Tonteilchen Wasser und mineralische Nährstoffe fest, geben sie aber leichter wieder an die Pflanzenwurzeln ab.

Die Mischung macht's

- **Schwere Böden** enthalten relativ viel Ton. Sie sind schwer zu bearbeiten, neigen bei Regen zu Staunässe und sind schlecht durchlüftet.
- Bei **leichten Böden** überwiegt der Sandanteil. Sie sind gut durchlüftet, trocknen leicht aus und sind nährstoffarm. Zugefügter mineralischer Dünger wird rasch wieder ausgewaschen.
- Die besten Gartenböden (**mittelschwere Böden**) sind lehmig. In ihnen vereinigen sich die guten Eigenschaften von Ton und Sand: Sie speichern Wasser und Nährstoffe, geben sie leicht wieder an die Wurzeln ab und sind gut durchlüftet. Eine Beimischung von Humus verbessert seine Qualität noch.

Die Knetprobe

Für die Knetprobe graben sie an mehreren Stellen Ihres Gartens ein etwa 20 cm tiefes Loch und entnehmen hier etwas Boden. Fügen Sie der Bodenprobe nun so lange Wasser dazu, bis eine knetfähige Masse entsteht.

- **Sandböden** lassen sich überhaupt nicht zu einer Kugel kneten. Sie fühlen jedoch deutlich die Sandkörnchen zwischen den Fingern.
- **Tonboden** gleicht Knetgummi und lässt sich leicht zu einer Kugel formen. Die Kugel sieht glänzend aus, eingedrückte Rillen bleiben bestehen.
- **Lehmboden** lässt sich zwar auch zu einer Kugel kneten, diese bleibt aber bröckelig, und eingedrückte Rillen bleiben nicht bestehen.

Zum Bestimmen des pH-Wertes rühren Sie etwas Erde in Wasser auf und tauchen dann den Teststreifen ein.

Den pH-Wert bestimmen Sie dann durch den Farbvergleich zwischen Teststreifen und vorgegebener Farbskala.

So verbessern Sie den Boden

Natürlich können Sie bei konsequenter Umsetzung des Pflegeleicht-Konzeptes – Kiesgarten oder feste Oberflächen – ganz auf eine Verbesserung des vorhandenen Bodens verzichten. Auf allen verbleibenden Pflanzflächen gelten aber ökologische Gesetze: Je besser und nachhaltiger der Boden an die Bedürfnisse der Pflanzen angepasst wird, desto weniger Arbeits- und Zeitaufwand fällt später für die Pflanzenpflege an!

- Wer die Qualität von Sandböden nachhaltig verändern möchte, muss in erster Linie die Wasser- und Düngerspeicherung des Bodens verbessern. Dazu bieten sich verschiedene Methoden an:

Bei nur einem Beet tauschen Sie am besten die gesamte sandige Erde zwei Spatenblätter tief gegen guten »Mutterboden«, d. h. humusreiche, lehmige Erde aus.

Bei größeren Flächen oder nicht zu hohem Sandanteil sollten Sie Zuschlagstoffe wie Lehm, Tonminerale oder künstliche Stoffe (Hygromull, Bentonit – im Fachhandel erfragen) beimischen und außerdem reichlich (etwa ein Spatenblatt tief) reifen Kompost untergraben.

- Tonhaltige Böden müssen lockerer und krümeliger gemacht werden. Einfach feinen Sand beizumischen, kann allerdings mehr schaden als nutzen, denn die Sandkörnchen setzen sich in den Poren fest. Viel besser ist es daher, zwei Spaten tief groben Bausand unterzumischen. Auch Kalk wirkt sich günstig auf die Krümelstruktur aus. Allerdings ist die optimale Kalkmenge nur nach einer genauen Bodenanalyse möglich. Als Faustregel nimmt man etwa 2 kg gebrannten Kalk pro 10 m^2 Bodenfläche.

Einen positiven Einfluss üben auch grober Kompost, Stallmist mit Stroh sowie regelmäßiges Mulchen aus.

- Zu hoher Grundwasserspiegel, eine Tonschicht im Untergrund oder stark verdichteter Boden kann zu Staunässe führen – und die wird nur von sehr wenigen Pflanzen toleriert. Hier hilft eine Dränage. Bei Neubauten wird gewöhnlich ein Bodengutachten erstellt, das in kritischen Fällen eine Dränage um das Haus empfiehlt. Lassen Sie sich vom Fachmann auch im Garten Drainagerohre verlegen und an das Dränage-/Kanalsystem anschließen. Die Rohre liegen 50–60 cm tief unter der Oberfläche in einem Schotterbeet und leiten überschüssiges Wasser ab.

Das Einmaleins der Bodenbearbeitung

Pflegeleicht-Bonus

Folgende Arbeiten sparen Sie nach dem Holländern, Rigolen oder Umgraben ein:

- Aufbrechen verbackener Oberflächen in heißen Sommern
- tiefgründiges Lockern
- Austausch kümmernder Pflanzen

Folgende Arbeiten sparen Sie nach dem Lockern des Bodens ein:

- Gießen
- Unkraut jäten

Nur ein Gartenboden in optimalem Zustand gibt sich mit einem vertretbaren Pflegeaufwand zufrieden. Ehe Sie also an weitere Gartenarbeiten denken, sollten Sie diesen Zustand herstellen. Die dafür erforderlichen Maßnahmen hängen vom Bodentyp und dem Zustand des Grundstücks ab – Neubau oder alter Garten. Wer sich jetzt vor der Arbeit drückt, bezahlt später mit Schweiß und Stress.

Die einzelnen Arbeitsschritte beim Umstechen decken sich teilweise mit den Maßnahmen, die der Bodenverbesserung dienen. Nehmen Sie daher erst dann den Spaten in die Hand, wenn Sie sich über Ihren Bodentyp informiert haben. Fassen Sie möglichst viele Arbeitsschritte zusammen, z. B. beim Umgraben oder Lockern des Bodens gleich Dünger zugeben.

Übrigens sparen Sie Mühe und Kraft, wenn Sie sich für gutes Werkzeug entscheiden, auch wenn es teurer ist als die Sonderangebote aus dem Baumarkt. Ein Spaten von hoher Qualität z. B. hat ein stabiles Blatt und Tülle, Trittkanten und der Griff endet in einem sauber verarbeiteten T.

Holländern und Rigolen

Diese beiden Techniken stammen aus Großvaters Garten. Sie lockern den Boden tiefgründig auf und eignen sich bestens, staunasse Böden ohne Dränagesystem zu verbessern bzw. Böden mit hohem Tonanteil durchlässiger zu machen. Im Prinzip graben Sie den Boden in zwei (Holländern) bzw. in drei Etagen (Rigolen) um.

Holländern: Stechen Sie den Spaten ein und legen Sie die Scholle neben dem Beet ab. Wiederholen Sie das für zwei Reihen. Ihr Beet beginnt nun mit einer schmalen, einen Spaten tiefen und zwei Reihen breiten Rinne. Heben Sie darin eine zweite, tiefere Rinne aus. Die »Rinne« ist zur »Treppe« geworden (siehe Bild). Jetzt beginnt das eigentliche Umgraben (rückwärts gehend): Wenden Sie mit dem Spaten eine Scholle aus der unteren Ebene – sie wird in der Rinne davor abgelegt. Zum Auffüllen der oberen Ebene nehmen Sie umgewendete Erde von oben. Fahren Sie mit dem Umgraben der

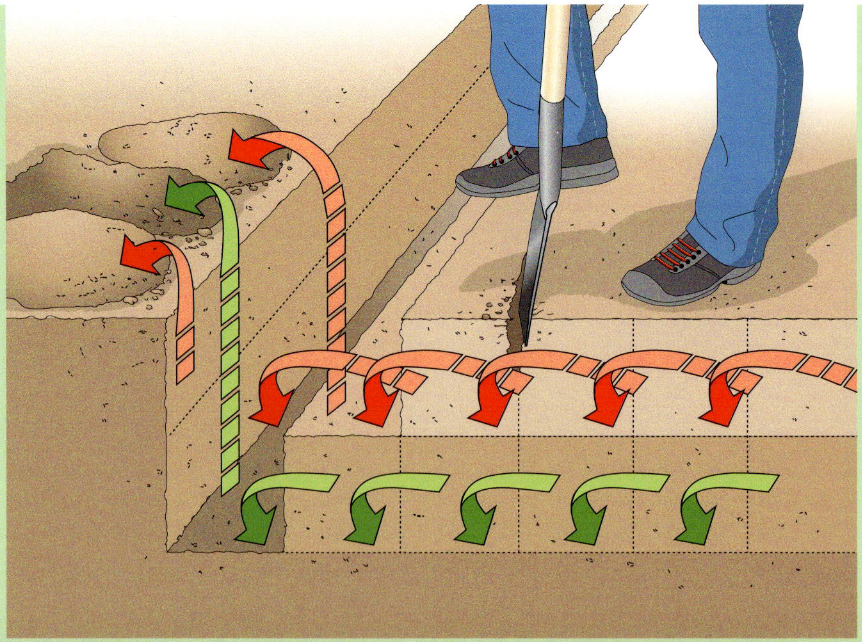

unteren Ebene und Auffüllen mit Erde von oben bis Beetende fort. Die Lücke dort wird mit der Erde vom Anfang gefüllt. Die Beschreibung hört sich komplizierter an, als die Praxis dann ist. Gehen Sie Schritt für Schritt vor. Mischen Sie keinesfalls die Erde aus den beiden Ebenen.

Rigolen: Beim Rigolen wird die »Treppe« eine Stufe tiefer gegraben. Sie ist also am Anfang der Arbeit drei Spaten tief. Das Umgraben Stufe für Stufe wird aber genauso praktiziert wie beim Holländern.

Normales Umgraben

Heute ist Umgraben nur noch bei der Neuanlage von Beeten und Rasenflächen angesagt, weil es den Oberboden gründlich auflockert. Umgegraben wird im Herbst. Bei Frost sprengt das gefrorene Wasser die Kapillaren auf und lockert den Boden (die so genannte »Frostgare«). Warten Sie nach starken Regenfällen, bis der Boden wieder etwas austrocknen konnte. Stechen Sie das Spatenblatt senkrecht in den Boden und heben Sie eine Scholle heraus – die erste Furche wird am Beetrand abgelegt. Graben Sie rückwärts gehend weiter um – die letzte Furche wird mit der abgelegten Erde gefüllt.

Lockern mit der Grabgabel

Lehmige oder entsprechend verbesserte Böden werden nicht umgegraben. In der Tat wäre es sogar nachteilig für das Bodenleben, wenn die natürliche Schichtung ständig verändert würde. Eine gute Alternative ist das tiefgründige Lockern mit der Grabgabel. Stechen Sie die Grabgabel reihenweise bis zum Ende der Zinken in den Boden und rütteln Sie vorsichtig hin und her. Der Abstand zwischen den Reihen sollte etwa 10–15 cm betragen.

Expertentipp

Diese Technik eignet sich besonders gut für bepflanzte Beete, weil die Wurzeln nicht beschädigt werden.

Lockern mit dem Sauzahn oder Kultivator

Im pflegeleichten Garten lohnt sich das Lockern mit dem Sauzahn nur dann, wenn der Boden locker genug ist, sonst gleitet der Sauzahn nicht glatt durch die oberste Bodenschicht. Bei etwas schwereren Böden nehmen Sie besser einen Kultivator mit nur einer Schar (siehe Bild). Führen Sie in leeren Beeten die Geräte rückwärts gehend mit leichtem Druck in zwei Durchgängen (rechtwinklig zueinander) über die Fläche. Ist das Beet bepflanzt, folgen Sie den freien Flächen zwischen den Pflanzen.

Das leidige Unkrautproblem – fast gelöst

Es gibt zwar kein Patentrezept gegen Unkraut im Garten, aber mehrere Möglichkeiten, seine Ausbreitung zumindest in Grenzen zu halten. Abgesehen von den bereits erwähnten festen Oberflächen kommt es im pflegeleichten Garten darauf an, die natürlichen Schwächen der Unkräuter auszunutzen. Dabei ist das richtige Timing besonders wichtig: Haben sich die Wurzeln mehrjähriger Unkräuter erst einmal fest etabliert, wachsen aus ihnen ständig neue, oberirdische Triebe aus. Einjähriges Unkraut darf nicht zur Fruchtreife kommen – gegen die unzähligen Samen im Boden zu kämpfen, ist fast aussichtslos.

Pflegeleicht-Bonus

Das sparen Sie nach:

- **Aushungern:** langwieriges Entfernen mehrjähriger Unkräuter; Jäten einjähriger Unkräuter (weitgehend)
- **Auflegen dunkler Folie:** langwieriges Entfernen mehrjähriger Unkräuter; Jäten einjähriger Unkräuter (vollständig)
- **Säubern des Oberbodens:** Harken wird einfacher; mehrjährige Unkräuter werden stark (nicht völlig) reduziert
- **rechtzeitigem Jäten:** langwieriges Jäten fest etablierter Unkräuter

Zeitsparkonto

in den ersten Jahren 4–5 Stunden pro m² und Jahr durch Aushungern und Auflegen dunkler Folie,
2–3 Stunden pro m² und Jahr durch rechtzeitiges Jäten

Aushungern durch Lichtentzug

Alle Pflanzen brauchen Licht. Die wenigen parasitischen Arten, die ohne Licht auskommen, spielen im Garten keine Rolle. Diese Abhängigkeit vom Licht können Sie – insbesondere in neu angelegten Gärten – zu Ihren Gunsten nutzen. Überlegen Sie sich rechtzeitig, an welcher Stelle Sie ein Beet anlegen wollen. Sobald die Baufirma den Mutterboden aufgetragen hat, geht es los:

Breiten Sie eine lichtdichte Abdeckung über die gewünschte Beetfläche. Am besten eignen sich schwarze Teichfolien. Sie können aber auch Bleche, dunkle Folien, zur Not auch einige Schichten Pappe (mit Plastikfolie etwas vor dem Regen schützen) als Lichtschutz verwenden.

Lassen Sie die Fläche am besten eine ganze Vegetationsperiode lang abgedeckt, bzw. versuchen Sie den Zeitraum so lange wie möglich auszudehnen – es geht um Monate, nicht um Wochen!

Die im Boden lagernden, unterirdischen Speicherorgane der Unkräuter bilden regelmäßig neue Triebe. Wenn sie den Boden durchbrechen, fehlt ihnen unter der Folie das Licht und sie sterben nach einiger Zeit ab. Dabei verbraucht das Unkraut nach und nach seine Nährstoffvorräte – es wird regelrecht ausgehungert. Das Gleiche geschieht mit den Keimlingen der einjährigen Pflanzen. Sie durchbrechen den Boden und sterben infolge Lichtmangels ab.

Wenn Sie die Folie entfernen und die Fläche dann bepflanzen, haben die Pflanzen zunächst keine Konkurrenz durch Unkräuter zu fürchten und können gut einwachsen.

In bestehenden Gärten erfolgt diese Maßnahme nach der Bodenbearbeitung und -verbesserung.

Folie mit Kreuzschlitzen – nicht nur für Gemüse geeignet

Dunkle Folien mit Schlitzen werden üblicherweise in Gemüsebeeten verwendet. Sie eignen sich aber auch für Strauch- und kleine Staudenbeete. Da sie den Boden abdecken, hungern sie die Unkräuter aus, während die Zierpflanzen gut gedeihen. Bereiten Sie das Pflanzloch wie üblich vor, und legen Sie dann die Folie so über den Boden, dass der Kreuzschlitz über dem Pflanzloch liegt. Setzen Sie dann die Staude/den Strauch durch das Loch in der Folie ein. Klappen Sie dazu die Winkel der Folie zurück (ggf. die Schnitte etwas weiter führen). Bei mehreren Pflanzen stecken Sie je ein Bambusstäbchen in die noch leeren Pflanzlöcher und legen dann die Folie darüber: Die Positionen für die kreuzförmigen Einschnitte verraten sich durch die kleinen »Zelte«.

Halten Sie die oberste Bodenschicht unkrautfrei

Manchmal ist es nicht möglich oder erwünscht, Teile seines Gartens mit einer dunklen Folie abzudecken, auch wenn Sie diese durch Bedecken mit Kies oder Mulch »kaschieren« können. Um den späteren Kampf gegen das Unkraut aber zumindest etwas zu erleichtern, sollten Sie den Oberboden gründlich säubern: Fahren Sie mit einem Kultivator, Grubber oder einer Harke durch den Boden und entfernen Sie mit der Hand alle Wurzeln und unterirdischen Triebe. Bei verfestigtem Boden ist eine Grabgabel besser geeignet.

Expertentipp

Entfernen Sie bei dieser Gelegenheit gleich größere Steine; das erleichtert später das Lockern des Bodens.

Warten Sie nicht zu lange: Wehret den Anfängen

Bei der Unkrautbekämpfung bewährt sich der Satz vom »einmal schuften...« ganz besonders: Solange die Unkräuter noch klein sind, ist auch ihr Wurzelwerk nur schwach entwickelt. Es macht also relativ wenig Arbeit, junge Unkräuter zu jäten (mit der Harke oder auf den Knien mit der Hand). Mit der Harke ist ein Quadratmeter in knapp 5–10 Minuten erledigt. Hat sich das Wurzelwerk dagegen erst weiter ausgebreitet, sind manche Unkräuter so gut wie »jäte-resistent«.
Frühes und regelmäßiges Jäten bietet aber noch einen weiteren Vorteil: Mehrjährige Unkräuter haben keine Zeit, Nährstoffe in ihre Speicherorgane zu transportieren (sie werden durch das Jäten wirklich entfernt), und einjährige Unkräuter kommen gar nicht erst bis zur Samenreife.

Der unkrautsichere Kiesgarten

Pflegeleicht-Bonus

Das sparen Sie:

- Boden lockern: dauerhaft
- großflächiges Jäten: dauerhaft
- Düngen: nur noch direkt um die Pflanzen herum
- Mulchen: allenfalls die Kiesschicht ergänzen
- Winterschutz für Stauden aufbringen und entfernen: je nach Bepflanzung

Zeitsparkonto

- mindestens 5 Stunden pro m^2 und Jahr

Ein Kiesgarten bietet alle Vorzüge eines pflegeleichten Gartens: Er sieht attraktiv aus. Er muss nicht gelockert und kaum gedüngt werden. Das Jäten von Unkräutern bleibt auf minimale Flächen (Töpfe, Tröge oder Pflanzinseln) beschränkt. Vor allem jedoch bedeutet die Entscheidung für einen Kiesgarten noch keine Festlegung auf einen bestimmten Gartenstil. Ob die Kiesfläche als Sitzplatz dient oder mit großen Steinen zu einem Felsengarten, mit Sand zu einem Wüsten- oder Küstengarten oder mit japanischen, orientalischen oder mediterranen Accessoires gestaltet wird, ändert nichts an der pflegeleichten Grundkonzeption. Eine weitere Gestaltungsmöglichkeit bietet die Auswahl der Kiesqualität. Eine Kiesfläche wirkt neutral und sieht in Verbindung mit Bambus genauso gut aus wie mit Gehölzen, Stauden oder Farnen. Die Pflege beschränkt sich auf gelegentliches Rechen der Fläche, bzw. den Austausch von unschönen Kieselsteinen. Bei aufgestellten Kübelpflanzen kommt eventuell Winterschutz dazu. Wer sich nicht ganz sicher ist, der beginnt am besten mit einem Kiesbeet (siehe unten).

1. Fläche auskoffern

Wenn Sie den Kies ausschließlich als Belag verwenden, d. h. nicht direkt bepflanzen, dann heben Sie den Boden 10–15 cm tief aus. Glätten Sie den Untergrund, und heben Sie an einigen Stellen ein etwas mehr als spatentiefes Loch aus. Füllen Sie dieses mit Wasser und warten Sie 4–5 Stunden ab. Ist das Wasser weitgehend versickert, fahren Sie mit Schritt 2 fort. Bleibt das Wasser stehen, muss der Unterboden tiefgründig gelockert oder mit Dränage versehen werden, sonst verwandelt jeder Starkregen Ihr Kiesbeet in einen Teich. Heben Sie für bepflanzte Kiesgärten Löcher für Gehölze oder versenkbare Kübel aus und markieren Sie diese in der Mitte mit einem Bambusstab.

2. Vlies einlegen

Befreien Sie den Untergrund von großen Steinen und Wurzeln und füllen Sie eine zwei Finger dicke Schicht Bausand ein (Löcher frei halten). Decken Sie die ausgekofferte Grube mit einem speziellen, wasserdurchlässigen Vlies ab. Solche Vliese werden von großen Gartencentern, manchmal auch in Baumärkten angeboten. Alternativ eignet sich normale Teichfolie, die allerdings mit kreuzförmigen Einschnitten wasserdurchlässig gemacht werden muss. Der Folienrand braucht nicht genau zu passen. Die Folie soll nur das Unkraut unterdrücken. Sie muss nicht wie in einem Gartenteich Wasser festhalten.

3. Kanten sichern

Sichern Sie die Ränder des Kiesbettes, sonst »wandert« der Kies aus. Lassen Sie sich bei der Wahl der Kanten vom Stil des Gartens inspirieren. Metallkanten oder glattes Tropenholz wirken edel und passen gut zu minimalistischen Gärten mit entsprechenden Sitzmöbeln oder Kübeln. Ziegel- und Natursteine sowie raue Holzbalken wirken rustikal, während Bambuspalisaden orientalisch inspiriert erscheinen.
Grenzt das Kiesbeet an eine Rasenfläche, sollte die Oberkante etwas tiefer liegen als die Grasnarbe, damit der Rasenmäher ohne Zeitverlust über die Kante gleiten kann.

4. Kies einfüllen

Bevor Sie den Kies einfüllen, werden die Gehölze in die Fläche gepflanzt (siehe Seite 31, Kreuzschlitzfolie). Wenn Sie die Gehölze mit einem Ring aus Metall oder einer anderen Barriere umgeben, dann bleibt die Erde gut zugänglich (gießen, düngen, Unkraut entfernen), und die Kieselsteine können den Stamm nicht beschädigen.
Sichern Sie Pflanzgefäße durch eine »Doppelwand«, das erleichtert einen eventuellen Austausch. Das geht am einfachsten, wenn Sie das Pflanzgefäß in ein etwas größeres ohne Boden stellen. Der Rand der versenkten Pflanzgefäße sollte die Kiesfläche etwas überragen.
Glätten Sie dann die Oberfläche mit einem Rechen.

5. Fläche gestalten

Setzen Sie nun die vorgesehenen Kübelpflanzen ein. Gestalten Sie zum Schluss die Kiesfläche mit Accessoires, die zum geplanten Stil des Gartens passen.

Expertentipp

Planen Sie bei großen Flächen Trittsteine ein, damit Sie zu den Pflanzen gelangen, ohne Fußabdrücke im Kies zu hinterlassen.

Sinnvoll gießen statt planlos wässern

Ganz ohne Gießen geht es auch in einem pflegeleichten Garten nicht. Selbst wenn Sie sich ausschließlich für heimische Pflanzen entscheiden würden, könnte eine extreme Trockenheit im Sommer jede Pflanzung zerstören. Sie können Wassermenge und Gießzeit aber so optimieren, dass die Lust am Garten möglichst wenig gestört wird. Zum Glück gibt es inzwischen eine Menge technischer Geräte, die diesen Traum wahr werden lassen. Dabei muss es nicht einmal eine teure Computeranlage sein – ein wenig vorausschauende Planung tut es auch.

Pflegeleicht-Bonus

Das sparen Sie durch:

- **mehrere Wasserhähne:** Wege mit der Gießkanne werden kürzer; lästiges Hantieren mit langen Schläuchen entfällt
- **Regner:** nach Installation funktionieren sie »von allein«
- **perforierte Schläuche und Tröpfelbewässerung:** nach Installation funktionieren sie »von allein«; sehr sparsam, weil sie nur wenig Wasser verbrauchen

Wasserhähne überall

Legen Sie wenn irgend möglich eine Wasserleitung mit mehreren Zapfstationen an. Die Leitungen sollten fachmännisch verlegt werden, um nicht durch Bodendruck oder Frost Schaden zu nehmen. Solche Leitungen bringen das Wasser überall dorthin, wo Gießwasser gebraucht wird: zu Rasenflächen, Beeten, Hecken, Grillplätzen oder Sitzplätzen mit Kübelpflanzen. Damit entfällt sowohl das Hantieren mit Schlauchtrommeln (Ausrollen, Einrollen, Verstauen) als auch das Schleppen von Gießkannen.

Regen auf Knopfdruck

Idealerweise kommt ein pflegeleichter Garten zwar ohne große Rasenfläche aus, aber viele Gärtner mögen nicht auf ihr kleines Stück Grün verzichten. Rasen braucht in einem heißen Sommer allerdings viel und regelmäßig Wasser.

Bauen Sie an günstiger Position einen Wasserhahn als Anschluss für den Regner direkt in oder an der Rasenfläche ein. Ein Viereckregner überstreicht eine viereckige Fläche, Kreisregner einen Kreis und Impulsregner einen variablen Kreisausschnitt. Wählen Sie auf alle Fälle ein System aus, das möglichst nur den Rasen befeuchtet.

Stauden und Gehölze nicht großflächig beregnen, da dies die Gefahr von Pilzinfektionen erhöht.

Wasser tröpfchenweise

Es gibt zwei Systeme, bei denen das Wasser direkt an den Boden abgegeben wird: perforierte Schläuche und Tröpfelstationen.
Perforierte Schläuche spritzen Wasser aus feinen Poren. Wenn Sie den Wasserdruck nicht zu hoch eingestellen, benetzt das Wasser nur den Boden und nicht die Pflanzen. Die Schläuche lassen sich gut in Schlingen legen und eignen sich daher bestens für Beete. Allerdings geben sie das Wasser stets auf ihrer gesamten Schlauchlänge ab.
Die etwas teureren Tröpfelstationen werden mit Verbindungsmuffen an Schläuche gesteckt. Sie geben ihr Wasser an nur einer Stelle ab (als Tröpfchen oder Sprühkegel), in größeren Anlagen brauchen Sie daher mehrere solcher Stationen. Mit Tröpfelstationen lassen sich auch Kübelpflanzen gut bewässern.

Regen digital

Wer sich (fast) gar keine Arbeit mehr machen möchte, für den bietet der Handel computergesteuerte Bewässerungsanlagen an. Sie bestehen aus dem Basisgerät, das wie ein Zeitschalter den Wasserzulauf regelt. Es wird über Schlauchverbindungen mit Rasenfläche, Beeten oder Kübeln verbunden. Als Endgeräte eignen sich Regner, Schläuche, aber auch Tröpfelstationen. Die Funktionsweise der einzelnen Produkte kann voneinander abweichen. Bei guten Systemen besteht sogar die Möglichkeit, den Wasserzulauf über einen Feuchtesensor zu regulieren.

Expertentipp

Auch Bewässerungscomputer sind nicht »narrensicher«. Prüfen Sie bei langer Trockenheit die Bodenfeuchte auf jeden Fall nach.

Wassergraben und Gießkanne

Gehölze brauchen viel Wasser, das zudem tief in den Boden eindringen muss, um die Feinwurzeln zu erreichen. Kurz den Schlauch auf die Erde um den Stamm zu richten oder eine Kanne Wasser an den Stamm zu gießen, reicht da nicht aus. Heben Sie stattdessen einen Ringgraben um den Stamm aus und füllen Sie ihn abends mit Wasser (ggf. nachfüllen).
Mit der »guten, alten« Gießkanne können Sie ganz gezielt und zur richtigen Zeit wässern. Wenn eine Pflanze mit schlaffen Blättern Wassermangel signalisiert, ist es Zeit für die Gießkanne. Lockern Sie den Bereich um die Pflanze mit einem Handgrubber auf und gießen Sie das Wasser langsam im Wurzelbereich aus. Es muss ausreichend Zeit haben, im Boden zu versickern.

Lernen von den Biogärtnern

Pflegeleicht-Bonus

- **Kompost:** Düngerwirkung, langfristige Bodenverbesserung
- **organische Dünger:** halten lange vor, werden nicht ausgewaschen
- **Gründünger:** langfristige Bodenlockerung und Bodenverbesserung
- **Gesteinsmehl:** Förderung des Bodenlebens, verbesserte Krümelstruktur
- **Stärkungsmittel:** vorbeugend gegen Pilze und Krankheiten

Leider glauben immer noch zu viele konventionelle Gärtner, dass Biogärtner sich tagtäglich mit Tonnen voller übel riechender Pflanzenjauche abmühen und jedes Unkraut – Pardon, Wildkraut – gewähren lassen.
In Wirklichkeit ist ein gut etablierter, biologisch bewirtschafteter Garten ziemlich pflegeleicht, denn er basiert auf dem optimalen Wechselspiel zwischen einem gesunden Boden und den geeigneten Pflanzen und einem natürlichen Gleichgewicht zwischen Schädlingen und Nützlingen.
Obwohl die Zielsetzung eines biologisch bewirtschafteten Gartens ganz anders ist, eignen sich einige der dort angewandten Techniken auch bestens für einen pflegeleichten Garten, denn auf einem guten Boden wachsen die Pflanzen besser. Sie sind gesünder, widerstandsfähiger gegen Krankheiten und Schädlinge und brauchen weniger Dünger. Der einmalige Arbeitsaufwand zahlt sich also das ganze Gartenjahr über aus.

Der Boden braucht Nahrung

Sicher wäre es schön und sehr arbeitssparend, wenn der Boden nach den grundsätzlichen Verbesserungsarbeiten (siehe Seite 26/27) keine Arbeit mehr machte. Leider bleibt das selbst unter optimalen Bedingungen nur ein Traum, denn im Garten ist der natürliche Nährstoffkreislauf gestört: Viele Zierpflanzen entziehen dem Boden zu viele Nährstoffe. Der »Nachschub« aus absterbendem Pflanzenmaterial reicht bei Weitem nicht aus, diesen Mangel auszugleichen.
Der konventionell arbeitende Gärtner greift daher regelmäßig zur Düngerpackung. Mineralische Dünger werden zwar schnell und gut von den Pflanzenwurzeln aufgenommen, doch fast genauso leicht vom Regen wieder ins Grundwasser ausgeschwemmt. Die Folge: höherer Zeitaufwand für noch mehr Dünger.
Der Biogärtner führt dagegen dem Boden organische Nährstoffe zu. Sie werden nicht ausgewaschen und bilden die Grundlage für das Leben der Bodenorganismen, die ihrerseits die benötigten Mineralstoffe erzeugen.
Ein guter organischer Dünger ist Kompost (siehe Seite 46/47), hinzu kommen Produkte aus dem Gartencenter: Grobe Dünger (z. B. Hornspäne) geben ihre Inhaltsstoffe sehr langsam ab, Pulver (Knochenmehl, Blutmehl) oder Dünger auf der Basis von Mist (z. B. Guanodünger) wirken schneller. Darüber hinaus gibt es für bestimmte Pflanzengruppen noch spezielle Düngermischungen.

Es grünt so grün – Düngen mit Pflanzen

Gründüngungspflanzen erfüllen eine dreifache Aufgabe: Sie decken den Boden ab und halten damit Unkräuter fern. Sie lockern mit ihren Wurzeln den Boden bis in die Tiefe auf. Sie verrotten zu Humus. Allerdings ist ihr Einsatz nicht überall sinnvoll. Besonders geeignet sind sie für neue Beete, frisch bebaute Grundstücke oder im Gemüsebeet (was allerdings einen größeren Arbeitsaufwand bedeutet). Im einem bereits bepflanzten Blumenbeet sollten Sie auf Gründünger verzichten.
Gute Gründüngungspflanzen sind Ringelblume, Lupine, Bienenfreund, Senf und Studentenblume.

Vom Felsgestein zum Beinahe-Dünger

Auch Gesteinsmehl (häufig als »Urgesteinsmehl« angeboten) hat inzwischen seinen Weg in die normalen Gärten gefunden. Es wird zusammen mit der Bodenlockerung im Frühling auf die Beete gebracht, erfordert also keinen zusätzlichen Arbeitsaufwand. Gesteinsmehle verbessern die Bodenstruktur (Krümelung, Binden von Bodenwasser) und fördern das Wachstum der Mikroorganismen. Sie enthalten Spurenelemente, die die Widerstandskraft der Pflanzen stärken. Kalkhaltige Gesteinsmehle sind sogar »echte« Dünger.

Schädlinge und Krankheiten im Zaum halten

Leider gibt es kein Mittel, das Krankheiten und Schädlinge ganz unterbindet – man kann ihnen aber das Leben etwas schwerer machen. Informieren Sie sich im Fachgeschäft über die so genannten Pflanzenstärkungsmittel. Sie können sich aus klein geschnittenen Brennnesseln, Schachtelhalm oder Beinwell aber auch selbst Pflanzen stärkende Jauchen herstellen.

Auswandern nicht erlaubt

Mehrjährige Pflanzen unterscheiden sich nicht nur in Größe, Blüten oder Blattformen, sondern auch in der Art ihrer Verbreitung. Viele Pflanzen begnügen sich nämlich nicht mit der Bildung von Samen, sondern breiten sich auch in eigener Regie aus, beispielsweise über ober- und unterirdische Ausläufer. Was bei einem Bodendecker durchaus erwünscht ist, kann im Beet sehr lästig werden; und alles, was lästig ist, macht früher oder später Arbeit. Entscheiden Sie sich daher für »horstige« Stauden – sie bleiben mehr oder weniger an Ort und Stelle –, oder weisen Sie wuchernde Pflanzen mit einer Barriere in ihre Schranken.

Pflegeleicht-Bonus

Meiden Sie möglichst:

- **Bodendecker auf Beetflächen:** wuchern flächenhaft
- **Akelei, Frauenmantel, Scheinmohn und Spornblume:** säen sich leicht selbst aus
- **Hartriegel, Hornkraut, Lampionblume:** wuchern stark
- **Essigbaum, Ranunkelstrauch, Straußenfarn:** bilden starke Ausläufer

Zeitsparkonto

Horste: ca. 5–10 Stunden pro Jahr und Pflanze

Barrieren: 1–2 Stunden pro Jahr und Pflanze (bei Bambus 3–4)

Rasenkante: 10–20 Minuten je Meter und Woche

Der »schleichende« Nachteil des fabelhaften Bambus

Bambus gehört zu den Top-Pflanzen für den pflegeleichten Garten: Er kann an vielen Stellen und für viele Gartenstile eingesetzt werden. Allerdings breitet er sich über seine Wurzelstöcke (Rhizome) in alle Richtungen aus, erobert immer größere Flächen und wächst immer dichter.
Ein Bambusbeet sollte mindestens 1 m breit und 2 m lang sein (Grundfläche 2–3 m^2 bei mittelhohen, 4 m^2 bei hohen Sorten).
Damit Sie sich nicht nach einigen Jahren über die »Wüchsigkeit« ärgern, sollten Sie bereits beim Einpflanzen an einen Einhalt denken. Im Handel gibt es so genannte Rhizom- oder Wurzelsperren, die dieses Problem lösen.
Da Bambus ziemlich kräftige Rhizome bildet, kommen Sie mit einer beliebigen dünnen Folie nicht besonders weit. Ideal sind starke, wetterfeste Folien aus Polyethylen in einer Dicke von 1–2 mm. Für die meisten Arten und Sorten reicht eine Barriere in einer Tiefe von 40–50 cm aus, für größere Arten und Sorten empfehlen sich 60–80 cm Tiefe.
Die Barriere muss rundum lückenlos schließen, sonst dringen die Wurzelstöcke durch. Klopfen Sie am Ende jeder Folie einen 10 cm breiten Streifen mit einem Hammer um (V-Form bzw. spitzer Winkel). Wo zwei Folien aufeinandertreffen, werden die beiden V's miteinander verhakt. Gegen Verrutschen schützt ein längs der V angenageltes Brett, Schrauben oder große Nieten.
Wenn der Rand der Rhizomsperre ein paar Zentimeter aus der Erde schaut, entdecken Sie sofort jeden potenziellen »Ausreißer« (abschneiden!).

Scharf, sauber und bequem: Rasenkanten

Was für den Bambus gesagt wurde, gilt auch für das normale Rasengras. Hier darf die Wurzelbarriere aber ruhig etwas schwächer ausfallen. Prinzipiell kann eine Rasenkante zwar geschwungen verlaufen – im Sinne der Arbeitsersparnis sind gerade Linien allerdings besser.
Stechen Sie mit einem Spaten auf der Rasenseite eine senkrechte Kante in Folientiefe (10–15 cm) ab, und heben Sie dann die Erde von der Beetseite schräg aus. Legen Sie zuerst den Graben auf ganzer Länge an. Richten Sie dann die Folie an der senkrechten Kante aus und füllen Sie die Erde wieder ein.
Spezielle Rasenkanten werden in preiswertem Kunststoff oder edler in Metall mit glatter oder gewölbter Oberkante angeboten.

Sicher und schön durch Kombination

Eine Wurzelsperre muss ihren Zweck erfüllen, kann aber zusammen mit Steinen oder Holz auch zu einem Zierelement im Garten werden. Besonders gut eignet sich die Kombination aus stabiler Teichfolie (als Barriere auf der Rasen- oder Beetseite) und Kantensteinen.
Heben Sie einen Graben (Tiefe: ca. 20 cm plus die Dicke der Randsteine) aus und drücken Sie die Folie gegen die grasseitige Wand. Füllen Sie einen Untergrund aus Kies (10–15 cm) und Sand (5 cm) ein. Darauf setzen Sie dann die Kantsteine. Füllen Sie auf der Beetseite mit Erde auf. Die Oberfläche der Kante muss tiefer liegen als der Rasenmäher. Holzpalisaden eignen sich besser für Grenzen zwischen Beet und Weg.

Pflanzen am und im Teich im Zaum halten

Obwohl die meisten Teiche etwas mehr Aufwand verlangen, als ein »fauler« Gärtner gerne hätte, gibt es auch hier arbeitssparende Tricks: Zunächst sollten Sie alle wuchernden Stauden des Teichrandes durch Wurzelbarrieren sichern.
Für kleine Anlagen oder in etwas tieferem Wasser erfüllen Pflanzkörbe den gleichen Zweck. Sie verhindern zwar nicht das Wuchern, lassen sich aber für die Pflege mit einem Haken leicht herausholen.

Expertentipp

Kunststoffcontainer, in denen große Stauden und Gehölze verkauft werden, sind gute Wurzelbarrieren. Graben Sie den Container ein und setzen Sie dann die Pflanze hinein.

Hilfe durch Physik – Hebelkraft zum Schneiden

Leider versuchen sich viele Gärtner immer noch mit »Opas Schere« – stumpf, schmutzig, verrostet – durch die Zweige zu quälen. Mit solchem Gerät wird das Schneiden zur Qual, man bekommt Blasen, die Stimmung sinkt ... Stress. Investieren Sie zur Arbeitserleichterung in mindestens drei gute Astscheren mit moderner Hebelmechanik: Bei Ambossscheren drückt eine gerade Schneide gegen den festen, geraden Amboss (für kräftige Zweige). Schwalbenschwanzscheren haben zwei gebogene Schneiden (für glatte Schnitte in Astgabeln und dünnere Zweige). Scheren mit langen Handgriffen übertragen die Kraft besonders gut (für dicke Zweige).

Lockerer Boden ohne Mühe – Grabgabel und Gartenkralle

Man tritt die klassische Bio-Grabgabel wie einen Spaten in den Boden, bewegt sie hin und her und lockert damit den Boden mühelos auf. Die Bio-Grabgabel ist deutlich breiter als die üblichen Modelle (siehe Bild), hat runde Zinken und einen stabilen Doppelhandgriff. Bei der Gartenkralle sind die Zinken wie bei einem Bohrer schraubig gedreht. Wenn die Kralle eingestochen und am Handgriff gedreht wird, schrauben sich die Zinken in den Boden ein und lockern ihn auf. Das Gerät ist allerdings nicht gerade billig. Beide Geräte werfen den Boden nicht um, sondern erhalten die natürliche Schichtung.

Lange Stiele, weniger Rückenschmerzen

Auch wenn es sich wie eine Selbstverständlichkeit anhört, viele Gärtner achten leider nicht auf die optimale Stiellänge ihrer Arbeitsgeräte. Natürlich gibt es Arbeiten, die man nur auf den Knien erledigen kann, aber vielfach ist Bücken wirklich nicht nötig. Wer sich bückt, strengt sich an und belastet seinen Rücken. Achten Sie daher beim Kauf von Spaten, Hacken, Grubbern, Rechen usw. stets auf die Stiellänge. Sie müssen das Gerät in aufrechter, entspannter Haltung bedienen können.
Kaufen Sie zu den Geräten der gängigen Stecksysteme sowohl kurze als auch lange Stiele. Damit sind Sie jeder Aufgabe gewachsen.

Gut gepolstert auf die Knie

Irgendwann kommt doch der Zeitpunkt, an dem auch der bequemste Gärtner demütig auf die Knie muss: zum Unkrautjäten zwischen dicht stehenden Stauden oder unter Sträuchern, beim Setzen von Zwiebeln und Knollen oder Einpflanzen von Stauden. Machen Sie das Beste aus der ungeliebten Situation und polstern Sie zumindest Ihre Knie ab. Kniepolster gibt es in Form von Kissen, zum Umschnallen oder zum Einlegen in spezielle Arbeitshosen. In Baumärkten finden Sie auch so genannte »Chaps« mit eingearbeiteten Gummipolstern. Sie werden über die Hose gezogen, mit Klettverschlüssen befestigt und schützen vor Druck und Schmutz.

Gartengeräte, die die Arbeit erleichtern

Transporte leicht gemacht

Der Transport von Humus oder Mulch bzw. der Abtransport von Rasen- oder Gehölzschnitt kostet mehr Zeit und Mühe, als man gewöhnlich glaubt. Eimer und Körbe sind zwar relativ leicht zu tragen, dafür müssen Sie aber mehrfach gehen. Eine Schubkarre löst zwar das Mengenproblem, nimmt aber viel Platz weg.
Die beste Lösung bietet hier eine einklappbare Sackkarre: Sie transportiert mühelos Säcke mit Mulch oder Erde, große Pflanzencontainer aus dem Gartencenter, Kübelpflanzen und die üblichen Gartenabfälle – hierfür am besten eine Plastiktonne mit Spannriemen verwenden.

Der lange künstliche Arm – Teleskopgeräte

In der Technik sind sie längst Standard, im Garten noch viel zu wenig in Gebrauch: Teleskoparme. Tatsächlich gibt es bereits eine Reihe von Säge- und Schneidewerkzeugen, die auf einen verlängerbaren Arm aufgesteckt werden. Damit lassen sich Zweige in größerer Höhe entfernen, ohne dass Sie eine Leiter aus dem Keller/Schuppen holen müssten.
Astscheren brauchen eine relativ komplizierte Mechanik und sind damit fehleranfälliger als Baumsägen, die einfach aufgesteckt werden (am besten ein Modell mit leicht gebogener Schneide).
Tipp: Auch ein langstieliger Apfelpflücker ist eine gute Investition.

Mit einem kleinen Dreh geht alles leichter – Zwiebelpflanzer

Natürlich kann man Zwiebeln auch mit einem Pflanzholz setzen, aber das funktioniert nur bei kleinen Zwiebeln. Außerdem wird die Erde zur Seite gequetscht, also verdichtet, und muss wieder gelockert werden. Mit einem Zwiebelpflanzer (»Blumenzwiebel-Pflanzautomat« oder ähnliche Bezeichnungen sind üblich) geht das leichter: Das Gerät wird in den Boden gedreht und hebt dabei eine Portion Erde hoch; die Zwiebel(n) kommen in das Loch, die Erde wird wieder darübergeschüttet – fertig!
Achten Sie beim Kauf vor allem auf einen ergonomisch geformten Handgriff ohne Kanten (nach meinem ersten hatte ich reichlich Blasen).

Jeder sein eigener Wetterfrosch

Wetterstationen zur Messung von Temperatur, Luftdruck und Luftfeuchte sind weit mehr als eine Spielerei. In Verbindung mit dem Wetterbericht aus Radio oder Fernsehen können Sie damit sicherer bestimmen, wann sich eine Regenfront nähert – und das Gießen optimieren. Bei andauernder niedriger Luftfeuchte leiden viele Schattenpflanzen – ein Sprühregen aus dem Gartenschlauch mit fein eingestellter Düse schützt sie vor dem Vertrocknen, und Sie sparen sich die Arbeit, eine neue Staude zu pflanzen. Wetterstationen gibt es in vielen Formen und Stilen; sie lassen sich damit jedem Gartenstil anpassen.

Leichter pflanzen und pflegen

Wenn der Rücken schmerzt oder Blasen an den Fingern an einen Nachmittag mit der Astschere erinnern, haben Sie vermutlich einiges im Garten geschafft. Häufig folgt dann die verzweifelte Frage: »Warum tue ich mir das eigentlich an?«
In einem pflegeleichten Garten fallen zwar auch notwendige Pflegearbeiten an, aber mit der richtigen Planung bleibt immer noch genügend Zeit, die Früchte seiner Strapazen ausgiebig zu genießen.

Wer die Anregungen des letzten Kapitels befolgt, hat die besten Chancen, seinen Garten mit einem vertretbaren Aufwand in Ordnung zu halten. Damit ist allerdings erst ein Teil des Weges zu einem Garten zurückgelegt, in dem Entspannung eine größere Rolle spielt als Arbeit. Sobald die Gartenpflanzen im Boden sind und – hoffentlich – optimal wachsen, fallen regelmäßige Pflegemaßnahmen an. Nur wenn sie pünktlich erledigt werden, bleibt der erwünschte Zustand erhalten.

Die Kette der Pflegeleichtigkeit

Für einen entspannten Umgang mit der Gartenarbeit gilt ein Prinzip, das ich »Kette der Pflegeleichtigkeit« nennen möchte. Wie bei jeder Kette bestimmt das schwächste Glied die Stärke der gesamten Kette. Übertragen auf den Garten bedeutet das: Jedes Element in der Pflegekette muss so zeitsparend (aktuell oder vorausschauend) wie möglich sein, damit der Gesamtaufwand im Rahmen bleibt. So kann es durchaus sinnvoll sein, sich bei einem Arbeitsschritt mehr Mühe zu geben, damit sich später keine zeitaufwendigen Folgearbeiten ergeben.
Wie sieht eine solche Kette aus? Nehmen wir als Beispiel den Lebenszyklus einer Staude: In einen gut vorbereiteten Boden (Glied 1) wird eine robuste, langlebige Staude (Glied 2) eingepflanzt. Zum Schutz gegen Unkraut wird der Boden gemulcht (Glied 3), das Beet alle 1–2 Jahre mit einem organischen Dünger (Glied 4) aufgebessert und die Pflanzen mit Stärkungsmitteln gespritzt (Glied 5). Die Bewässerung erfolgt mit einem System (Glied 6).
Lassen Sie einen der sechs Schritte aus, gewinnen Sie nur kurzfristig etwas Zeit. Ohne Ergänzung der Mulchschicht kommt z. B. Unkraut hoch, dem Sie spätestens ab dem zweiten Jahr nur mit sehr viel (Zeit-)Aufwand Herr werden. Denken Sie auch bei den Pflegemaßnahmen immer daran: »Lieber einmal schuften als dauernd arbeiten.«

7
BULBS
JOHN PEEL - GARDEN TULIP
Flowers April/May
about 35 cm/14" tall
From every pack purchased Spalding
and Carnival Trust will receive a

Durch gute Vorbereitung zum Erfolg

Die Pflanz- und Pflegemaßnahmen in einem Garten lassen sich grob zwei Bereichen zuordnen: dem Pflanzen und der Bodenbearbeitung. Ersterer umfasst den Weg einer Pflanze vom Einpflanzen bis zur eventuellen Entsorgung auf dem Kompost. Zum zweiten Bereich gehören alle Maßnahmen, die sich mit dem Boden befassen.

Die passenden Pflanzen auswählen

Pflanzenkauf – insbesondere der Kauf hochwertiger Gehölze – ist immer Vertrauenssache. Lassen Sie sich daher möglichst nicht von den bunten Bildern in Gartenkatalogen oder den Steckschildchen in den Containern verführen. Pflanzen für den pflegeleichten Garten müssen gesund und robust sein und sich nach Möglichkeit weitgehend ohne Einfluss des Gärtners optimal entwickeln können. Fragen Sie im Bekanntenkreis nach geeigneten Arten und Sorten. Besuchen Sie Tauschbörsen oder ähnliche Veranstaltungen, und lassen Sie sich von den Verkäufern im Fachhandel beraten (die beste Reklame für ein gutes Gartencenter ist übrigens die Empfehlung durch einen Bekannten). Achten Sie auf die folgenden Eigenschaften:

Terminkalender

Pflanzenkauf und Einpflanzen

Nadelgehölze: Frühherbst

Laubgehölze: Frühling oder Frühherbst

Rosen: Frühling oder Frühherbst

Stauden: Frühling – das reichhaltigste Angebot

Zwiebeln: Herbst (Frühblüher), Frühling (Sommerblüher); das reichhaltigste Angebot gibt es zu Beginn, das billigste gegen Ende der Verkaufssaison

Düngen

Organischer Langzeitdünger: Frühling

Unkraut jäten

ab April jeweils möglichst junge Pflänzchen entfernen

Mulchen

Herbst: Mulch als Winterschutz
Frühling: alten Mulch ausbreiten und ausdünnen
Frühsommer: neuen Mulch verteilen

Schnitt

generell: frostfreier Vorfrühling vor dem ersten Austrieb; spezielle Schnittregeln für die einzelnen Arten

- **Stauden** sollten an den vorgesehenen Standort passen; horstig wachsen und nicht wuchern; eine lange Lebensdauer haben; ggf. leicht zu teilen sein; nicht anfällig für Schädlinge oder Krankheiten sein; keine Stütze brauchen; winterfest sein.
- **Zwiebel- und Knollenpflanzen** sollten an den vorgesehenen Standort passen; verwildern können; nicht anfällig für Schädlinge oder Krankheiten sein; keine Stütze brauchen; winterfest sein.
- **Gehölze** sollten an den vorgesehenen Standort passen; in der Endgröße auf den Garten abgestimmt sein; keinen, nur geringfügigen oder zumindest doch einfach zu bewältigenden Schnitt benötigen.

Nicht immer wird die ausgewählte Art oder Sorte alle Kriterien erfüllen, aber je mehr zutreffen, desto einfacher ist später die Pflege.

Gutes Werkzeug benutzen

Benutzen Sie einen alten Lappen, wenn Sie Ihr Auto waschen? Ganz sicher nicht! Verwenden Sie auch im Garten Qualitätswerkzeug. Gutes Werkzeug hat natürlich seinen Preis. Kaufen Sie für die gerade anfallende Arbeit das beste Stück, das sie sich finanziell leisten können, oder ersetzen Sie unzureichendes Werkzeug durch besseres. Auf diese Weise sammelt sich im Laufe der Jahre ein Grundstock an gutem Werkzeug an. Gutes Werkzeug spart nicht nur Zeit, weil die Arbeit gewöhnlich müheloser ist, das Ergebnis kann sich auch sehen lassen – was wiederum zum Wohlbefinden des Gärtners beiträgt.

- Bei guten **Grab- und Hackwerkzeugen** sind die Stiele und Handgriffe aus hartem, splitterfreien und zähem Holz gefertigt – ideal sind Esche und das amerikanische Hickoryholz. Die Blätter und Zinken bestehen aus geschmiedetem Stahl oder Edelstahl und sind mitsamt der Tülle für den Stiel aus einem Stück hergestellt (keine Schweißnähte oder Nieten). Achten Sie auch auf die Details: Ein Spaten mit T-förmigem Griff und verbreiterten Trittkanten auf dem Blatt lässt sich z. B. leichter in die Erde einstechen als ein normales Modell.
- Bei **Schneidewerkzeugen** habe ich die Erfahrung gemacht, dass die bekannten Markenfirmen in der Tat die besten Produkte herstellen. Erkundigen Sie sich im Fachhandel, was für Ihre Zwecke am besten geeignet ist.
- Richten Sie sich bei **Elektrogeräten** (Mäher, Häcksler, Scheren usw.) nach Testberichten in den einschlägigen Zeitschriften oder suchen Sie im Internet nach Gartenforen. Hier bekommen Sie in der Regel praxisnahe Auskünfte von anderen Gartenfreunden.

Terrasse, Miniteich, Kieswege mit befestigten Kanten zu den Beeten: Dieser immer noch üppig bepflanzte Garten lässt seinem Besitzer genügend Zeit für den Liegestuhl.

Die Liebe zum Detail – von der Qualität der Gartenhandschuhe und Gummistiefel bis hin zur Wahl des besten Gartenschlauchs – zahlt sich immer aus! Die Arbeit geht leichter von der Hand, das Ergebnis ist gut, und der Genussfaktor erhöht sich.

Einen Arbeitsplan erstellen

Ich kann es nicht oft genug betonen: Eine gute Planung ist das A und O eines pflegeleichten Gartens. Welcher Manager käme ohne einen genauen Terminkalender aus? Betrachten Sie Ihren Garten ruhig als »Betrieb«. Je besser Sie alles organisiert haben, desto eher können Sie den Feierabend im Liegestuhl genießen.

Wer bei Arbeitsplan vor allem an Stress denkt und alles ruhiger angehen möchte, macht einen Denkfehler. Nur wenn die wichtigsten Aufgaben zur richtigen Zeit und konsequent erledigt werden, bleibt viel Zeit für Ruhe übrig. Wird z. B. das Unkraut durch rechtzeitiges Jäten entfernt – wenn es nicht ohnehin durch feste Oberfläche in seine Schranken gewiesen wurde –, bleibt in den folgenden Wochen mehr Zeit, um den Garten zu genießen.

Wer rechtzeitig und ausreichend gießt (oder mit einer automatisierten Anlage gießen lässt), spart sich die Zeit und Mühe, vertrocknete Pflanzen zu entfernen oder einen verhärteten, weil vertrockneten Boden aufzubrechen. Der Terminkalender auf Seite 44 und die Jahresplanung auf den Seiten 64/65 geben Ihnen schon einmal grob vor, was wann getan werden sollte.

Wirklich gute Arbeitspläne entstehen aber erst in der ständigen Auseinandersetzung mit dem eigenen Garten. Schließlich weiß jeder Gärtner am besten, was sein Garten gerade braucht. Tragen Sie zuerst die jährlichen Arbeiten mit ihren Zeitfenstern (z. B. frostfreie Winterzeit für Gehölzschnitt; Zwiebeln pflanzen im Frühling bzw. Herbst) in einen Jahreskalender ein, dann folgen die mehrmals anfallenden und schließlich die regelmäßigen Arbeiten. Schieben Sie die Arbeiten nicht auf, sonst drängen sich doch wieder alle Termine, bis sich Ihre Versäumnisse und die daraus resultierenden Folgearbeiten zur abschreckenden Arbeitslast auftürmen. Es ist ein gutes Gefühl, eine Aufgabe abhaken zu können, vor allem, wenn es sich um eine »lästige« Angelegenheit handelt!

Schnell- oder Thermokomposter

Kompost gehört zu den wichtigsten Rohstoffen eines Gartens, denn er bildet die beste Basis für ein gesundes Bodenleben. Damit wäre eine gute Kompostversorgung des Gartens auch eine sinnvolle Bereicherung für den pflegeleichten Garten. Allerdings ist die Zubereitung guter Komposterde keine einfache Sache, und schnell geht es auch nicht. Wie also kommt man zu Kompost, wenn man nicht viel dafür tun möchte?

Die einschlägige Werbung weiß es ganz genau: Legen Sie sich einen Schnell- oder Thermokomposter zu! Oben kommen die Gartenabfälle hinein, unten fällt der Kompost beinahe von selbst wieder heraus. Ganz so einfach geht es zwar nicht, aber Thermokomposter sind tatsächlich erste Wahl für einen pflegeleichten Garten.

Die Begriffe »schnell« und »Thermo« charakterisieren die beiden wichtigsten Eigenschaften der typischen Kunststoffkästen: In einer solchen rundum geschlossenen Kompostmiete wird das organische Material schnell und bei relativ hoher Temperatur umgesetzt. Das funktioniert aber nur unter optimalen Bedingungen. Billige oder aus Plastiktonnen selbst gebaute Komposter halten selten, was man sich davon verspricht. Wenn jedoch das Material und die Befüllung stimmen, werden Sie schon bald duftenden Kompost ernten.

Der Schnellkomposter kann ganz einfach von oben durch eine Klappe befüllt werden.

Wie sollte ein guter Thermokomposter aussehen?

Achten Sie beim Kauf eines Thermokomposters auf folgende Kriterien:

- Der Komposter muss standfest und stabil sein.
- Die Deckelklappe sollte an robusten Scharnieren sitzen, stabil und möglichst schwer sein, damit sie nicht von jedem Windstoß aufgeweht wird.
- Er braucht eine gute Belüftung, d. h. viele und große Lüftungsschlitze.
- Die Entnahmeklappe sollte relativ breit und leicht zu öffnen sein.

Aufstellen und Befüllen

Stellen Sie den Komposter auf einen ebenen, zum Boden offenen Untergrund. Wenn Sie den Boden vorher auflockern, verbessert das den Kompostierungsvorgang.

Für das Befüllen gelten zwei Regeln:

- Kein tierisches Material (Küchen- und Essensreste) und Haustierkot nur in Maßen auf den Kompost geben.
- Alles rohe Pflanzenmaterial, das auch auf einem Waldboden liegen könnte, darf in den Komposter, also:
  - Gartenabfälle (ruhig mit Erde, aber zerteilt)
  - Grasschnitt(erst nach Antrocknen und in kleineren Portionen)
  - Holzabfälle (gehäckselt, in kleinen Portionen, gemischt mit grünen Abfällen)
  - Zweige und Äste (fingerlange Stücke, zusammen mit Gras oder Laub)
  - rohe Küchenabfälle (zerkleinern, Kohlstrünke mehrfach zerteilen)
  - Laub (zusätzlich etwas Kalk beifügen)
  - in kleinen Mengen auch Bananenschalen, Kaffeesatz, Papier oder Pappe, Teeblätter, Zitrusfrüchte

Sauerstoff – das A und O der Kompostierung

Das Kompostierungsgut muss Kontakt zu Sauerstoff haben, sonst fault es. Dieser Punkt stellt den cleveren Gärtner vor die größten Probleme. Ein klassischer Kompost-

haufen wird ein- oder zweimal umgeschichtet und ist zudem an den Seiten offen – der Sauerstoff hat also freien Zutritt. Genau das gilt aber nicht für den Schnellkomposter. Hier kann der Sauerstoff nur durch die Belüftungsschlitze eindringen. Daher ist eine gute Durchlüftung nur dann gesichert, wenn Sie beim Befüllen Grobes und Feines mischen. Angetrocknetes Gras, Blätter oder Küchenabfälle sollten daher mit zerschnittenen oder sehr grob gehäckselten Holzabfällen abwechseln. Am besten lagern Sie neben dem Kompost einen kleinen Haufen mit grobem Material, das Sie bei Bedarf zugeben können.
Die Entnahme des Endprodukts ist einfach: Öffnen Sie die Klappe und entnehmen Sie den Kompost.
Da mit der Kompostierung das Volumen des organischen Materials stark abnimmt, kann ein Schnellkomposter kontinuierlich be- und wieder entladen werden.
Auch der beste Schnellkomposter erfordert also einige Arbeit. Wer nun daran denkt, seine Gartenabfälle lieber als Biomüll zu entsorgen, sollte aber bedenken, dass der Aufwand bis zum Füllen der Biotonne fast gleich ist – abgesehen vom Mischen. Mit der städtischen Müllabfuhr sparen Sie nur den Arbeitsschritt Kompostentnahme! Dafür haben Sie aber Ihren eigenen Kompost zur Bodenverbesserung und müssen nicht ins Gartencenter fahren, um sich entsprechendes Material zu kaufen.

Guter Kompost ist Goldes wert

Sollte der Kompost zu trocken und schlecht verrottet sein, war das Ausgangsmaterial nicht feucht genug, d. h., Sie sollten zu trockenes Material etwas übergießen. Ist er feucht und faulig, war das Ausgangsmaterial zu nass, d. h., lassen Sie das Füllmaterial vorher antrocknen und sorgen Sie mit grobem Material für eine bessere Durchlüftung.
Im Idealfall ernten Sie aus den Entnahmeklappen Ihres Komposters eine dunkelbraune, fast schwarze Masse mit angenehm erdigem Duft. Wenn alles gestimmt hat, dauert ein Durchlauf etwa 2–3 Monate. Für Anfänger sind die kommerziellen »Kompoststarter« eine gute Ergänzung. Sobald Sie sich besser auskennen, haben ein paar Schaufeln fertiger Kompost die gleiche Wirkung.
Am besten werfen Sie den frischen Kompost mit der Schaufel über ein Sieb aus Maschendraht (gibt es fertig zu kaufen), so dass die gröberen Bestandteile im Sieb zurückbleiben. Sie kommen wieder neben den Komposter, um die Durchlüftung zu verbessern. Verteilen Sie den Kompost beim nächsten Jäten auf den Beeten – dann sparen Sie einen Arbeitsschritt – und arbeiten Sie ihn mit dem Grubber in die oberste Bodenschicht ein.

Mischung Sie grobes und feines Material (oben), dann ernten Sie nach wenigen Monaten gute Komposterde (unten).

Mulchen erspart viel Folgearbeit

Was ist eigentlich Mulch? Fragt ein Kunde im Gartencenter nach »Mulch«, wird er zu Plastiksäcken mit groben Holzschnitzeln geschickt. Ein Bauer würde antworten, dass er zum Mulchen mit dem Trecker aufs Feld fährt, die Pflanzen abmäht, zerkleinert und auf der Erde liegen lässt. Ein Gartenbaubetrieb nennt die Plastikfolie zum Abdecken der jungen Gemüsepflanzen »Mulchfolie«. Offenbar gibt es also verschiedene Formen von Mulch, die aber alle denselben Zweck erfüllen: Sie decken den Boden ab, schützen ihn vor Austrocknung und regulieren die Bodentemperatur. Im Garten kommt noch der angenehme Nebeneffekt dazu, dass eine dicke Mulchschicht einjährige Unkräuter unterdrückt. Im pflegeleichten Garten kommen alle Formen von Mulch zum Einsatz, denn sie helfen dabei, die Arbeitsbelastung zu senken.

Sogar in einem etwas aufwendigeren Garten (Formschnitt) kann Mulch als Wegebelag sehr attraktiv aussehen.

Was eignet sich als Mulch?

Zum Mulchen eignet sich sowohl organisches als auch anorganisches Material. Während sich organischer Mulch im Laufe der Zeit zersetzt und in Humus verwandelt, hemmt anorganischer Mulch (Folie, Kies usw.) die Verdunstung und dient in der Regel nur zur Dekoration.

- **Gründüngungspflanzen** bleiben einfach im Beet stehen. Bei der Bodenlockerung im Frühling können Sie die Reste mit dem Grubber in den Boden einarbeiten.
- Auch das **Herbstlaub** darf – außer auf dem Rasen – liegen bleiben. Es bildet unter Bäumen und Sträuchern eine gute Wärmeisolation für den Winter und verwandelt sich in wertvollen Humus.
- Bei **Kompost** als Mulchauflage ist etwas mehr Sorgfalt erforderlich. Unreifer (junger) Kompost ist nicht völlig zersetzt. Er »arbeitet« noch, enthält relativ viele Nährstoffe und Bodenorganismen und sollte nur in Beeten mit angewachsenen Stauden oder unter Sträuchern verwendet werden (2–3 cm hoch). Reifer (alter) Kompost ist braun, feinkrümelig und besteht hauptsächlich aus mineralischen Nährstoffen. Er kann überall ausgestreut werden und wirkt fast wie ein Dünger (2–3 cm hoch).
- **Rasenschnitt** ist ein guter Mulch für Strauchbeete und Hecken. Er sollte nur dünn ausgebreitet (im Idealfall scheint die Erde noch darunter hervor) und darf auf keinen Fall faulig werden.
- Der im Handel angebotene **Rindenmulch** oder im Schredder gehäckselte Zweige passen unter Gehölze oder als Auflage für Wege.
- **Kunststofffolien** dienen ausschließlich als Untergrund für Kiesbeete.
- **Kies, Lavasteine** oder **Splitt** passen als Dekoration auf Trockenbeete oder zum Abdecken der Oberflächen von Töpfen und Kübeln.

Beetflächen mulchen

Um bei minimalem Zeitaufwand maximale Wirkung zu erzielen, macht sich ein cleverer Gärtner im Frühling über die Beete her und lockert die Mulchschicht des Winters mit dem Kultivator auf. Dabei wird gleichzeitig der Boden gelockert. Die Frühlingssonne wärmt Boden und Pflanzen auf, Frühlingsregen kann in den Boden eindringen, und die Schnecken finden weniger Verstecke. Ende Mai/Anfang Juni (bei frühen Hitzeperioden auch etwas früher) wird der Boden wieder gelockert, und nun kommt neuer Mulch etwa 5 cm hoch auf das Beet. Lassen Sie bei jungen Pflanzen einen »Erdkragen« ohne Mulch um die Stängel frei. Das hört sich nach viel Arbeit an, doch gut gemulchte

Noch sind die Sträucher klein, und die Mulchfläche dominiert die Szene.

Achten Sie bei Steinen als Mulchauflage auf abwechslungsreiche Gestaltung.

Beete trocknen nicht so leicht aus, der Boden bleibt länger locker, und einjährige Unkräuter werden zumindest eingedämmt – also wieder »einmal schuften ...«.

Gemulchte Wege

Grober Rindenmulch eignet sich gut für einfache Wege. Allerdings neigt er zum »Wandern«, sollte also seitlich eingefasst werden. Setzen Sie an den Kanten des Weges stabile Kantsteine, Bohlen, Palisaden oder Ziegel in ein Bett aus Magerbeton ein. Nun müssen Sie nur noch gelegentlich neuen Mulch auffüllen, wenn die alte Auflage unansehnlich oder zu dünn wird. Eine Wegauflage aus Kies oder Splitt ist zwar haltbarer als Rindenmulch, dafür erfordert ein Weg mit Rindenmulch weniger Arbeit bei der Pflege: Unschöner Mulch wird einfach mit neuem Material überdeckt. Schmutziger Kies oder Splitt dagegen muss entfernt und gegen neuen ausgetauscht werden.

Rindenmulch zwischen Sträuchern

Den Boden zwischen einzelnen Sträuchern zu pflegen, kann ziemlich anstrengend sein. Hungern Sie deshalb zunächst die mehrjährigen Unkräuter mit einer dunklen Folie aus (siehe Seite 30). Entfernen Sie im Spätherbst die Folie und bringen Sie unter den Sträuchern eine 5–10 cm dicke Mulchschicht als Winterschutz auf. Im Frühling reicht ein vorsichtiges Lockern mit dem Grubber, dann können Sie die Mulchschicht gleichmäßig verteilen. Im Herbst wird dann wieder neuer Mulch unter den Sträuchern ausgebracht usw.

Grünes zwischen Steinen

In einem mit Vlies gesicherten Beet (siehe Seite 32/33) spielt Kies die Hauptrolle. Dasselbe funktioniert auch in kleinerem Rahmen, etwa in einem mediterranen oder einem Gewürzbeet. Helle oder farbige Kiesel, Lavasteine oder Splitt sehen nicht nur ungewöhnlich und attraktiv aus, sie schützen den Boden und speichern die Wärme der Sonne genau wie organischer Mulch.
Pflanzen Sie die Stauden aber nicht einfach in die Erde, sondern in versenkte Container oder Kübel. Damit können Sie den Boden um die Pflanzen herum bearbeiten, ohne die »Mulchschicht« zu beschädigen.

Beste Startbedingungen bieten

Wie man welche Pflanzen erfolgreich in die Erde setzt, steht in jedem Gartenbuch. Tatsächlich sollten Sie aber gerade im pflegeleichten Garten lieber zu viel als zu wenig Zeit, Mühe und Sorgfalt in diese Arbeit investieren. Je sorgfältiger Sie die Pflanzen auswählen, je gründlicher Sie den Boden vorbereiten und je besser Sie die frisch eingesetzten Pflanzen angießen, desto besser werden sie anwachsen und gedeihen. Eine gesunde Pflanze in gutem Boden zieht nun einmal weniger Folgearbeiten nach sich als eine Pflanze, die einfach nur irgendwo in die Erde gesteckt wurde.
Damit Sie über einen längeren Zeitraum Freude und weniger Arbeit mit Ihren Pflanzen haben – hier einige zusätzliche Tipps und Tricks.

Pflegeleicht-Bonus

Damit reduzieren Sie zukünftigen Arbeitsaufwand:

- Wählen Sie nur standortgerechte, gesunde Pflanzen aus (Beratung im Fachhandel).
- Bereiten Sie den Boden tiefgründig vor.
- Zwiebeln bekommen eine zusätzliche Dränageschicht.
- Wässern Sie den Wurzelballen durchdringend.
- Gießen Sie die Pflanzen beim Einsetzen und in den nächsten Tagen reichlich.

Einjährige »Lückenfüller«

Auch wenn es vielleicht etwas teurer ist – Pflanzen aus einer renommierten Gärtnerei oder einem Gartencenter zahlen sich aus! Ein Anbieter, der kompetente Berater beschäftigt, geht auch sorgfältig mit seinen Produkten um. Von dieser Regel gibt es nur eine Ausnahme: Im Laufe des Jahres wird regelmäßig so genannte »Saisonware« angeboten – vorgezogene Einjährige, die Lücken füllen und unmittelbar für Farbe im Beet sorgen. Sie werden ohne große Vorbereitung in ihren Containern ins Beet gesetzt und nach dem Verblühen auf dem Kompost entsorgt. Dieser Umgang mit Pflanzen entspricht zwar nicht unbedingt gärtnerischem Standard, aber es geht schnell, macht wenig Mühe und zeigt große Wirkung.

Das Pflanzloch vorbereiten

Alle Pflanzen sind auf einen guten Boden angewiesen. Selbstverständlich kann und muss ein Boden auch nach dem Pflanzen noch gepflegt werden, wichtig ist aber der optimale Start neu eingesetzter Pflanzen. Graben Sie die Pflanzlöcher grundsätzlich weiträumig und tief aus. Der dunklere Oberboden sollte nicht mit dem Unterboden vermischt werden. Säubern Sie die ausgehobene Erde von Steinen, alten Wurzeln und Unkräutern. Sofern das nicht schon geschehen ist, wird der Boden verbessert (Seite 26–29). Mischen Sie bei Gehölzen dem Aushub einen Langzeitdünger bei.
Lockern Sie Wände und Boden des Pflanzlochs gründlich mit der Grabgabel auf. Füllen Sie das Pflanzloch bis zur Pflanztiefe mit dem gut vorbereiteten Aushub und setzen Sie die Pflanze sorgfältig ein.

Gut wässern

Viele Gärtner vernachlässigen den Wasserbedarf beim Einpflanzen. Die Saugorgane einer Pflanzenwurzel (Wurzelhaare an den Feinwurzeln) sind mit bloßem Auge nicht zu sehen. Sie können ihre Funktion nur im direkten Kontakt zum Bodenwasser erfüllen. Stellen Sie daher alle Stauden und Gehölze vor dem Einpflanzen in einen Eimer mit Wasser (Stauden ca. 20 Minuten; Gehölze 2–3 Stunden; Gehölze mit nackten Wurzeln über Nacht).
Gießen Sie schon während des Einpflanzens, damit sich feinste Erdteilchen um die Feinwurzeln legen.

Expertentipp

Gießen Sie reichlich, damit das Wasser tief in den Boden dringt, sonst bilden sich die Feinwurzeln nur in der obersten Bodenschicht.

Gehölze mit Ballen

Gehölze werden in drei Verkaufsformen angeboten: im Container, mit Ballen oder mit nackten Wurzeln. Die Mehrzahl aller Gehölze steht im Container. Bäume, Heckenpflanzen (Verkauf nach Meter Heckenbreite) und viele Rosen werden mit nackten Wurzeln angeboten.
Obwohl es sicher Ausnahmen gibt, halte ich Gehölze mit Ballen für die beste Wahl. Sie werden frisch aus dem Beet der Baumschule ausgestochen und haben einen Großteil ihrer Wurzeln in der natürlichen Anordnung behalten, wachsen daher meist sehr gut an. Der mit einem Tuch umgebene Wurzelballen lässt sich sauber und gut einsetzen. Sie brauchen das Tuch nach dem Einsetzen nur oben aufzuknoten oder aufzuschneiden. Es bleibt im Boden, wo es sich dann langsam zersetzt.

Länger Spaß mit Zwiebeln

Zwiebeln sind bestens für einen pflegeleichten Garten geeignet, da sie (fast) keine Arbeit machen.
Den geringsten Aufwand erfordert die »Wegwerfmethode«: Zwiebeln kaufen, in den Boden setzen, Blüten bewundern, vergessen und in der nächsten Saison neue pflanzen. Allerdings dürfte auch den faulsten Gärtner irgendwann der Ehrgeiz packen, seine Zwiebelpflanzen länger als nur eine Saison zu halten. Zwiebeln mögen keine nassen Böden, legen Sie daher eine Handbreit unter den Zwiebelwurzeln eine Dränageschicht aus Kies und Sand an.

Expertentipp

In einen Zwiebelkorb (siehe Bild) eingesetzte Blumenzwiebeln lassen sich einfach und rasch wieder aus dem Boden nehmen.

Wenn schon Schnitt, dann richtig

Pflegeleicht-Bonus

Wirklich Zeit sparen Sie nur, wenn Sie sich für Gehölze entscheiden, die ohne oder mit minimalen Schnittmaßnahmen auskommen. Der »richtige« Schnitt bewahrt Sie allerdings vor zusätzlicher Arbeit:

- **rechtzeitiger Schnitt:** vermeidet wuchernde oder unschön wachsende Zweige
- **radikaler Rückschnitt:** verhindert langwierige »kosmetische« Schnittmaßnahmen
- **gutes Werkzeug:** vermeidet Wunden, Risse und Infektionen

In der Tat sind Gärten denkbar, in denen man völlig ohne Schnittmaßnahmen auskommt (Zwerggehölze, Koniferen, die meisten immergrünen Laubgehölze). Allerdings dürften die meisten Gärtner doch den einen oder anderen Strauch mit besonders schönen Blüten (z. B. Sommerflieder, Weigelie), Früchten (z. B. Eberesche, Rose), Zweigen (z. B. Hartriegel) oder einer markanten Wuchsform auswählen, der ab und zu beschnitten werden muss.
Leider gibt es keine Schnittregeln, die für alle Gehölze gelten. Sie kommen daher um eigene Erfahrungen nicht herum. Einen guten Einstieg bieten praktische Seminare, die z. B. von Volkshochschulen oder großen Gartencentern angeboten werden. Dabei lernen Sie nicht nur die Technik, Sie finden dort auch einen kompetenten Ansprechpartner, den Sie zu Ihren eigenen Problemen befragen können.
Der vermutlich beste allgemeine Tipp, den ich Ihnen in Bezug auf den Schnitt geben kann, lautet: Schneiden Sie regelmäßig zur richtigen Zeit, denn nur so vermeiden Sie lästigen Wildwuchs.

Durch Schnitt zu mehr Blütengenuss

Viele Stauden (nicht alle!) bilden einen zweiten Blütenflor, wenn Sie die Blüten kurz nach dem Verblühen und vor der Samenbildung abschneiden. Mit einem Arbeitsaufwand von wenigen Minuten pro Woche – die abgeschnittenen Blüten können Sie einfach mit der Hand zerteilen und als Mulch auf das Beet werfen – verlängern Sie die Blütezeit Ihrer Beete. Probieren Sie einfach aus, welche Ihrer Stauden einen zweiten Blütenflor ausbilden.
Selbst wenn keine Nachblüte erfolgt, nützt diese Technik den Stauden (und Ihnen!): Die Pflanzen stecken ihre Energie nicht in die Samenbildung, sondern speichern sie für das nächste Jahr.

Schnitt versäumt – kein Problem

Zwergsträucher, viele Immergrüne und einige Sträucher (siehe Seite 88) kommen völlig ohne, andere mit wenig und einige nur mit kräftigem Schnitt zurecht. Vor allem Obstgehölze stellen besondere Ansprüche.
In der Regel können Sie aber fast jedes unschön verwachsene Gehölz mit einem kräftigen Rückschnitt verjüngen: Schnipseln Sie nicht an der Zweigspitzen herum, sondern setzen Sie die Schere tiefer unten, oberhalb einer nach außen weisenden Knospe an. Fragen Sie im Zweifelsfall in einer Baumschule nach und lassen Sie sich die Schnittführung an einem Beispiel zeigen.

Die Infektionsgefahr mindern

Benutzen Sie nur scharfe Scheren und Messer, und reinigen Sie die Schneiden nach Gebrauch (Abreiben mit Alkohol), um Krankheiten und Pilzbefall vorzubeugen. Schneiden Sie die Zweige beim Auslichten immer direkt am Stamm ab und glätten Sie die Wundränder mit einem scharfen Messer – auch das vermindert die Gefahr von Infektionen. Große Schnittwunden werden mit einem handelsüblichen Wundverschlussmittel geschützt. Lassen Sie bei stark blutenden Arten (z. B. Ahorn, Birke, Steinobst, Walnuss) ein daumenlanges Aststück stehen; es trocknet aus und verhindert das Ausbluten des Stammes.

Die beste Zeit für den Gehölzschnitt

Stark blutende Arten sollten Sie am besten im Ausklang des Sommers schneiden. Dann ist der Ausfluss weniger stark und die Wunden haben noch Zeit zu verheilen. Alle anderen Gehölze sollten Sie an frostfreien Tagen gegen Ende des Winters bzw. im Vorfrühling schneiden, um die Zeit bis zur Bildung des Wundverschlusses so kurz wie möglich zu halten.

Expertentipp

Grundsätzlich können Sie alle Laubgehölze auch im Sommer schneiden – ein Sommerschnitt reduziert das Wachstum.

Hecken brauchen eine Sonderbehandlung

Wenn Sie sich trotz der Nachteile für eine Schnitthecke entschieden haben, sollten Sie zumindest den richtigen Schnittzeitpunkt einhalten: Zur falschen Zeit geschnittene Hecken neigen zu unregelmäßigem Wuchs, so dass Sie »Ausreißer« einzeln mit der Astschere nachschneiden müssten. Hecken aus immergrünen Laubgehölzen werden im Frühsommer in Form geschnitten (zu lange Triebe mehrmals im Sommer abschneiden). Laub abwerfende Heckensträucher schneidet man im Vorfrühling, immergrüne Nadelgehölze nur einmal im Sommer.

Rosen brauchen besondere Pflege

Auch wenn noch so viele Bekannte und Fachleute vor Pilzen, Blattläusen und Krankheiten warnen, jeder Experte andere Rosensorten empfiehlt und man eigentlich gar keine Lust hat, sich mit all diesen Problemen auseinander zu setzen: Irgendwann wagt sich jeder an Rosen. Rosen sind nun einmal die Königinnen des Gartens. Entsprechend sensibel wollen sie auch behandelt werden – das beginnt mit dem Standort und der Vorbereitung des Bodens und endet mit den Düngemaßnahmen. Rosen sind definitiv nicht pflegeleicht, erwarten Sie auf dieser Seite daher keinen Pflegeleicht-Bonus!
Wer Rosen dennoch mit vertretbarem Aufwand pflegen möchte, sollte die Zahl der Rosen klein halten, krankheitsresistente Sorten pflanzen, die Arbeiten pünktlich und sorgfältig erledigen und nur das beste Pflanzenmaterial verwenden.

Solide Basis – gesunde Rosen

Der richtige Standort, ein guter Boden und sorgfältige Pflanzung sind die besten Voraussetzungen für gesunde Rosen.

- Um die Pflegemaßnahmen in vertretbarem Rahmen zu halten, sollten Sie Ihre Rosen an einen sonnigen, vor Wind geschützten Platz pflanzen. Ein Standort direkt vor einer hellen Mauer ist aber nicht empfehlenswert: Sie heizt sich im Frühling auf und gibt ihre Wärme an die Rosen ab. Kommt es dann zu Spätfrösten, können die Knospen erfrieren.
- Rosen brauchen einen lehmigen, humusreichen, gut durchlässigen Boden mit einem leicht sauren pH-Wert (pH 6–7).

Heben Sie etwa 2–3 Monate, bevor die Rosen gepflanzt werden – Mitte Oktober bis Ende November ist die beste Pflanzzeit –, eine etwa 2 Spaten tiefe Grube aus. Legen Sie in tonigen Böden unbedingt eine Drainageschicht aus Sand und Kies an. Vermischen Sie den Aushub mit reifem Kompost und füllen Sie die Grube wieder auf.

- Nach gründlichem Wässern (siehe Seite 51) werden wurzelnackte Rosen in einen Lehmbrei getaucht.
- Heben Sie ein ausreichend tiefes Loch in dem vorbereiteten Boden aus. Schneiden Sie beschädigte Wurzeln ab und setzen Sie die Rose so ein, dass die Veredelungsstelle etwa 5 cm unter der Erde liegt.
- Vermischen Sie den Aushub mit Langzeit-Rosendünger oder Hornspäne. Füllen Sie ihn dann ein und drücken Sie ihn gut fest.
- Gießen Sie zwischendurch immer etwas an, dann verteilt sich die Erde besser um die Pflanzenwurzeln.
- Gießen Sie in der ersten Zeit reichlich (nicht bei Frost!).

Schützen Sie die Veredelungsstelle

Bis auf die Ausnahme der so genannten »wurzelechten« Rosen, wachsen alle Rosensorten auf den Wurzeln (»Unterlage«) von wilden Arten. An der Veredelungsstelle hat der Rosenzüchter den Zweig oder das Auge (Knospe) einer Edelrose auf die Unterlage gepfropft.
Die Veredelungsstelle verrät sich durch eine dickere, oft auch etwas knotige Form (siehe Bild).
Achten Sie darauf, dass die Veredelungsstelle stets gut geschützt ist! Häufeln Sie als Winterschutz rund um die Rosenbasis einen 20 cm hohen Erdhügel auf, der bis nach den letzten Frösten liegen bleibt. Noch besser isoliert eine Strohschicht, die mit Fichtenreisig abgedeckt ist. Füttern Sie bei Hochstammrosen die Veredelungsstelle mit Stroh aus.

Entfernen Sie rechtzeitig Wildtriebe

Aus den Unterlagen treiben immer wieder so genannte Wildtriebe aus. Sie wachsen meist stärker als die Edelrosen und entziehen ihnen die notwendigen Nährstoffe.
Frei aus der Erde wachsende Triebe sind fast immer Wildtriebe. Sie verraten sich durch kräftigen Wuchs, und meist sehen ihre Blätter etwas anders aus als bei der Edelform. Schaben Sie die Erde weg und überprüfen Sie, wo der Trieb entspringt. Setzt er unterhalb der Veredelungsstelle an, wird er dicht am Wurzelstock abgeschnitten.

Expertentipp

Wurzelechte Rosen bilden keine Wildtriebe.

Düngen Sie mit Fingerspitzengefühl

Wer bei Rosen nach dem Prinzip »viel hilft viel« vorgeht, richtet mehr Schaden als Nutzen an. Geben Sie streng nach Packungsangabe folgende Langzeitdünger, die auf Rosen abgestimmt sind:
Volldünger im Mai für alle Rosen. Mehrfach blühende Rosen brauchen eine zweite Volldüngergabe Mitte bis Ende Juli. Dann bekommen alle Rosen Ende August bis Anfang September noch einen Kalidünger, damit das Holz besser ausreift.
Manche Rosenzüchter empfehlen, bei der Pflanzung eine Lage aus Erde und Langzeitdünger auszubreiten und mit Erde abzudecken und darüber dann die Rose einzupflanzen. Die wachsenden Wurzeln stoßen dann in diesen Bereich vor.

Etwas zeitaufwendiger: Zierrasen

Rasenpflege übers Jahr

- **März/April:** Mähbeginn; Vertikutieren nach dem ersten Mähen, danach Rasenvolldünger
- **ab April/Mai bis Herbst:** Zierrasen 1–2mal wöchentlich, Allzweckrasen 3–4mal monatlich mähen; ab Ende Mai (je nach Wetterlage) einmal wöchentlich tiefgründig bewässern
- **Mai/Juni:** Rasenvolldünger geben
- **August:** Zierrasen mit Kalidünger düngen
- **Oktober/November:** Ende der Mähperiode

Der Magie des kleinen, grünen Rasenstücks vermag sich kaum jemand zu entziehen. Mögen aus der Sicht des erforderlichen Aufwands auch noch so viele Gründe dagegen sprechen, ein bisschen Zierrasen muss offenbar sein.
Immerhin gibt es einige Möglichkeiten, um die an anderer Stelle gesparte Zeit und Mühe nicht dem Rasen wieder zu opfern. Dazu gehören vor allem die bereits erwähnte regelmäßige, mäherfreundliche Fläche und die Befestigung der Kanten (siehe Seite 15).
Wenn Sie die erforderlichen Arbeiten (Mähen, Düngen, Vertikutieren, Bewässern) zur richtigen Zeit und regelmäßig erledigen, können Sie außerdem zeitaufwendige Schadensbehebungen in Grenzen halten.
Rollrasen oder Rasenplatten auslegen verursacht zwar einige Mehrkosten, Sie können das Grün aber gleich nach dem Auslegen genießen und müssen auch nicht so lange warten, bis der Rasen begehbar ist.

Rollrasen – grüner Teppich mit Sofortwirkung

Rollrasen ist längst kein Nischenprodukt mehr, sondern wird von vielen Spezialfirmen und Gartencentern angeboten. Wer nur eine kleine Fläche begrünen möchte, kann dies in Eigenarbeit erledigen. Bei größeren Flächen fällt mit Bodenvorbereitung, Einebnen und Planieren doch relativ viel Arbeit an – hier empfiehlt sich professionelle Hilfe.

- Sofern zeitlich möglich, sollten Sie die spätere Rasenfläche umgraben, von Steinen und großen Wurzeln befreien und einige Monate lang mit einer Plane abdecken (Aushungern, siehe Seite 30). Zumindest aber sollten Sie den Boden per Hand von Unkrautwurzeln befreien.
- Mischen Sie der obersten Bodenschicht Humus, Tonmehl (sandige Böden) bzw. Sand (tonige Böden) und etwas Grunddünger bei.
- Ebnen Sie dann den Boden zunächst mit einem Grubber oder Rechen und zum Schluss dann mit einer Walze gut ein. Denken Sie daran, ein leichtes Gefälle anzulegen (vom Haus weg), damit bei Starkregen das Wasser abfließen kann.
- Rollen Sie dann die Grasbahnen aus. Benutzen Sie ein breites Brett als Standfläche auf den bereits verlegten Bahnen, damit Sie keine Dellen in die Rasenfläche eindrücken.
- Wenn Sie den Rasen nutzen, dann können Sie nach 5–6 Wochen das erste Mal mähen. Mähen Sie quer zur Bahnrichtung.

Rasenplatten – Flicken für den Notfall

Sehr kleine Rasenflächen können auch mit Rasenplatten angelegt werden (Vorbereitungen wie beim Rollrasen). Die eigentliche Stunde der Rasenplatten schlägt jedoch, wenn sich Lücken in der Rasenfläche zeigen: Sie sparen im Vergleich zur Aussaat Zeit und Mühe.
Stechen Sie die Schadstellen grob mit dem Spaten aus. Arbeiten Sie dann die Kanten mit einem Messer oder einem Rasenkantenstecher präzise nach, damit die Platten genau hineinpassen. Bereiten Sie den Boden vor und setzen Sie die Platten ein – andrücken, angießen, fertig. Nach 3–4 Wochen hat sich die Rasenfläche geschlossen.

Neusaat statt Flickwerk

Rasen kann aus den unterschiedlichsten Gründen Schadstellen bekommen und leiden: Wassermangel, zu viel Wasser, zu viel oder zu wenig Dünger oder Pilzbefall. Ist der Schaden zu großflächig für Rasenplatten, lohnt sich die Neusaat. Stechen Sie den beschädigten Rasen großzügig ab, bereiten Sie den Boden vor (siehe Rollrasen) und säen Sie neuen Rasen ein.

Expertentipp

Es gibt spezielle Rasenmischungen zur Nachsaat (Regenerationsrasen), Schattenrasen sowie Rasensorten für verschiedene Nutzungsarten.

Ein Arbeitsgang: Mähen, Mulchen, Düngen

Mit einem so genannten Mulchmäher ist das in der Tat möglich: Er häckselt die abgeschnittenen Grashalme gleich und bläst sie direkt wieder auf die Fläche zurück. Sie sparen sich nicht nur den Gang zum Kompost bzw. zur Biotonne, sondern Sie düngen auch gleich den Rasen mit organischen Nährstoffen.
Allerdings arbeitet der Mulchmäher nur bei relativ kurzem Rasen. Schnitt, Häckseln und Ausblasen müssen im Gleichgewicht sein. Also entweder häufig mähen oder zu einem Kombigerät (Mäher-Mulchmäher) greifen.

Nutzpflanzen im pflegeleichten Garten?

Pflegeleicht-Bonus

- Auf **Saatbänder, Saatteppichen** oder **Saatscheiben** aufgebrachte Samen sind bereits im nötigen Endabstand zwischen Spezialpapier eingeschlossen. Das Saatgut lässt sich schneller und leichter verteilen, ein späteres Ausdünnen entfällt.
- Bei **pilliertem Saatgut** sind die Samen von einer Hüllmasse umgeben und gleichmäßig groß, das vereinfacht bei sehr feinen Samen die Aussaat enorm.

Spezielle Nutzpflanzenbeete für Gemüse, Obstbäume oder -sträucher haben in einem pflegeleichten Garten nichts zu suchen. Der Pflegeaufwand wäre zu hoch. Dennoch bieten sich dem cleveren Gärtner überall Möglichkeiten, mit vertretbarem Aufwand Leckeres zu ernten. Letztlich kommt es auf den Versuch an. Wer seine Leidenschaft für Obst und Gemüse entdeckt, kann jederzeit den Anteil der Nutzpflanzen im Garten vergrößern und dafür die Zierpflanzen oder den Rasen reduzieren oder mehr Zeit investieren.
Als Einstieg in die Welt der Nutzpflanzen bieten sich vor allem solche Arten und Sorten an, die sich ohne größeren Aufwand in das bestehende Gestaltungssystem integrieren lassen. Damit sparen Sie sich nicht nur die Anlage neuer und spezieller Beete für Nutzpflanzen. Sie können die Nutz- auch einfach wieder durch Zierpflanzen ersetzen, wenn Sie merken, dass Sie für die Pflegemaßnahmen doch mehr Zeit als wünschenswert aufbringen müssen.

Blickfänge im Staudenbeet – Obsthochstämmchen

Obstgehölze in Form von so genannnten Hochstämmchen – manchmal als »Mini-Bäume« angeboten – sind dekorativ und praktisch zugleich: Sie können sie als Blickpunkte zwischen niedrige Sträucher oder auch in ein Staudenbeet pflanzen. Da sich die einzelnen Arten und Sorten an jeweils anderen Standorten wohl fühlen und speziell behandelt werden müssen (Schnittmaßnahmen. Schnitttermine), sollten Sie sich vor dem Kauf gut beraten lassen.
Als erzogene oder veredelte Obstsorten werden unter anderem Äpfel, Birnen, Johannisbeeren, Nektarinen, Pfirsiche und Stachelbeeren angeboten.

Irrläufer im Blumenbeet

Warum sollen immer nur Blattschmuckstauden für Abwechslung sorgen? Versuchen Sie es doch einmal mit hübsch gefärbtem oder geformtem Gemüse und Salat. Verwenden Sie entweder Qualitäts-Saatgut und säen Sie es ohne Vorkultur in geschwungenen Bändern oder kleinen Inseln direkt ins Beet (der Termin ist auf den Samentütchen vermerkt). Wenn Sie Saatbänder benützen oder bereits vorgezogene Jungpflanzen einsetzen, ersparen Sie sich das Auslichten.
Gut geeignet ist Mangold mit farbigen Blattstielen, Kohlrabi, Wirsing und Zierkohl mit Blättern in unterschiedlichen Farben.

Erdbeeren im Eigenheim

Erdbeeren sind besonders leckere Früchtchen – allerdings erfordert die Reihenkultur im Beet einen relativ hohen Aufwand. Wenn Sie mit einigen Früchten dann und wann zufrieden sind, dann kaufen Sie sich einen Erdbeertopf. Füllen Sie die Taschen mit humusreicher Erde und setzen Sie da hinein für Topfhaltung geeignete Erdbeersorten.

Expertentipp

Kaufen Sie Ihren Erdbeertopf dort, wo sie auch gleich die passenden Erdbeersorten (z. B. kleinfrüchtige Monatserdbeeren) bekommen.

Salat im Blumenkasten

Die meisten Salate sind relativ anspruchslos und geben sich auch als »Lückenbüßer« zwischen anderen Pflanzen zufrieden. Viele Sorten – insbesondere Eichblattsalat in verschiedenen Blattfarben, Lollo Rosso oder Radicchio – sehen mit ihren krausen oder farbigen Blättern aber so gut aus, dass sie durchaus auch Zierwert im Blumenkasten haben. Fragen Sie im Fachhandel nach so genannten Pflücksalaten. Sie werden nicht als Kopf geerntet, sondern man zupft je nach Bedarf die äußeren Blätter ab. Wenn das Herzblatt stehen bleibt, wachsen die Pflanzen nach, und Sie können mehrmals ernten.

Kräuter – gesund und dekorativ

Viele Gewürzkräuter zeichnen sich durch besonders hübsche Blätter aus. Die mediterranen Arten, wie Eberraute, Lavendel, Salbei oder Thymian, brauchen einen durchlässigen, kalkhaltigen Boden und viel Sonne. Damit eignen sie sich bestens als Gewürzinseln im Kiesbeet, in dekorativen Kübeln und Kästen auf Terrasse oder Balkon oder eingegraben zwischen Beetpflanzen. Da man die Töpfe mit beliebigen Substraten füllen kann, lassen sich auch Kräuter mit anderen Bodenansprüchen (z. B. buntblättriger Basilikum, Majoran) in das Arrangement einfügen.

Töpfe und Kübel clever genutzt

Kübel im pflegeleichten Garten sind eine zwiespältige Angelegenheit. Einerseits erfordert eine Kübelpflanze wegen des geringen Wurzelvolumens mehr Aufmerksamkeit als eine entsprechende Fläche im Beet (gießen, Boden lockern, düngen), andererseits kann diese Arbeit auch gezielter und konzentrierter erledigt werden – und was wären abgedeckte Flächen oder ein Kiesgarten ohne Kübelpflanzen?
Wer sich an Kübeln erfreuen möchte, sollte daher stets die Gesamtbelastung durch die Gartenarbeit im Auge behalten: Einige Kübel im Kiesbett machen kaum Arbeit, viele Kübel auf der Terrasse zusätzlich zu den Stauden im Beet können zum Problem werden.

Praktische Kübel mit Pflegeleicht-Bonus

- **Kunststoff:** preiswert (Pflanzcontainer sogar umsonst); robust aber nicht immer schön; zum Eingraben oder als Innenkübel; keinerlei Pflege, verbrauchte Kübel werden einfach entsorgt
- **Metall, Stein, Beton:** je nach Ausführung sehr dekorativ; nur Stücke mit durchbohrten Böden kaufen; Nachteil: relativ schwer zu pflegen, daher möglichst nur mit einem Innenkübel aus Kunststoff verwenden
- **Terrakotta (Blumentöpfe):** relativ preiswert; dank der konischen Form gut zu entleeren und zu pflegen

So sparen Sie Zeit beim Bewässern

Ohne Zweifel ist die Wasserversorgung von Kübelpflanzen der aufwendigste Teil der erforderlichen Pflege. Nicht jeder Gartenbesitzer kann oder will die Bewässerung der Kübel automatisch erledigen (Computersystem). Nicht an jedem Standort kann man mit der Schlauchdüse gießen. Da bleibt nur die Gießkanne – und das bedeutet viel Lauferei.
Mit folgenden Tricks sparen Sie Zeit und Mühe:

- Halten Sie beim Bepflanzen von Töpfen und Kübeln mindestens 5 cm Abstand zwischen Oberkante Erde und Topfrand ein. In einen Topf mit 20 cm Durchmesser passen hier rund 1,5 Liter Wasser hinein, die nach und nach versickern können (Untersetzer nicht vergessen, und nach einer halben Stunde überschüssiges Gießwasser im Untersetzer abgießen). So können Sie mehrere Gefäße zügig voll gießen und müssen nicht vorsichtig und zeitaufwendig immer wieder Wasser in den Töpfen nachgießen.
- Mischen Sie ein Wasser speicherndes Granulat in die Pflanzerde.
- Verwenden Sie Kästen oder Kübel mit doppeltem Boden bzw. legen Sie eine Wasser speichernde Schicht (z. B. Blähton) am Topfboden an (mit Vlies abdecken, damit kein Substrat einwandert).
- Stellen Sie die Pflanzen im Kunststoffcontainer in einen mit Blähton gefüllten Übertopf.
- Verwenden Sie Wasser speichernde Gefäße. Sie bestehen aus einem kleinen Wasserreservoir in Verbindung mit einem Abgabesystem (z. B. einem porösen Terrakottazylinder) und werden nach Bedarf befüllt.

Grünes Wohnzimmer im Freien

Zimmerpflanzen bieten die einfachste Möglichkeit, Terrasse, Balkon oder Sitzplatz mit Kübelpflanzen zu schmücken. Wenn Sie die Standortbedingungen beachten, profitieren die Pflanzen sogar von einigen Monaten in luftiger Freiheit. Durch dieses Arrangement bleibt der Pflegeaufwand gleich, denn im Zimmer müssten Sie die Pflanzen ja auch gießen und düngen.
In der Sonne (keine pralle Mittagssonne) fühlen sich Arten wohl, die an Südfenstern stehen, wie buntlaubige Blattpflanzen (z. B. Kroton), Aloe, Kakteen, Kalanchoe oder Palmfarne.
Typische Schattenpflanzen, die keinesfalls in der Sonne stehen dürfen, sind etwa Drachenbaum, Fensterblatt, Gummibaum, Philodendron oder Yuccapalme.

Pflänzchen, wechsle dich

Wenn Sie keine speziellen Vorlieben haben, sondern sich über jede hübsche Blume freuen können, ist dieses Vorgehen das Richtige für Sie: Schauen Sie gelegentlich bzw. nach Bedarf in einer Gärtnerei vorbei und suchen Sie nach vorgezogenen einjährigen Frühlings- oder Sommerblumen. Sie werden häufig sehr preiswert in Containern verkauft. Suchen Sie nach Exemplaren, deren Blüten sich bald öffnen werden. Stellen Sie die Container ohne weitere Behandlungen nebeneinander in Übertöpfe oder Blumenkästen, und entsorgen Sie sie auf dem Kompost, sobald die Blühperiode zu Ende ist. Die Kosten für Ersatzblumen halten sich in Grenzen, und der Arbeitsaufwand ist minimal.

Dünger nach Bedarf

Ähnlich wie bei den Wasserspeichern bietet der Gartenfachhandel auch verschiedene Produkte zur Düngerspeicherung an. Bei den so genannten Depotdüngern sind die Mineralien in Harzkügelchen eingeschlossen. Man mischt sie beim Einpflanzen der Erde bei. Die Hülle löst sich langsam auf und gibt den Dünger an die Erde ab.
Düngestäbchen oder Düngeröhrchen werden in die Erde bereits bepflanzter Töpfe gesteckt und erfüllen den selben Zweck.

Expertentipp

Obwohl Düngerspeicher sicher ihre Berechtigung haben, bevorzuge ich im Gießwasser aufgelösten Flüssigdünger – gießen muss man ja ohnehin!

Winterzeit – Ruhezeit?

Zeitsparkonto

Beim Verzicht auf Kübelpflanzen würden Sie sparen:

- **Abtransport ins Winterquartier:** pro Topf/Kübel je nach Gewicht 5–15 Minuten (dieselbe Zeit auch im Frühling)
- **Gießen und Kontrollieren im Winterquartier:** pro Topf/Kübel 2–5 Minuten pro Monat
- **Frostschutz aufbauen:** pro Pflanze 30 Minuten (Abbau im Frühling 10–20 Minuten)

Wenn im Winter Frost und Schnee den Garten in ihren Klauen haben, herrscht in der Tat die pflegeleichteste Zeit des Gartenjahres. Damit Sie im nächsten Frühling jedoch keine unerwarteten Winterfolgen beseitigen müssen, sollten Sie vor Einbruch des Winters nochmals einiges im Garten tun. Auch in diesem Fall bewährt sich wieder das Prinzip, lieber zur rechten Zeit etwas Mehrarbeit in Kauf zu nehmen. In erster Linie kommt es darauf an, alle jene Pflanzen zu schützen, die unter dem Winter leiden könnten, damit sie im nächsten Frühling zur alten Form auflaufen. Die Folgen eines schlechten Winterschutzes zeigen sich nämlich erst im nächsten Jahr: Erfrorene Zweige oder Triebe müssen entfernt, gänzlich erfrorene Stauden ausgegraben und ersetzt werden. Sollte ein junges Gehölz stark zurückfrieren, wäre möglicherweise sogar ein radikaler Schnitt erforderlich, damit es seine optimale Wuchsform wieder erlangt.
Das Zeitsparkonto soll sie ermutigen, auf möglichst viele Kübelpflanzen zu verzichten, zumindest aber die Tipps der Vorseite zu berücksichtigen.

Frostgeschützt untergebracht

Unter dem winterlichen Frost leiden vor allem die Wurzeln und Knospen. An unsere Breiten und an die Jahreszeiten angepasste Pflanzen haben damit kein Problem. Die Wurzeln sind unter der Erde weitgehend sicher vor Frost, die Knospen enthalten kaum Wasser und werden durch dicke Knospenschuppen geschützt. Allenfalls der Wechsel zwischen Minusgraden in der Nacht und relativ hohen Tagestemperaturen – die typischen Spätfröste – können den Knospen Schaden zufügen. In einem pflegeleichten Garten sollten Sie daher weitgehend auf »exotische« oder empfindliche Arten verzichten.
Für Kübelpflanzen gelten andere Regeln. Ihre Wurzeln sind dem Frost in den relativ kleinen Gefäßen direkt ausgesetzt. Allenfalls einheimische Gehölze können bei milden Wintertemperaturen (tiefste Temperaturen maximal -5° C) an einem geschützten Standort (z. B. eine Laube) im Freien

überleben, sofern der Kübel auf einer dicken Styroporplatte steht und an den Seiten mit mehreren Lagen Luftfolie verkleidet wird.
Prächtige Kübelpflanzen aus fernen Ländern, wie Bougainvilleen, Palmen und Zitruspflanzen, haben im Freien keine Chance. Sie müssen im Winter an einen frostfreien, kühlen und einigermaßen hellen Ort geschafft werden, z. B. Garage, heller Schuppen, ungeheiztes Treppenhaus. Vergessen Sie nicht, ab und zu sparsam zu gießen.

Ein Mäntelchen aus Blättern

Trockenes Laub isoliert und schützt sehr wirkungsvoll vor Frost. Umgeben Sie frisch gesetzte oder empfindliche Sträucher, Rosen oder größere Ziergräser mit einem 80–100 cm hohen Zylinder aus Maschendraht (mit Bindedraht schließen), häufeln Sie um die Basis der Pflanzen Mulch zum Schutz der Wurzeln an und füllen Sie den Drahtzylinder mit Laub. Bringen Sie diesen Schutz möglichst vor dem Beginn der Nachtfröste an; gewöhnlich reicht der November aus. Alternativ zum Laubzylinder bieten sich ringförmig in den Boden gesteckte oder wie ein Zelt um die Pflanze gelegte Fichtenreiser an.

Im Winter gießen?

Den gängigen Nadelbäumen und Buchs im Garten kann Frost nichts anhaben. Dafür tritt ein anderes Problem auf: Die Nadeln bzw. Blätter verdunsten an wärmeren Wintertagen Wasser. Ist der Boden teilweise gefroren, können die Wurzeln keinen Nachschub liefern, und die Pflanzen trocknen aus (Frosttrocknis). Daher müssen Nadelbäume und Buchs auch im Winter gegossen werden. Greifen Sie zur Gießkanne, wenn sich eine wärmere Periode ankündigt.

Expertentipp

Gießen Sie im Winter am Vormittag, damit Nachtfröste keine Schäden anrichten (Eisbildung im Oberboden).

Nackte Stämme können platzen

Direkt unter der Rinde eines Baumes liegen sehr empfindliche Gewebe, in denen organische Nährstoffe und Wasser transportiert werden. Bei älteren Gehölzen ist die Rinde oder Borke dick genug, um als Isolierschicht zu dienen. Bei frisch gepflanzten, jungen Gehölzen ist diese Schutzschicht aber noch sehr dünn. Bei einem plötzlichen Frosteinbruch im Frühling gefriert das Gewebewasser, das sich ausdehnende Eis bringt die Rinde zum Platzen. Wickeln Sie daher den Stamm junger Bäume mit mehreren Lagen Sackleinen oder Stroh ein.

Spätwinter/Vorfrühling (ab Januar)

Wenn der Winter mit seinen tiefen Temperaturen langsam weicht, beginnt die Arbeit im Garten.

- Warten Sie eine frostfreie Periode ab und schneiden Sie die erfrorenen Zweige an Sträuchern und Bäumen zurück.
- Führen Sie auch die Schnittmaßnahmen an Rosen durch. (Erfragen Sie beim Kauf, wie Ihre Sorte beschnitten werden muss, und notieren Sie es sich für später.)
- Schließen Sie die Arbeiten an den festen Oberflächen ab – im Sommer wird genossen, nicht gearbeitet.

Frühling (ab März)

Bei den Gehölzen öffnen sich die Knospen, die Stauden und Zwiebelpflanzen schieben ihre ersten Triebe aus der Erde.

- Lockern Sie mit dem Kultivator oder Grubber den Mulch und die obersten Bodenschichten in Beeten oder unter Sträuchern auf, damit Luft und Wärme in den Boden eindringen können. Verteilen Sie dabei auch den organischen Langzeitdünger für das Jahr.
- In warmen Jahren beginnt nun das Gras zu wachsen. Vertikutieren Sie die Fläche und beginnen Sie mit dem Mähen. Geben Sie dem Rasen eine Grunddüngung mit Rasenvolldünger.

Frühsommer (ab Ende Mai)

- Nach den Eisheiligen dürfen die Kübelpflanzen ins Freie. Stellen Sie echte Zimmerpflanzen zunächst immer nur für einige Stunden ins Freie, damit sie sich an die Umstellung gewöhnen können.
- Ein Wochenende lang müssen Sie sich dem Mulch widmen. Der Boden hat nun eine relativ warme Grundtemperatur und wird nochmals aufgelockert. Bei diesem Arbeitsgang können Sie gleich die Unkräuter entfernen. Schichten Sie neuen Mulch in geschlossener Schicht auf die Beete.
- Nun werden auch alle Hecken mit immergrünen Laubgehölzen in Form geschnitten.

Sommer (ab Ende Juni)

- Da Sie nun viel Zeit im Garten verbringen, lohnen sich einige »Schönheitsreparaturen«: Rechen Sie alle Kiesflächen glatt und reinigen Sie eventuell verschmutzte Plattenwege, Sitze und Tische. Im Beet werden die Unkräuter ausgezupft – je früher desto besser – und der Rasen gemäht.
- Spätestens jetzt sollten Sie die automatischen Bewässerungsanlagen installieren. Alle anderen Gartenbesitzer müssen mit Schlauch, Regner oder Gießkanne gegen die Trockenheit kämpfen.
- Hecken aus immergrünen Nadelgehölzen schneiden und zu lange Triebe von Laubhecken kürzen.

Jahresplaner

Spätsommer (ab Ende August)

Die Tage sind noch immer schön und lang, aber abends kann es bereits etwas kühler werden.

- Pflegemaßnahmen für Rasen und Beete fortführen.
- Stark blutende Gehölze wie Ahorn, Birke, Steinobst und Walnuss am besten erst jetzt schneiden, da der Saftstrom schwächer wird, sie aber die Wunden noch schließen können.
- Rosen bekommen als Vorbereitung auf den Winter einen Kalidünger.
- Zimmerpflanzen zurück ins Zimmer stellen.

Herbst (September bis Oktober)

Nutzen Sie die Zeit: Noch gibt es milde Tage, an denen Sie in wärmerer Kleidung das herbstliche Spiel der Farben genießen können.

- Verfolgen Sie gerade in dieser Zeit den Wetterbericht – es kann immer zu ersten Nachtfrösten kommen. Dann müssen die Kübelpflanzen gut geschützt oder ins Winterquartier gebracht werden.
- Kaufen Sie neue Blumenzwiebeln für das nächste Jahr und pflanzen Sie sie ein. Markieren Sie die Stelle mit einem Bambusstäbchen, damit Sie beim Harken im Frühling keinen Schaden anrichten.

Spätherbst (ab Oktober)

Während sich der Übergang in milden Jahren langsam vollzieht, kann sich der Winter in anderen Jahren durchaus mit deutlichen Temperaturabstürzen melden.

- Entfernen Sie mit einem Metallbesen nur das Laub vom Rasen und den Wegen. Lassen Sie das Laub unter den Gehölzen als Winterschutz liegen.
- Schützen Sie Kübel, die im Freien stehen bleiben, gut gegen Frost.
- Breiten Sie eine Mulchschicht über die Beete aus.
- Häufeln Sie die Rosen an.
- Bringen Sie den Winterschutz für empfindliche Gehölze an.

Winter (ab Anfang Dezember)

- Nutzen Sie milde Tage im Winter, um die festen Oberflächen für das nächste Jahr fit zu machen. Haben sich Trittsteine gesenkt? Ist zu wenig Kies auf den Wegen bzw. in den Beeten? Wie sieht es mit dem Bodenbelag der Sitzplätze aus? Haben sich Holzbohlen gelockert? Führen Sie diese Arbeiten jetzt aus – im Sommer werden Sie davon profitieren.
- Entfernen Sie zu dicke Schneeschichten von den Immergrünen, damit keine Zweige abbrechen.
- Gießen Sie während längerer Warmperioden Ihre Immergrünen.
- Kübelpflanzen im Winterquartier sparsam, aber regelmäßig gießen.

Pflanzen auswählen

So finden Sie sich im Porträtteil zurecht

Mit der Auswahl der Pflanzen kommen wir zum schwierigsten Teil der Gestaltung, denn die pflegeleichte Pflanze gibt es leider nicht. Pflanzen lassen sich nun einmal nicht wie tote Geräte in einfach oder kompliziert einteilen – wo wäre sonst der Zauber von Form, Farbe oder Blüte? Damit strebt jeder Gärtner, der einen Garten mit minimalem Aufwand betreiben möchte, eine kritische Grenzlinie an: Je mehr Zwiebeln, Stauden oder Gehölze er einpflanzt, desto größer wird der Aufwand. Andererseits erhöht sich mit jeder Pflanzenkombination die Ästhetik eines Gartens oder einer Gartenabteilung. Wo diese Grenzlinie liegt, d. h., wie groß der gerade noch vertretbare Arbeitsaufwand sein soll, muss jeder selbst und immer wieder neu entscheiden. Immerhin gibt es eine ganze Reihe von Pflanzen, die sich mit relativ wenig Aufwand zufriedengeben. Erlernen Sie die Kunst, diese Arten aufzuspüren. Es gibt mehrere Möglichkeiten, dieses Ziel zu erreichen:

- Fragen Sie über den Gartenzaun, wenn Sie eine interessante Staude oder ein hübsches Gehölz entdecken, ob die Pflanze schwierig zu pflegen ist. Nach meiner Erfahrung sind die meisten begeisterten Gärtner auch sehr freundliche und kommunikative Menschen. Vielleicht gehen Sie nicht nur mit dem Wissen um eine neue Pflanze, sondern sogar mit einem Ableger nach Hause.
- Ähnlich informativ sind Pflanzentauschbörsen, die von manchen Gemeinden oder Institutionen organisiert werden. Fragen Sie ruhig nach, wie viel Pflege die einzelnen Arten erfordern.
- In Gartenzeitschriften wird häufig bei neuen Züchtungen angegeben, ob sie heikel oder krankheitsanfällig sind.
- Das Wichtigste ist allerdings eine gute Gärtnerei oder ein Gartencenter – nicht der nächste, sondern der beste Betrieb in Ihrer Umgebung. Nur eine gute Beratung vor dem Kauf hilft, Irrtümer zu vermeiden.

Tragen Sie Ihre Erfahrungen in ein Heft, eine Kladde oder in den Computer ein, da die »Performance« einer Pflanze immer von den Standortbedingungen abhängt. Legen Sie sich eine Art Kartei gut geeigneter Arten und Sorten an. Sie dient Ihnen als Basis für neue Käufe. Werden Sie durch Erfahrung zum Experten für pflegeleichte Pflanzen!

Zur Auswahl der beschriebenen Pflanzen

Auf den folgenden Seiten stelle ich Ihnen einige besonders pflegeleichte Pflanzen aus meiner Erfahrung vor, die auch in den meisten Gärtnereien und/oder im Versandhandel vorrätig sein dürften. Die ausgewählten Pflanzen sind in drei Gruppen untergliedert:

1. Pflegeleichte Gehölze
2. Stauden und Zwiebelblumen
3. Pflanzen für spezielle Zwecke

Das soll Ihnen die Auswahl für einen gezielten Pflanzenkauf erleichtern und erlaubt es Ihnen, bereits im ersten Jahr nach Anlage des Gartens und zu jeder Jahreszeit auf blühende Pflanzen zu blicken.

- Innerhalb der drei Kategorien sind die Pflanzen nach verschiedenen Kriterien gegliedert, die sich jeweils aus den Überschriften der Doppelseiten ergeben.

Zum Aufbau der einzelnen Pflanzenbeschreibungen

- Die vorgestellten Pflanzen sind mit ihrem deutschen und dem lateinischen **Namen**, nach dem die Pflanzen in vielen Gartencentern und in den meisten Katalogregistern geordnet sind, aufgeführt. Sortennamen stehen in Anführungszeichen.
- **Höhen-** und **Breitenangaben** erleichtern Ihnen die Entscheidung bei der Pflanzung. Beide Angaben sind als Durchschnittswerte der ausgewachsenen Pflanzen zu verstehen, die jedoch je nach Sorte, Standort und Boden auch abweichen können.

Richten Sie sich beim Einpflanzen in etwa nach diesen Angaben, damit die Pflanzen sich nicht gegenseitig verdecken oder überwuchern, denn das bedeutet Ausgraben, Umpflanzen oder Austausch. Bedenken Sie auch, dass Stauden und Gehölze erst nach ein paar Jahren ihre volle Größe erreichen und so lange Lücken entstehen. Füllen Sie diese mit einjährigen Pflanzen, die Sie entweder direkt ins Beet aussäen oder bereits vorgezogen einpflanzen.

- Auch die **Blütezeiten** sind als Durchschnittswerte zu verstehen. Ein warmes Frühjahr, ein zu heißer oder zu kalter Sommer, zu viel oder zu wenig Regen – all das beeinflusst den Beginn der Blütezeit.

Die Bedeutung der verwendeten Piktogramme

Die Piktogramme weisen auf Licht- und Wasserbedürfnisse und besondere Eigenschaften der Pflanze hin. Sie bilden eine wesentliche Entscheidungshilfe beim Kauf. Der wichtigste **Standortfaktor** ist die Lichtbedürftigkeit. Obwohl die meisten Pflanzen eine gewisse Spanne an Lichtverhältnissen tolerieren, sollten Sie reine Sonnenpflanzen nicht in den Schatten pflanzen und umgekehrt.

☼ Die Pflanze gedeiht am besten in voller Sonne, d. h., im Laufe des Tages liegt der Standort nie oder nur für 1–2 Stunden im Schatten.

◑ Die Pflanze gedeiht am besten im Halbschatten. Halbschatten ist ein dehnbarer Begriff, er herrscht

Zwiebelblumen gibt es in den verschiedensten Blütenformen und -farben. Sie eignen sich hervorragend als Lückenfüller für die unterschiedlichsten Standorte.

sowohl im dauerhaft lichten Schatten eines Gehölzes (die Pflanze steht niemals in der vollen Sonne) als auch an Orten, die für mehrere Stunden am Tag im Vollschatten liegen (etwa im Schlagschatten eines Gartenhauses).

Die Pflanze gedeiht sogar noch im Schatten gut. Im Vollschatten (die Sonne scheint niemals) herrschen extreme Bedingungen, die nur von wenigen Spezialisten toleriert werden (Farne, einige Gehölze aus dem Unterwuchs dichter Wälder), während Standorte, die nur 1–3 Stunden täglich besonnt werden, zwar noch als schattig gelten, aber einen etwas breiteren Spielraum bieten.

Auch bei der **Wasserbedürftigkeit** stellen die Piktogramme eher den durchschnittlichen Wasserbedarf dar. Bei intensiver Sonneneinstrahlung nimmt der Wasserbedarf aller Pflanzen zu. Gehen Sie daher an heißen Tagen häufiger durch den Garten und achten Sie auf schlaffe Blätter – gießen Sie auch dann, wenn das Piktogramm »wenig gießen« empfiehlt.

Die Pflanze sollte regelmäßig täglich gegossen werden – bei heißem Wetter ggf. sogar morgens und abends: sehr viel Pflegeaufwand

Es reicht in der Regel aus, wenn die Pflanze alle 3–4 Tage gegossen wird: vertretbarer Pflegeaufwand

Die Pflanze kommt mit wenig Wasser aus und braucht nur bei längerer Trockenheit gegossen zu werden: geringer Pflegeaufwand

Bei der Auswahl der Pflanzen für den pflegeleichten Garten sind oftmals bestimmte **Wuchseigenschaften** von besonderer Bedeutung. Vor allem wenn Kinder im Garten spielen, sollten Sie auf **giftige Pflanzen** möglichst verzichten, bei Erwachsenen sollten Sie darauf hinweisen.

Die vorgestellte Art wächst flächenhaft (Bodendecker)und kann dazu verwendet werden, größere Pflanzbereiche abzudecken.

Stauden, die horstig wachsen und nicht wuchern, machen besonders wenig Arbeit.

Teile (z. B. Früchte) oder sogar die ganze Pflanze sind giftig.

Zum Aufbau der Porträttexte

Der »**Pflegeleicht-Bonus**« beschreibt kurz, warum ich die Art für den pflegeleichten Garten für geeignet halte.
Unter »**Aussehen**« sind stichwortartig Wuchsform, Blätter, Blüten und/oder Früchte beschrieben.
Unter »**Pflanzen und Pflegen**« finden Sie die erforderlichen Informationen zum Standort, Ansprüche an den Boden, Hinweise zur optimalen Pflanzzeit (Containerpflanzen können während der gesamten frostfreien Zeit gepflanzt werden) und Pflanzabstände sowie notwendige Pflegemaßnahmen.
Unter »**Gestalten**« finden Sie praxisnahe Tipps, wie und wo die Pflanze optimal zur Geltung kommt.
Unter *Expertentipps* stehen interessante Dinge, die mir im Laufe meiner gärtnerischen Tätigkeit aufgefallen sind. Hier habe ich auch weitere Pflanzen aufgeführt, die besonders gut zu der beschriebenen Art passen.

Pflegeleichte Gehölze

Gehölze sind langlebig. Damit bereiten sie entweder über viele Jahre hinweg Freude oder sind – im Fall einer falschen Entscheidung – ein Quell von Ärger, Stress und Arbeit.
Gerade bei Bäumen und Sträuchern für einen pflegeleichten Garten sollten Sie sich daher erst sehr genau über das Angebot informieren, ehe Sie sich zum Kauf entschließen. Die folgenden Seiten können Ihnen zwar dabei helfen, ersetzen aber nicht eine weitergehende Beratung im Fachgeschäft und eigene Erfahrung.

Gehölze sind wesentliche Bestandteile eines Gartens: Sie grenzen ihn ein, sorgen für Blickpunkte und bilden das Gerüst für alle anderen Gestaltungselemente. Gerade in pflegeleichten Gärten, die auf größere Staudenpflanzungen verzichten, sind es die Gehölze, die mit Formen, Blüten- und Blattfarben sowie mit Früchten für Abwechslung sorgen. Versuchen Sie bei der Planung Ihres Gartens ein ausgewogenes Gleichgewicht zwischen den Gehölzen und den übrigen Elementen zu finden.
Was ist ein pflegeleichtes Gehölz? Die Antwort auf diese Frage ist nicht ganz so einfach, wie es scheint, denn jedes Gehölz verlangt ein gewisses Maß an Pflege. Es braucht ausreichend Wasser und mineralische Nährstoffe und muss bei Krankheits- oder Schädlingsbefall und Schäden (z. B. abgebrochene Zweige durch Wind und Schnee, Frostschäden) behandelt werden.

Schnittintensiv oder nicht?

Alle Gehölze, die mit einem Minimum an Schnittmaßnahmen auskommen, stufe ich als »pflegeleicht« ein. Schnitt ist aber nicht gleich Schnitt: Schmetterlingssträucher (*Buddleja davidii*) oder Hortensien (*Hydrangea paniculata*) werden im Vorfrühling radikal bis auf kurze Zapfen zurückgeschnitten. Diese Arbeit ist viel schneller erledigt als das vorsichtige Auslichten anderer Sträucher. Ist ein Schmetterlingsstrauch damit pflegeintensiver als etwa ein Japanischer Fächerahorn, der so gut wie gar nicht beschnitten wird? Die letzte Entscheidung fällt sicherlich, wenn Sie zwischen der Schönheit des Gehölzes und dem langfristig erforderlichen Arbeitsaufwand abwägen. Achten Sie auch auf die Endgröße: Das ausgewachsene Gehölz sollte sich harmonisch in den Garten einfügen. Ein sehr groß werdendes Gehölz durch Schnittmaßnahmen zu verkleinern, gleicht einer Sisyphusarbeit und ist selten erfolgreich.

Klein – aber oho

Japanische Ahorne

Acer japonicum, A. palmatum

Höhe/Breite: 4–6 m/2–5 m
Blütezeit: Mai–Juni

Pflegeleicht-Bonus: wächst langsam – braucht keinen Schnitt
Aussehen: sommergrün; dekorative, fast strauchförmige Wuchsform; zahlreiche Blattformen, auch zerschlitzt oder dunkelrot, alle mit herrlicher Herbstfärbung; Blüten relativ unscheinbar, purpurrot; typische, geflügelte Ahornfrüchte
Pflanzen: Frühling oder Herbst (im Knospenzustand); durchlässiger, leicht saurer Boden, der nicht austrocknen darf
Pflegen: nur erfrorene oder kranke Zweige entfernen, sonst völlig ungestört lassen; bei Trockenheit durchdringend gießen
Gestalten: Hausbaum für kleine Gärten; immer als gut sichtbaren Solitär verwenden; wegen des sehr langsamen Wachstums sind große Exemplare relativ teuer

Kugel-Trompetenbaum

Catalpa bignonioides 'Nana'

Höhe/Breite: 2–3 m/2–4 m
Blütezeit: Juni–Juli

Pflegeleicht-Bonus: Kugelform ohne Schnitt – Stammhöhe bleibt unverändert
Aussehen: sommergrün; auf eine Stammunterlage veredelte Form; mit unterschiedlichen Stammhöhen erhältlich; Krone wächst mehr in die Breite als in die Höhe, ausladend, kugelig; Blätter etwa herzförmig, 10–15 cm groß; blüht selten bis gar nicht; Herbstfärbung gelb
Pflanzen: Frühling oder Herbst (im Knospenzustand); Boden tiefgründig, locker, nährstoffreich (beim Pflanzen mit Humus anreichern); Standort möglichst windgeschützt
Pflegen: störende Zweige entfernen, sonst kein Schnitt notwendig
Gestalten: exotisches Aussehen; guter Solitär; in größeren Gärten hübsch als Paar neben einem Weg oder im Vorgarten (Endbreite der Krone berücksichtigen!)

Bergkiefer

Pinus mugo

Höhe/Breite: 0,5–5 m/bis 6 m
Blütezeit: April/Mai–Juni

Pflegeleicht-Bonus: kein Schnitt erforderlich – vielfältig verwendbar
Aussehen: immergrün; Krone flach dem Boden aufliegend bis aufrecht; dicht benadelt; ährenartige männliche Blütenstände, weibliche unscheinbar, eiförmige, braune Zapfen ab Juli
Pflanzen: ideale Pflanzzeit im frühen Herbst, aus dem Container aber ganzjährig möglich; verträgt trockene, nährstoffarme bis mäßig feuchte, saure bis kalkhaltige Böden, so lange der Standort sonnig liegt; gut für Stadtklima geeignet
Pflegen: keine Pflege erforderlich
Gestalten: je nach Sorte als Bodendecker, für Kiesbeete, höhere Sorten als Blickpunkte in Strauchbeeten; Zwergformen für Kübel

Expertentipp

Erkundigen Sie sich beim Kauf unbedingt nach Wuchsform und Endgröße der gewählten Sorte!

sonnig | halbschattig | schattig | viel gießen | mäßig gießen

Japanische Blütenkirsche
Prunus serrulata

Höhe/Breite: 3–12 m/1–6 m
Blütezeit: April–Mai

Pflegeleicht-Bonus: kein Schnitt erforderlich – auch für lockere Hecken geeignet
Aussehen: sommergrün; Krone je nach Sorte schmal und säulenförmig bis breit und überhängend; sommergrün, Blätter schmal oval, schöne Herbstfärbung; Blüten weiß bis rosa, bei einigen Sorten auch gefüllt
Pflanzen: Frühling oder Herbst (im Knospenzustand); wächst in jedem normalen, durchlässigen Gartenboden, ideal sind nährstoffreiche, etwas kalkhaltige Böden
Pflegen: Boden im Frühling leicht auflockern, etwas Algenkalk einarbeiten; möglichst jeden Schnitt vermeiden, damit sich eine gute Krone entwickelt
Gestalten: Hausbaum für kleine Gärten, der besonders zur Blütezeit beeindruckt; säulenförmige Sorten als Paar neben einem Weg, breitkronige höhere Sorten zur Beschattung einer Bank

Salweide
Salix caprea

Höhe/Breite: 4–8 m/3–4 m
Blütezeit: März–April

Pflegeleicht-Bonus: kein Schnitt erforderlich – robust, nicht besonders anspruchsvoll – fügt sich bestens in natürliche Hecken ein
Aussehen: sommergrün; strauch- oder baumförmig; Blätter länglich, schmal; männliche und weibliche Blüten auf unterschiedlichen Exemplaren, männliche mit gelben, weibliche mit grünen Kätzchen
Pflanzen: Frühling oder Herbst (im Knospenzustand); der Boden sollte frisch bis feucht sein; verträgt kein ausgesprochenes Stadtklima
Pflegen: ein Rückschnitt nach der Blüte sorgt für lange Blütentriebe im Folgejahr
Gestalten: optimal geeignet für den Rand von Sumpf- und Feuchtbeeten, in Hecken oder Strauchbeeten

Expertentipp

Wenn Sie die wolligen Flugsamen ab Mai stören, sollten Sie besser eine männliche Pflanze wählen.

Kugelakazie
Robinia pseudoacacia 'Umbraculifera'

Höhe/Breite: 4–6 m/2–5 m
Blütezeit: blüht nicht

Pflegeleicht-Bonus: muss nur alle 3–4 Jahre geschnitten werden
Aussehen: sommergrün; auf eine Stammunterlage veredelte Form; Krone kugelig, bei alten, ungeschnittenen Exemplaren auch schirmförmig und breit; sommergrün, Blätter gefiedert; wird mit verschieden hohen Stämmen (1,2–2,5 m) angeboten
Pflanzen: Frühling oder Herbst (im Knospenzustand); Boden frisch bis trocken, durchlässig, nährstoffreich und möglichst kalkhaltig
Pflegen: sollte alle paar Jahre stark zurückgeschnitten werden, damit die Krone nicht zu breit wird; neue Triebe wachsen sehr rasch
Gestalten: sehr dekorativ; einzeln oder paarweise als Blickpunkt neben Wegen oder auf Wiesen; als Solitär in Strauchbeeten mit niedrigen Blütensträuchern; kann auch als Reihe zu einer ungewöhnlichen »schwebenden« Hecke gepflanzt werden

Blühende Hecke statt Staudenbeete

Japanische Zierquitte

Chaenomeles japonica

Höhe/Breite: 0,8–1,5 m/1–2 m
Blütezeit: März–April

Pflegeleicht-Bonus: anspruchslos – kein Schnitt erforderlich
Aussehen: sommergrün; locker verzweigter, etwas unregelmäßig wachsender Strauch mit Dornen; Blätter oval, zugespitzt; exotische, ziegelrote 5–6 cm breite Blüten; Früchte ab August, pflaumengroß
Pflanzen: Frühling oder Herbst (im Knospenzustand); anspruchslos an den Standort, jeder durchlässige Gartenboden, auch sandig
Pflegen: keine Pflege erforderlich; nur bei sehr heißem Wetter gießen; braucht keinen Schnitt, kann aber ausgelichtet werden
Gestalten: wirkt gut in lockeren Hecken oder Strauchbeeten; in Japangärten auch als Solitär vor ruhigem Hintergrund

Expertentipp

Von der Hybride C. x superba sind mehrere Sorten erhältlich, die Sie gut miteinander kombinieren können.

Schlehe

Prunus spinosa

Höhe/Breite: 4–5 m/3–4 m
Blütezeit: März–April

Pflegeleicht-Bonus: robuste heimische Art – kein Schnitt erforderlich
Aussehen: sommergrün; dicht buschig wachsend mit Dornen; die Zweige bilden ein dichtes Geflecht; Blätter etwa elliptisch, 5 cm lang; Blüten einzeln, weiß, bis 1,5 cm breit, erscheinen vor den Blättern; Früchte kugelig, blauschwarz
Pflanzen: Frühling oder Herbst (im Knospenzustand); jeder durchlässige, frische bis feuchte Gartenboden
Pflegen: keine Pflege erforderlich; in heißen Sommern jedoch durchdringend gießen
Gestalten: wichtiges Vogelschutzgehölz und sichere Grenze (Dornen!), daher bestens für eine lockere Hecke geeignet; zur besseren Wirkung mit niedrigeren Blütensträuchern im Vordergrund kombinieren

Weinrose

Rosa rubiginosa

Höhe/Breite: 2–2,5 m/2–2,5 m
Blütezeit: Juni–Juli

Pflegeleicht-Bonus: robuste heimische Rose – wenig krankheitsanfällig – einfacher Schnitt
Aussehen: sommergrün; lockerer Wuchs mit überhängenden Zweigen, bestachelt; Blätter gefiedert; Blüten becherförmig, rosarot, 2,5 cm breit; ab dem Spätsommer große, kugelige, rote Hagebutten
Pflanzen: Containerpflanzen im Vorfrühling, wurzelnackte Pflanzen im Herbst; jeder normale, durchlässige Gartenboden; sonniger Standort besser als lichter Schatten
Pflegen: sollte jedes Jahr im Vorfrühling beschnitten werden: entfernen Sie die jeweils ältesten Triebe am Boden, dazu etwas auslichten
Gestalten: zusammen mit anderen Sträuchern als lockere Hecke, auch mit anderen Wildrosen; sicher wegen der Stacheln; auch als Solitär möglich, aber nicht besonders spektakulär

sonnig | halbschattig | schattig | viel gießen | mäßig gießen

Spierstrauch

Spiraea japonica

Höhe/Breite: 0,5–1,5 m/bis 2 m
Blütezeit: Juni–September

Pflegeleicht-Bonus: anspruchslos – einfacher Schnitt
Aussehen: sommergrün; kompakter Kleinstrauch; Blätter schmal, länglich, hellgrün; sehr üppige Blüte, Einzelblüten rosa, klein, stehen sehr dicht in schirmförmigen Blütenständen
Pflanzen: Herbst (im Knospenzustand); ideal ist ein vollsonniger Standort, im Halbschatten staksiger Wuchs; Boden durchlässig, nährstoffreich (Humus beim Einpflanzen beimischen)
Pflegen: bei anhaltender Trockenheit gießen; Triebe alle 2 Jahre etwas zurückschneiden
Gestalten: als Vordergrund-Strauch in mehrreihigen Hecken; auch in einreihigen Hecken, Strauchbeeten oder als Solitär; schöner Hintergrund von Staudenbeeten

Flieder

Syringa vulgaris-Sorten

Höhe/Breite: 4–6 m/ 3–4 m
Blütezeit: sortenabhängig Mai–Juni

Pflegeleicht-Bonus: anspruchslos – einfacher Schnitt
Aussehen: sommergrün; locker wachsender Großstrauch, auch baumähnlich; Blätter breit elliptisch, glänzend; üppige Blüte, Blüten in großen, aufrecht stehenden Rispen, weiß, gelb, rosa, rot, lila bis blaulila, intensiv duftend
Pflanzen: Frühling oder Herbst (im Knospenzustand); jeder Gartenboden (außer mit saurem pH-Wert); auch trockene Standorte; auch für Stadtklima geeignet, bildet im Halbschatten weniger Blüten
Pflegen: wichtig ist der Pflanzschnitt (nachfragen!), damit sich der Strauch später gut verzweigt, danach nur noch Verblühtes abschneiden; Langzeitdünger im Frühling
Gestalten: passt wegen des breiten Farbangebots in jedes frühsommerliche Farbschema; große Sorten als Ersatz für einen Hausbaum; kleine Sorten für Strauchbeete, lockere Hecken oder an Sitzplätzen

Weigelie

Weigela-Hybriden

Höhe/Breite: 2–3 m/1–2 m
Blütezeit: Mai–Juni

Pflegeleicht-Bonus: anspruchslos – verzeiht Vergesslichkeit beim Schnitt
Aussehen: sommergrün; mittelgroßer, locker wachsender Strauch mit aufrechten Zweigen, die sich an der Spitze neigen; Blätter länglich oval, zugespitzt; Blüten sehr dicht stehend, rosa bis dunkelrot
Pflanzen: Frühling oder Herbst (im Knospenzustand); wächst auf jedem Boden; auch im ausgesprochenen Stadtklima
Pflegen: beim Mulchen im Frühling Humus beimischen; alle 2–3 Jahre die jeweils ältesten Triebe bis zum Boden zurückschneiden; verblühte Triebe möglichst bis zu einem Seitentrieb zurückschneiden
Gestalten: wegen der hübschen Blüte als Solitär pflanzen, dann sollte aber für den Rest des Jahres etwas anderes als Blickfang dienen; perfekt als Bestandteil von Hecken oder in Strauchbeeten

Immergrüne Hecken (fast) ohne Schnitt

Großblättrige Berberitze

Berberis julianae

Höhe/Breite: 2–3 m/1–2 m
Blütezeit: Mai

Pflegeleicht-Bonus: relativ anspruchslos – braucht keinen Schnitt
Aussehen: wintergrün; Zweige aufrecht, im Alter überhängend, bedornt; Austausch der Blätter im Frühling, kann bei starkem Frost die Winterblätter verlieren, Blätter steif, glänzend, stachelig; Blüten gelb; Früchte ab September, blauschwarz
Pflanzen: Frühling oder Herbst; jeder normale Gartenboden, möglichst durchlässig und humos; verträgt etwas Trockenheit; für Stadtklima geeignet
Pflegen: Schnitt ist nicht erforderlich, wird aber vertragen
Gestalten: als immergrüner Blickpunkt in einer lockeren Hecke, auch als Schnitthecke, in Strauchbeeten oder als Hintergrund

Expertentipp

Alle immergrünen Berberitzen-Arten kommen ohne Schnitt aus!

Stechpalme

Ilex aquifolium

Höhe/Breite: 8–10 m/4–6 m
Blütezeit: Mai–Juli

Pflegeleicht-Bonus: kein Schnitt erforderlich
Aussehen: immergrün; dichter, undurchdringlicher Wuchs; Blätter ledrig, glatt und glänzend, am Rand gestachelt; männliche und weibliche Blüten auf verschiedenen Exemplaren, Blüten unauffällig grünlich weiß; Beeren auffallend rot, ab September auf weiblichen Sträuchern
Pflanzen: Frühling oder Herbst; normaler, etwas feuchter Gartenboden, optimal etwas sauer; braucht einen windgeschützten Standort
Pflegen: Schnitt ist nicht erforderlich, wird aber vertragen (sogar Formschnitt); im Spätherbst als Frostschutz mulchen
Gestalten: Vogelschutzgehölz; als immergrüner Blickpunkt in lockeren Hecken; in großen Gärten als Hintergrund für Beete

Gewöhnlicher Wacholder

Juniperus communis

Höhe/Breite: 1–3 m/bis 1 m
Blütezeit: April–Mai

Pflegeleicht-Bonus: anspruchslos – kein Schnitt erforderlich
Aussehen: immergrün; säulenförmig, je nach Sorte schmaler oder breiter, sehr dicht; Nadeln sehr hart, spitz, stehen zu dritt; fleischige Beerenzapfen
Pflanzen: früher Herbst; verträgt saure und basische Böden, Stadtklima und auch sandige, trockene Standorte
Pflegen: wenn Wacholderrost (orangefarbene Pusteln auf den Blättern) auftritt, müssen die entsprechenden Zweige großzügig abgeschnitten werden
Gestalten: schön in gemischten Hecken; kann wegen der Säulenform auch zu mehreren nebeneinander gepflanzt werden; als Blickpunkte in Heidegärten oder Strauchbeeten

sonnig | halbschattig | schattig | viel gießen | mäßig gießen

Mahonie

Mahonia aquifolia

Höhe/Breite: 0,8–1,5 m/1–1,5 m
Blütezeit: April–Mai

Pflegeleicht-Bonus: robust und pflegeleicht – kein Schnitt erforderlich
Aussehen: immergrün; locker verzweigter Kleinstrauch; Blätter ledrig, dunkelgrün, glänzend, am Rand stachelig, beim Austrieb leicht rötlich; Blüten in aufrechten Blütenständen, dunkelgelb, stark duftend; ab Juli blauschwarze Beeren
Pflanzen: Frühling oder Herbst; kommt mit fast allen Standorten und Böden zurecht, optimal ist Halbschatten und normaler, durchlässiger Gartenboden; verträgt auch Stadtklima
Pflegen: kein Schnitt erforderlich, verträgt aber selbst starken Rückschnitt
Gestalten: vielfältig einsetzbar; im Vordergrund mehrreihiger Hecken, in Strauchbeeten oder als Bodendecker unter Bäumen; auch als Hintergrund für Blüten- oder Blattschmuckstauden

Lebensbaum

Thuja occidentalis

Höhe/Breite: 10–15 m/6–8 m
Blütezeit: März–Mai

Pflegeleicht-Bonus: Schnitt nicht erforderlich – verzeiht Schnittfehler
Aussehen: immergrün; je nach Sorte kegel- bis säulenförmig, dichter Wuchs, Zweige waagerecht abstehend, äußere herabhängend; Nadeln sehr klein, schuppenartig, duftend; Zapfen klein, grünlich, später braun
Pflanzen: früher Herbst; jeder Gartenboden, nicht zu trocken; wächst in der Sonne am besten, kommt aber auch mit Halbschatten zurecht; verträgt auch Stadtklima
Pflegen: verträgt selbst starken Rückschnitt
Gestalten: kleine Sorten für Kübel oder im Vordergrund von Strauchbeeten; Säulenformen für Hecken zwischen sommergrünen Gehölzen

Expertentipp

Fragen Sie beim Kauf nach der Endgröße der ausgewählten Pflanze, um eventuell unnötige Schneidearbeit zu vermeiden.

Weitere immergrüne Heckenpflanzen

Name	Höhe	Besonderes
Buchsbaum (*Buxus sempervirens*)	1–2 m	gut für innere Einfassungen; 'Suffruticosa' bleibt kleiner
Heckenzypresse (*Chamaecyparis lawsoniana,* säulenförmige Sorten)	4–5 m	breites und wechselndes Angebot, für niedrige Hecken auch Zwergformen erhältlich
Lavendel (*Lavandula angustifolia*)	max. 1 m	gut für Einfassung von Gewürzbeeten oder Duftpflanzen, braucht volle Sonne und sandigen Boden
Liguster (wintergrüne *Ligustrum*-Sorten)	1–2 m	eine der beliebtesten Heckenpflanzen, sollte jedoch geschnitten werden
Kirschlorbeer (*Prunus laurocerasus*)	1–2 m	Schnitt der einzelnen Zweige macht mehr Arbeit, ist aber schonender als mit der Heckenschere
Feuerdorn (*Pyracantha*-Sorten)	2–4 m	siehe Seite 85
Skimmie (*Skimmia japonica*)	bis 1 m	siehe Seite 85
Irische Säuleneibe (*Taxus baccata* 'Fastigiata')	2–3 m	sehr schnittverträglich, auch noch andere säulenförmige Sorten erhältlich

Gesunde Rosen

Kletterrose

Rosa 'Compassion'

Höhe: 1,5–2,5 m
Blütezeit: Juni–September

sonnig, mäßig gießen

Pflegeleicht-Bonus: robuste Rose mit ADR Zertifikat – sehr widerstandsfähig gegen Krankheiten
Aussehen: öfterblühend; klettert mit dicken Trieben mäßig stark aufrecht; Blüten mit Unterbrechungen bis in den Herbst hinein, gefüllt, lachsrosa mit sehr starkem, lieblichem Duft
Pflanzen: Pflanzen mit nackten Wurzeln vorzugsweise im Herbst pflanzen; Boden humusreich, tiefgründig, neutraler pH-Wert
Pflegen: wetterfest, in rauen Lagen ist Winterschutz erforderlich; verblühte Triebe bis auf wenige Augen zurückschneiden
Gestalten: für Pergolen, Spaliere, Lauben oder Zäune

Expertentipp

Sehr hübsch in Kombination mit großblütigen Waldreben (z. B. Clematis-Hybride 'Warszawska Nike').

Edelrose

Rosa 'Eliza'

Höhe/Breite: 1 m/70 cm
Blütezeit: Juni–August

sonnig, mäßig gießen

Pflegeleicht-Bonus: robuste Rose, seit 2005 mit ADR Zertifikat; sehr widerstandsfähig gegenüber Pilzkrankheiten
Aussehen: Blätter beim Austrieb rötlich überhaucht; große Blüte, gefüllt, rosa bis silbrigrosa, nur sehr zarter Duft, erster Blütenflor üppig, später schwächere Nachblüte
Pflanzen: Pflanzen mit nackten Wurzeln vorzugsweise im Herbst pflanzen; Boden humusreich, tiefgründig, neutraler pH-Wert
Pflegen: Schnitt erforderlich: im Vorfrühling alle Triebe bis auf 3–6 Knospen zurückschneiden; im Spätherbst anhäufeln
Gestalten: einzeln oder in Kombination mit anderen Edel- und Beetrosen in Beet oder Rabatte; als Blickfang in einem Staudenbeet

Kleinstrauchrose

Rosa 'Mirato'

Höhe/Breite: 50–60 cm/60 cm
Blütezeit: Juni–Dezember

sonnig, mäßig gießen

Pflegeleicht-Bonus: sehr robuste Rose mit ADR Zertifikat – salz- und frostverträglich – einfacher Schnitt
Aussehen: wurzelechte Sorte, gezogen aus Stecklingen, ohne Veredelungsstelle; buschiger Wuchs mit überhängenden Zweigen; blüht mit Unterbrechungen bis nach den ersten Frösten, Blüten rosa, 5 cm breit, halb gefüllt
Pflanzen: Pflanzen mit nackten Wurzeln vorzugsweise im Herbst pflanzen; Boden humusreich, tiefgründig, neutraler pH-Wert
Pflegen: alle 2–3 Jahre stark zurückschneiden
Gestalten: eignet sich gut für Vorgärten oder als Begrenzung von Beeten; in kleinen Gärten als Blickpunkt im Staudenbeet

Expertentipp

Bildet als Bodendeckerrose mit ca. 5 Exemplaren pro m^2 eine dichte, pflegeleichte Fläche.

sonnig | halbschattig | schattig | viel gießen | mäßig gießen

Kleinstrauchrose

Rosa 'Purple Meidiland'

Höhe/Breite: 60–70 cm/40–50 cm
Blütezeit: Juni–September

Pflegeleicht-Bonus: sehr gesunde und robuste Sorte, seit 2002 mit ADR Zertifikat – einfacher Schnitt
Aussehen: öfterblühend; buschiger Wuchs mit bogig überhängenden Zweigen; blüht überreich, Folgeflore etwas schwächer, Blüten stark gefüllt, dunkel rosarot
Pflanzen: Pflanzen mit nackten Wurzeln vorzugsweise im Herbst pflanzen; Boden humusreich, tiefgründig, neutraler pH-Wert
Pflegen: alle 2–3 Jahre stark zurückschneiden
Gestalten: gut geeignet für Vorgärten oder als Begrenzung von Beeten; in kleinen Gärten als Blickpunkt im Staudenbeet

Expertentipp

Bildet als Bodendeckerrose mit ca. 5 Exemplaren pro m^2 eine dichte, pflegeleichte Fläche.

Kletterrose

Rosa 'Rosarium Uetersen'

Höhe/Breite: 2–3 m/1 m
Blütezeit: Juni–September

Pflegeleicht-Bonus: bewährter Klassiker – frostverträglich
Aussehen: öfterblühend; aufrechter, verzweigter Wuchs, Zweige überhängend; Blätter glänzend; sehr reich blühend, Blüten in Büscheln, hell- bis dunkelrosa, gefüllt, leichter Duft
Pflanzen: Pflanzen mit nackten Wurzeln vorzugsweise im Herbst pflanzen; Boden humusreich, tiefgründig, neutraler pH-Wert
Pflegen: im Spätherbst anhäufeln; verblühte Triebe bis auf wenige Augen zurückschneiden
Gestalten: eignet sich gut zum Begrünen von Pergolen, Spalieren, Lauben, Rosen-Pyramiden oder Säulen; auch frei stehend als Solitär

Strauchrose

Rosa 'Schloss Eutin'

Höhe/Breite: 120 cm/60 cm
Blütezeit: Juni–September

Pflegeleicht-Bonus: bis auf den Schnitt relativ anspruchslos
Aussehen: öfterblühend; buschiger Wuchs, Zweige bogig überhängend; dunkelgrünes Laub; große Blüte, gefüllt, zart apricotfarben in großen Blütenständen, zarter, süßlicher Duft
Pflanzen: Pflanzen mit nackten Wurzeln vorzugsweise im Herbst pflanzen; Boden humusreich, tiefgründig, neutraler pH-Wert
Pflegen: im Spätherbst anhäufeln, beim Mulchen im Frühjahr organischen Langzeitdünger geben; Rückschnitt im Vorfrühling erforderlich: 5–8 Triebe stehen lassen, mittlere länger als äußere
Gestalten: als Solitär, Blickpunkt im Staudenbeet oder in einer sehr lockeren, sonnigen Hecke

Expertentipp

Strauchrosen sollten sorgfältig geschnitten werden. Lassen Sie sich den Schnitt zeigen.

Bambus ohne Grenzen

Muriels Schirmbambus

Fargesia murieliae

Höhe/Breite: 1–3 m/bis 1,5 m
Blütezeit: blüht nicht

Pflegeleicht-Bonus: wuchert nicht – braucht keinen Schnitt – frosthart bis -23 °C
Aussehen: immergrün; horstartiger Wuchs; gerade Halme, bei einigen Sorten an der Spitze überhängend; Blätter länglich schmal, teilweise panaschiert
Pflanzen: aus dem Container im Spätfrühling bis Sommer pflanzen; keine Wurzelsperre erforderlich; lockerer, guter Gartenboden, durchlässig und keinesfalls staunass
Pflegen: einmal pro Jahr mit einem speziellen Bambusdünger düngen; im Sommer reichlich gießen
Gestalten: solitär, in Gruppen oder zwischen anderen Sträuchern, als Hecke, auch in großem Kübel; für Japan- oder Kiesgarten

Expertentipp

Diese Art ist mit ihren Sorten der beste, nicht wuchernde Bambus.

Fontänenschirmbambus

Fargesia nitida

Höhe/Breite: 2–3 m/bis 1,5 m
Blütezeit: blüht nicht

Pflegeleicht-Bonus: wuchert nicht – braucht keinen Schnitt – frosthart bis -25 °C
Aussehen: immergrün; horstartiger Wuchs; Halme gerade, an der Spitze rötlich-braun; Blätter länglich schmal
Pflanzen: aus dem Container im Spätfrühling bis Sommer pflanzen; keine Wurzelsperre erforderlich; lockerer, guter Gartenboden, durchlässig und keinesfalls staunass
Pflegen: einmal pro Jahr mit einem speziellen Bambusdünger düngen; im Sommer reichlich gießen
Gestalten: schöner Solitär, in Gruppen oder zwischen anderen Sträuchern, als Hecke, auch in großem Kübel; für Japan- oder Kiesgarten

Goldrohrbambus

Phyllostachys aurea

Höhe/Breite: 3–5 m/wuchernd
Blütezeit: blüht nicht

Pflegeleicht-Bonus: braucht keinen Schnitt – frosthart bis -18 °C
Aussehen: immergrün; locker-buschiger Wuchs; Halme grün bis gelblich, untere Knoten verdickt; Blätter hellgrün, schmal, 15 cm lang; bildet Ausläufer
Pflanzen: aus dem Container im Spätfrühling bis Sommer pflanzen; unbedingt Wurzelsperre eingraben; lockerer, guter Gartenboden, durchlässig und keinesfalls staunass
Pflegen: einmal pro Jahr mit einem speziellen Bambusdünger düngen; im Sommer reichlich gießen; regelmäßig Ausläufer entfernen
Gestalten: schöner Solitär, auch in Reihen als Hecke; im Kübel ist die Ausbreitung eingedämmt; für Japan- oder Kiesgarten

Expertentipp

Die Sorte 'Koi' wird 3–5 m hoch und bezaubert vor allem als Solitär durch ihre gelb-grün gestreiften Halme.

sonnig | halbschattig | schattig | viel gießen | mäßig gießen

Maketebambus

Pseudosasa japonica

Höhe/Breite: 2–4 m/wuchernd
Blütezeit: blüht nicht

Pflegeleicht-Bonus: sehr schattenverträglich – braucht keinen Schnitt – frosthart bis -24 °C
Aussehen: immergrün; straff aufrecht wachsend; Halme erbsengrün, oben überhängend, dadurch lockere Büsche bildend; Blätter unterseits silbrig schimmernd, schmal, zugespitzt, bis 25 cm lang
Pflanzen: aus dem Container im Spätfrühling bis Sommer pflanzen; Wurzelsperre erforderlich; lockerer, guter Gartenboden, durchlässig und keinesfalls staunass
Pflegen: einmal pro Jahr mit einem speziellen Bambusdünger düngen; im Sommer reichlich gießen; Ausläufer kontrollieren und entfernen
Gestalten: als Solitär, hinter Teichen oder zusammen mit Blattschmuckstauden und Farnen im Schattenbeet (durch Barriere Wurzelkonkurrenz vermeiden); für Schattenplätze im Japan- oder Kiesgarten

Zwergbambus

Sasa veitchii

Höhe/Breite: bis 50 cm/wuchernd
Blütezeit: blüht nicht

Pflegeleicht-Bonus: ungewöhnlicher Bodendecker für große Flächen – einfacher Schnitt – frosthart bis -22 °C
Aussehen: immergrün; breitet sich über Ausläufer zu einem flachen Teppich aus; Blätter bläulich grün, schmal, 20–25 cm lang, im Winter mit hellerem Rand
Pflanzen: aus dem Container im Spätfrühling bis Sommer pflanzen, Wurzelsperre erforderlich; lockerer, guter Gartenboden, durchlässig und keinesfalls staunass
Pflegen: einmal pro Jahr mit einem speziellen Bambusdünger düngen; im Sommer reichlich gießen; Ausläufer kontrollieren und entfernen
Gestalten: auf größeren Flächen attraktiver Bodendecker im Unterwuchs von Bäumen und hohen Sträuchern; auch in Kübeln; für Japan- oder Kiesgarten

Bambus – von klein bis groß

Name	Höhe	Besonderes
Hohe Arten		
Phyllostachys bambusoides	6–9 m	bildet Ausläufer; Hecke und Hain
Phyllostachys iridescens	6–9 m	bildet Ausläufer; Hecke und Hain
Phyllostachys nudens	5–7 m	bildet Ausläufer; Hecke und Hain
Phyllostachys praecox	5–7 m	bildet Ausläufer; Solitär, Hecke und Hain
Mittelhohe Arten		
Hibanobambusa tranquillans	2–3 m	bildet Ausläufer; Solitär, Hecke
Phyllostachys bissetii	3–5 m	bildet Ausläufer, sehr wüchsig; Hecke und Hain
Phyllostachys humilis	2–4 m	bildet Ausläufer, schlankwüchsig; Solitär, Hecke und Hain
Pleioblastus linearis	2–3 m	bildet Ausläufer; Solitär, Hecke
Semiarundinaria fastuosa	3–5 m	erst horstig, dann Ausläufer bildend; Solitär, Hecke und Hain
Niedrige Arten		
Indocalamus latifolius	1–2 m	bildet Ausläufer; Kübel oder Strauchgruppe (Wurzelsperre)
Sasa kurilensis	0,5–1,5 m	bildet Ausläufer; niedrige Hecke, Bodendecker

Einzeln stehende Blütensträucher

Blumenhartriegel
Cornus kousa

Höhe/Breite: 5–7 m/3–4 m
Blütezeit: Mai–Juni

Pflegeleicht-Bonus: am richtigen Standort sehr pflegeleicht – kein Schnitt erforderlich
Aussehen: sommergrün; locker verzweigter Großstrauch auf kurzem Stamm; Blätter oval-elliptisch, glänzend, am Rand oft wellig, scharlachrote Herbstfärbung; Blüten unscheinbar, aber starke Schauwirkung durch weiße bis rosa Hochblätter; Früchte ab August, erdbeerartig, rot
Pflanzen: Frühling oder Herbst (im Knospenzustand); durchlässige Böden, neutral bis leicht sauer, verträgt keinen Kalk
Pflegen: im Frühling Boden oberflächlich lockern (Flachwurzler) und mulchen; nicht schneiden, nur vorsichtig auslichten; bei Trockenheit gießen
Gestalten: Solitär, auch als Ersatz für Hausbaum; in lockerer Hecke, passt gut zu Rhododendren oder Nadelbäumen; für Japangarten

Perückenstrauch
Cotinus coggygria

Höhe/Breite: 3–5 m/2–5 m
Blütezeit: Juni–Juli

Pflegeleicht-Bonus: anspruchslos – kein Schnitt erforderlich
Aussehen: sommergrün; lockerer Wuchs; Zweige weit ausladend; Blätter eiförmig, orange- bis karminrote Herbstfärbung; Blüten winzig, gelblich, in »Blütenwolken«; Früchte ab Juli, watteartige, haarige Fruchtstände, rötlich
Pflanzen: Frühling oder Herbst (im Knospenzustand); jeder gute Gartenboden, durchlässig, locker, lehmig oder sandig; verträgt Stadtklima
Pflegen: nicht schneiden
Gestalten: hübscher Solitär vor grünem Hintergrund; im Strauchbeet, wenn er Platz zur Entfaltung hat; kümmert in direkter Nähe zu wüchsigen Sträuchern

Expertentipp

Die Sorte 'Royal Purple' wird nur 2–3 m hoch und bezaubert durch ihre dunkelbraunroten Blätter.

Roseneibisch
Hibiscus syriacus

Höhe/Breite: 1,5–2 m/1–1,5 m
Blütezeit: Juli–September

Pflegeleicht-Bonus: am richtigen Standort sehr pflegeleicht – einfacher Schnitt
Aussehen: sommergrün; lockerer Strauch mit straff aufrechten Zweigen; Blätter tief eingeschnitten; große, weit geöffnete Blüten in Weiß, Rosa oder Violett (sortenabhängig)
Pflanzen: Frühling oder Herbst (im Knospenzustand); Boden humusreich, durchlässig, ggf. beim Einpflanzen lockern und Aushub mit Humus anreichern
Pflegen: junge Sträucher vor Frost schützen; im Winter die Zweige mit Fichtenreisig oder Stroh vor Sonneneinstrahlung schützen; später regelmäßig im Herbst mulchen; alle 2–3 Jahre die Haupttriebe um ein Drittel kürzen
Gestalten: sollte zur Blütezeit gut sichtbar sein; am besten im Strauchbeet, wo er durch andere Gehölze geschützt wird, in wintermilden Gegenden auch als Solitär

sonnig | halbschattig | schattig | viel gießen | mäßig gießen

Tulpenmagnolie

Magnolia x *soulangeana*

Höhe/Breite: 3–5 m/3–6 m
Blütezeit: April–Mai

Pflegeleicht-Bonus: gute langfristige Investition – wächst langsam – kein Schnitt erforderlich
Aussehen: sommergrün; Großstrauch mit weit ausladender, lockerer Krone; Flachwurzler; Blätter eiförmig; spektakuläre Blüte, Blüten erscheinen vor den Blättern, außen rosa, innen weiß, bis 20 cm breit; einige Sorten
Pflanzen: Herbst (im Knospenzustand); Boden nährstoff- und humusreich, durchlässig, möglichst sauer
Pflegen: im Herbst mulchen, im Vorfrühling mit kalkfreiem Dünger düngen; die natürliche Wuchsform entwickelt sich ohne Schnitt
Gestalten: Solitär für den Frühling, im Rest des Jahres »normaler« Strauch; in den Rasen, den Vorgarten oder mit genügend Abstand vor eine Hecke aus sommerblühenden Blütensträuchern pflanzen

Etagenschneeball

Viburnum plicatum 'Mariesii'

Höhe/Breite: 1,5–2 m/bis 3 m
Blütezeit: Mai–Juni

Pflegeleicht-Bonus: einfacher Schnitt
Aussehen: sommergrün; Zweige weit ausladend, bilden deutlich sichtbare »Etagen«; Flachwurzler; Blätter eiförmig länglich, im Herbst dunkelbraun; Blüten weiß in flachen Blütenständen, Randblüten größer
Pflanzen: Frühling oder Herbst (im Knospenzustand); Boden durchlässig und humushaltig, frisch bis feucht; verträgt kein ausgesprochenes Stadtklima
Pflegen: im Herbst mulchen; nur sehr vorsichtig auslichten oder gar nicht schneiden
Gestalten: Solitär, abgesetzt vom Hintergrund pflanzen, damit die Wuchsform gut sichtbar wird; Kontrast zu säulenförmigen Gehölzen

Expertentipp

Die immergrünen Schneeball-Arten und -Sorten müssen Sie gar nicht schneiden.

Strauchgenuss – (fast) ohne Schere

Name	Höhe	Blütezeit Blütenfarbe
Felsenbirne (*Amelanchier*-Arten)	bis 13 m	April weiß
Judasbaum (*Cercis*-Arten)	3–5 m	April–Mai hellrosa
Winterblüte (*Chimonanthus praecox*)	2–3 m	Februar hellgelb
Schneeflockenstrauch (*Chionanthus virginicus*)	2–3 m	Juni weiß
Scheinhasel (*Corylopsis*-Arten)	1–3 m	März–April hellgelb
Prachtglocke (*Enkianthus campanulatus*)	2–3 m	Mai hellgelb, hellrosa
Federbuschstrauch (*Fothergilla*-Arten)	1,5–3 m	April–Mai weiß
Schneeglöckchenbaum (*Halesia*-Arten)	4–5 m	April–Mai weiß
Zaubernuss (*Hamamelis virginiana*)	2–5 m	Februar–März gelb
Blasenbaum (*Koelreuteria paniculata*)	5–10 m	Juni–August gelb
Goldregen (*Laburnum*-Arten)	5–8 m	Mai–Juni gelb
Strauchpäonie (*Paeonia suffruticosa*, Sorten)	1–2 m	Mai–Juni viele Farben
Glanzmispel (*Photinia villosa*)	3–5 m	Juni weiß
Bitterorange (*Poncirus trifoliatus*)	1–3 m	April–Mai weiß
Tamariske (*Tamarix*-Arten)	3–5 m	Juni–September rosa

Attraktive Fruchtsträucher

Thunbergs Berberitze

Berberis thunbergii

Höhe/Breite: 1–2 m/bis 2 m
Blütezeit: April

Pflegeleicht-Bonus: robust – einfacher Schnitt – bewährte Art
Aussehen: sommergrün; rundlich wachsender Strauch mit Dornen; Blätter ledrig, rundlich, 3 cm lang, orange und rote Herbstfärbung; Blüten 1 cm breit, gelb, in Trauben; ab Spätsommer rote, lange haftende Beeren
Pflanzen: Frühling oder Herbst (in Knospenzustand); jeder normale Gartenboden, frisch bis feucht und leicht sauer
Pflegen: sollte nie austrocknen, aber auch nicht zu feucht stehen; Boden mulchen, zu dichte Exemplare auslichten, verträgt Schnitt gut
Gestalten: klassische Heckenpflanze, aber auch hübsch in Gruppen oder im Hintergrund von Beeten

Expertentipp

Mit der Sorte 'Atropurpurea' und ihren dunkelroten Blättern bringen Sie Farbe in Hecken und Beete.

Zwergmispel

Cotoneaster-Wateri-Hybriden

Höhe/Breite: 2–4 m/2–3 m
Blütezeit: Mai–Juni

Pflegeleicht-Bonus: anspruchslos – einfacher Schnitt – sehr robuste, abwechslungsreiche Sorten
Aussehen: wintergrün, in sehr kalten Wintern können die Blätter allerdings abfrieren; dichter Strauch; Blätter länglich, ledrig; Blüten weiß, in dichten Blütenständen; Früchte ab August, kugelig, rot, oftmals sehr lange am Strauch bleibend
Pflanzen: vorzugsweise im Frühherbst; jeder normale Gartenboden; verträgt Stadtklima
Pflegen: Mulchen empfohlen, sonst keine Pflegemaßnahmen; Auslichten nur, wenn der Strauch zu dicht wird
Gestalten: schöner Fruchtstrauch für lockere Hecken und Strauchbeete; Hintergrundbepflanzung von Beeten; stets so platzieren, dass die Beeren sichtbar sind

Pfaffenhütchen

Euonymus europaeus

Höhe/Breite: 1,5–3 m/2–3 m
Blütezeit: Mai–Juni

Pflegeleicht-Bonus: anspruchslos – kein Schnitt erforderlich
Aussehen: sommergrün; lockerer, etwas ausladender Strauch, vierkantige Zweige; Blätter länglich oval, im Herbst leuchtend kupferrot; Blüten unscheinbar, gelblich-grün; Früchte rosa bis leuchtend karminrot
Pflanzen: Frühling oder Herbst (in Knospenzustand); jeder normale Gartenboden, trocken bis feucht, optimal sind aber leichte, trockene Böden; verträgt Kalk und Stadtklima
Pflegen: Mulchen im Herbst; Kompost in den Boden einarbeiten
Gestalten: in Gärten, wo sich die Zweige frei entfalten können, als Solitär; sonst in lockeren Hecken oder Strauchgruppen; Vogelschutzgehölz

Expertentipp

Nicht pflanzen, wenn kleine Kinder im Haus sind, die giftigen Früchte sind zu verlockend.

sonnig | halbschattig | schattig | viel gießen | mäßig gießen

Feuerdorn

Pyracantha-Hybriden

Höhe/Breite: 2–4 m/2–4 m
Blütezeit: Mai–Juni

Pflegeleicht-Bonus: anspruchslos – sehr einfacher Schnitt
Aussehen: wintergrün; sparrig verzweigter, dichter Strauch mit Dornen; Blätter schmaleiförmig; Blüten klein, weiß, in Dolden, streng duftend; kugelige Früchte ab September, je nach Sorte orangegelb bis rot
Pflanzen: vorzugsweise im Frühling oder Frühherbst pflanzen; Boden durchlässig, neutral bis leicht sauer; verträgt auch trockene Böden und Stadtklima
Pflegen: starker Schnitt ist möglich, sogar Formschnitt, kommt aber auch ganz ohne Schnitt aus
Gestalten: für gemischte Strauchgruppen und sehr dichte Hecken; auch in Heide- oder Steingärten; Vogelschutzgehölz

Expertentipp

Wählen Sie Sorten, die gegen Feuerdornschorf resistent sind, z. B. 'Orange Glow' oder 'Red Column'.

Skimmie

Skimmia japonica

Höhe/Breite: bis 1 m/0,8–1 m
Blütezeit: Mai

Pflegeleicht-Bonus: am richtigen Standort problemlos – kein Schnitt
Aussehen: immergrün; kompakter Wuchs, aufrechte Zweige; Blätter oval, zugespitzt, ledrig, glänzend; Blüten gelblich weiß, duftend, in dichten Blütenständen; ab Oktober glänzend rote Beeren, die bis Februar am Strauch bleiben
Pflanzen: auch aus dem Container vorzugsweise im Frühling oder Frühherbst; Boden durchlässig, humushaltig, leicht sauer; verträgt auch Stadtklima
Pflegen: möglichst nicht der direkten Wintersonne aussetzen; im Herbst mit Rindenmulch mulchen
Gestalten: Solitär in schattigen Steingärten, in Strauchgruppen oder im Vordergrund von Rhododendren

Expertentipp

Skimmien können in Regionen mit kalten Wintern leiden. Sie sollten hier lieber auf sie verzichten.

Kissen-Schneeball

Viburnum davidii

Höhe/Breite: bis 50 cm/bis 1 m
Blütezeit: Juni

Pflegeleicht-Bonus: am idealen Standort sehr pflegeleicht – kein Schnitt erforderlich
Aussehen: immergrün; gedrungen wachsender, fast kuppelförmiger Strauch, sehr dicht; Blätter dunkelgrün, ledrig, durch drei tiefliegende Hauptadern strukturiert; Blüten klein, weiß bis rosa, in Dolden; ab September stahlblaue Beeren, die bis zum Frühling halten
Pflanzen: auch aus dem Container von Spätsommer bis Frühherbst pflanzen, damit sich der Strauch etablieren kann; nur für geschützte Lagen (kein kalter Wind, keine direkte Sonneneinstrahlung im Winter); Boden humusreich, etwas feucht, lehmig, ggf. verbessern
Pflegen: im Winter mit Fichtenreisig abdecken
Gestalten: Solitär in halbschattigen Bereichen zwischen Blattschmuckstauden; zwischen oder vor schützenden Sträuchern

Pflegeleichte Stauden, Zwiebel- und Knollenblumen

Die meisten Menschen verbinden mit »Garten« die zahlreichen attraktiven Blüten von Einjährigen, Stauden, Knollen- und Zwiebelpflanzen. Natürlich prägen blühende Pflanzen das Aussehen Ihres Gartens, doch Sie sollten sich dieses Vergnügen nicht mit schwerer Arbeit erkaufen müssen. Da der »Basisaufwand« für ein Beet in allen Gartenformen ähnlich groß ist, spart der clevere Gärtner Zeit durch eine geschickte Auswahl seiner Pflanzen.

Stauden, Zwiebel- und Knollenblumen treiben im Frühling aus, sie blühen, verwelken und ziehen sich im Winter unter die Erde zurück, wo ihre Speicherorgane auf den nächsten Frühling warten. Auf diesen Lebenszyklus hat der Gärtner keinen Einfluss. Wo also könnten Sie Arbeit sparen?

Verzichten Sie auf pflegeintensive Pflanzen

- Verzichten Sie auf die klassischen Sommerblumen. Sie müssen ausgesät, vereinzelt und umgepflanzt werden, bis sie ihren Platz im Beet finden. Eine Ausnahme bieten hier nur die von der Gärtnerei vorgezogenen Pflänzchen, die einfach ins Beet gepflanzt und »vergessen« werden.
- Verzichten Sie bei Knollen- und Zwiebelpflanzen auf alle Arten und Sorten, die nicht in der Erde überwintern können. So hübsch beispielsweise Gladiolen oder Dahlien auch aussehen, sie überleben nur, wenn sie im Spätherbst ausgegraben, im Keller gelagert und im nächsten Frühling wieder ausgegraben werden. Robuste Formen, denen der mitteleuropäische Winter nichts ausmacht und die vielleicht sogar verwildern dürfen, brauchen nur einmal die Hand des Gärtners: wenn sie eingegraben werden!

Bevorzugen Sie robuste Arten und Sorten

Entscheiden Sie sich bei den Stauden vorrangig für Arten, die bestens mit den Standortbedingungen zurechtkommen und verzichten Sie auf heikle exotische Formen. Lange blühende Arten, Bodendecker, die lästiges Unkraut unterdrücken, oder Stauden, die ihre Nachbarn nicht überwuchern, warten vielleicht nicht unbedingt mit spektakulären Blüten auf – dafür erleichtern sie Ihnen die Arbeit im Garten. Ob und wie viele von den spektakulären Exoten Sie dennoch pflanzen möchten, richtet sich dann nach Ihrer Bereitschaft, Mehrarbeit zu leisten.

Stauden mit langer Blütezeit

Prachtspiere
Astilbe-Arendsii-Hybriden

Höhe/Breite: 60–120 cm/50–80 cm
Blütezeit: Juli–September

Pflegeleicht-Bonus: am richtigen Standort äußerst pflegeleicht
Aussehen: buschiger Wuchs; Blätter mehrfach gefiedert, Fiedern gezähnt, dunkelgrün; Einzelblüten winzig, erheben sich in hohen, fedrigen Blütenständen über die Blätter, weiß, creme, rosa bis dunkelrot; vertrocknen ab dem Herbst zu dekorativen Brauntönen als Winterschmuck
Pflanzen: Containerpflanzen ganzjährig; Pflanzabstand 80–100 cm; feuchte, humusreiche, lehmige Böden ohne Kalk; vor direkter Sonne und austrocknenden Winden schützen
Pflegen: im Frühling mulchen und organisch düngen; im Sommer täglich gießen; Pflanze teilen, wenn sie zu verkahlen beginnt
Gestalten: zusammen mit Farnen und Frauenmantel fürs halbschattige Beet, sorgen hier für Farbe; Sorten nach Blütenfarben und vor allem gestaffelter Blütezeit zusammenstellen

Mädchenauge
Coreopsis verticillata

Höhe/Breite: 40–60 cm/40–50 cm
Blütezeit: Juni–September

Pflegeleicht-Bonus: anspruchslos
Aussehen: buschig aufrecht wachsend, treibt mit zahlreichen Stängeln aus; Blätter sitzend, tief eingeschnitten, nadelförmige Blättchen; Blütenköpfchen mit leuchtend gelben, breiten Randblüten
Pflanzen: Containerpflanzen ganzjährig; Pflanzabstand ca. 30 cm; normaler, lockerer und mäßig trockener Boden
Pflegen: nach der ersten Blüte zurückschneiden, dann folgt ein zweiter Flor; kurzlebige Staude, daher entweder teilen oder alle 2–3 Jahre durch neue Staude ersetzen
Gestalten: passt gut zu anderen gelben bis roten Stauden oder kontrastreich zu blauem Rittersporn oder Ehrenpreis

Expertentipp

Die Sorte 'Grandiflora' hat zwar größere Blüten, wächst aber höher und muss daher gut gestützt werden.

Taglilie
Hemerocallis-Hybriden

Höhe/Breite: 40–110 cm/40–60 cm
Blütezeit: Mai–August

Pflegeleicht-Bonus: anspruchslos – sollte gelegentlich geteilt werden
Aussehen: wächst horstartig; Blätter hellgrün, riemenförmig, attraktiver Blattschmuck vor und nach der Blütezeit; Blüten in allen Farbtönen von Cremeweiß über Gelb und Orange bis zu Rosa, Rot und Braunrot, auch zweifarbig, Blütendurchmesser bis 15 cm, weit geöffnet
Pflanzen: Containerpflanzen ganzjährig; Pflanzabstand 50–60 cm; Boden mäßig trocken bis feucht, nährstoffreich, lehmig
Pflegen: Verblühtes entfernen, zu groß gewordene Stauden im Herbst oder Frühjahr teilen
Gestalten: passt zu Gräsern, Farnen und Stauden; auch für lichte Schattenbeete

Expertentipp

Die Blüten halten nur einen Tag, werden aber ständig neu gebildet, so dass die Staude dauerhaft blüht.

sonnig | halbschattig | schattig | viel gießen | mäßig gießen

Katzenminze
Nepeta x faassenii

Höhe/Breite: 30–50 cm/30–40 cm
Blütezeit: Juni–September

Pflegeleicht-Bonus: anspruchslos – sehr pflegeleicht
Aussehen: wächst in lockeren Horsten; Stängel vierkantig; Blätter filziggrau behaart, eingekerbt, schmal bis breit-herzförmig; üppig blühend; Blüten in hohen Blütenständen über den Blättern, blauviolett
Pflanzen: Containerpflanzen ganzjährig; Pflanzabstand 30–40 cm; Boden trocken bis frisch, durchlässig und locker
Pflegen: im Frühling mit organischem Langzeitdünger versorgen; wird das Verblühte abgeschnitten, blüht die Katzenminze bis weit in den Herbst hinein
Gestalten: im klassischen Garten als Begleitstaude für Rosen; auch als Bodendecker an sonnigen Plätzen

Expertentipp

Nicht in Beete pflanzen, die zu winterlicher Staunässe neigen (z. B. toniger Untergrund oder Senken).

Purpur-Fetthenne
Sedum telephium

Höhe/Breite: 40–60 cm/bis 60 cm
Blütezeit: Juli–September

Pflegeleicht-Bonus: anspruchslos
Aussehen: ausgebreitet, aber horstartig wachsend; Stängel aufrecht, reich beblättert; Blätter fleischig, bläulichgrün, oval, fein gezähnt; Blüten winzig, in über 30 cm breiten Blütenständen, je nach Sorte rosa bis purpur- oder braunrot; trockene Blütenstände auch im Winter attraktiv
Pflanzen: Containerpflanzen ganzjährig; Pflanzabstand 30–40 cm; Boden trocken bis frisch mit möglichst hohem Sandanteil
Pflegen: alle 3–4 Jahre düngen
Gestalten: wegen der späten Blüte eher in den Hintergrund oder an den Rand pflanzen

Expertentipp

In den Gartencentern wird meist die Sorte 'Herbstfreude' angeboten. Sie wird 40–50 cm hoch, hat die gleichen Ansprüche an den Standort und ist genauso pflegeleicht.

Weitere pflegeleichte Stauden mit langer Blütezeit

Name	Höhe	Blütenfarbe Blütezeit
Schafgarbe (*Achillea millefolium*, Sorten)	30–50 cm	weiß bis rot Juni–August
Steinquendel (*Calamintha nepeta*)	bis 50 cm	weiß, blau, lila Juli–September
Spornblume (*Centranthus ruber*)	30–60 cm	karmin- bis rosarot Mai–Juli
Blaue Kugeldistel (*Echinops ritro*)	50–100 cm	stahlblau Juli–September
Prachtkerze (*Gaura lindheimeri*)	120–150 cm	weiß, rosa, rot Mai–Frost
Storchschnabel (*Geranium*-Arten und -Sorten)	meist 40–50 cm	blau bis rot Frühling–Herbst
Hohes Schleierkraut (*Gypsophila paniculata*)	bis 120 cm	weiß Juli–September
Makedonische Witwenblume, Knautie (*Knautia macedonia*)	50–80 cm	viele Rottöne Juni–August
Pyrenäen-Margerite (*Leucanthemum* x *superbum*, Sorten)	60–90 cm	weiß Juni–September
Nachtkerze (*Oenothera fruticosa*)	30–70 cm	leuchtend gelb Juli–August
Sonnenhut (*Rudbeckia fulgida*, Sorten)	40–90 cm	gelb bis gelborange Juli–August
Steppensalbei (*Salvia nemorosa*, Sorten)	20–50 cm	blau bis blauviolett Juni–August
Skabiose (*Scabiosa*-Arten)	40–80 cm	hellblau bis blauviolett Juni–Oktober

Stauden, die nicht wuchern

Herbst-Eisenhut

Aconitum carmichaelii

Höhe/Breite: 100–140 cm/ca. 40 cm
Blütezeit: September–Oktober

Pflegeleicht-Bonus: bis auf das Gießen sehr pflegeleicht
Aussehen: wächst horstartig; Blätter handförmig in 3–5 Abschnitte zerteilt, sattgrün; Blüten 1–2 cm groß, gespornt, in bis 30 cm hohen Blütenständen, mittelblau bis lilafarben
Pflanzen: Containerpflanzen ganzjährig; Pflanzabstand 20–30 cm; Boden kühl, frisch, nährstoffreich
Pflegen: darf im Sommer nicht austrocknen; im Herbst mulchen, im Frühling organischen Langzeitdünger ausbringen
Gestalten: am schönsten am Gehölzrand oder zwischen heimischen Stauden, auch im Hintergrund von halbschattigen Rabatten

Expertentipp

Der Pflanzensaft des Herbst-Eisenhutes ist sehr giftig; hantieren Sie immer mit Handschuhen! Bei Kindern im Haus besser nicht anpflanzen.

Karpaten-Glockenblume

Campanula carpatica

Höhe/Breite: 20–30 cm/40–50 cm
Blütezeit: Juni–August

Pflegeleicht-Bonus: anspruchslos und genügsam
Aussehen: niedrig, polsterförmig kompakt; Blätter klein, oval, frischgrün; Blüten etwa 4 cm breit, je nach Sorte weiß oder violett bis blau
Pflanzen: Containerpflanzen ganzjährig; Pflanzabstand 20–30 cm; jeder normale Gartenboden, außer ausgesprochen nasse und undurchlässige Standorte (die Wildart wächst auf kalkhaltigen Böden)
Pflegen: nur bei lang andauernder Trockenheit gießen und möglichst nicht düngen
Gestalten: die blauen Sorten passen gut zu rot und violett blühenden anderen Stauden; auch im Kübel oder in Trockenmauern, an Wegrändern

Expertentipp

Die Karpaten-Glockenblume sät sich leicht selbst aus. Sie sollten daher darauf achten, dass sie nicht unkontrolliert überhandnimmt.

Rittersporn

Delphinium-Hybriden

Höhe/Breite: 120–200 cm/30–60 cm
Blütezeit: Juni–Juli/August–Oktober

Pflegeleicht-Bonus: nicht ganz so pflegeleicht, dafür spektakulär
Aussehen: wächst horstartig; Stängel steif aufrecht; Blätter tief eingeschnitten bis handförmig; Blüten groß, in 30–40 cm hohen Blütenständen, weiß, hell- bis dunkelblau, auch rosa
Pflanzen: Containerpflanzen ganzjährig; Pflanzabstand 30–40 cm; nicht neben wuchernde Stauden einsetzen
Pflegen: im Frühling organischen Langzeitdünger geben; Austrieb durch übergestülpte Einweckgläser vor Schnecken schützen; hohe Sorten stützen; Verblühtes abschneiden, um Nachblüte anzuregen
Gestalten: als Blickpunkte zwischen anderen Stauden oder Gräsern, gute Partner sind z. B. Indianernessel, Mädchenauge, Mohn, Phlox, Rudbeckien; auch schöner Blickfang zwischen lichten Gehölzen

Tränendes Herz
Dicentra spectabilis

Höhe/Breite: 60–90 cm/30–40 cm
Blütezeit: Mai–Juni

Pflegeleicht-Bonus: pflegeleicht und robust – hält viele Jahre
Aussehen: wächst horstartig; locker verzweigt, Triebe hängen in weiten Bögen nach außen über; Blätter frischgrün, gefiedert; Blüten herzförmig, zweifarbig rosa-weiß oder reinweiß
Pflanzen: Containerpflanzen ganzjährig; Pflanzabstand ca. 30 cm; nicht neben wuchernde Stauden setzen; Boden locker, humushaltig, frisch bis feucht, aber nicht staunass
Pflegen: in rauen Regionen den Boden im Winter abdecken
Gestalten: wirken herrlich nostalgisch zwischen lichten Sträuchern oder in halbschattigen Beeten

Expertentipp

Die Pflanze zieht nach der Blüte ein. Ihr Standort sollte daher ab dem Sommer von anderen Stauden verdeckt werden.

Roter Sonnenhut
Echinacea purpurea

Höhe/Breite: 70–100 cm/40–50 cm
Blütezeit: Juli–September

Pflegeleicht-Bonus: wenig Pflegeaufwand, aber kurzlebig
Aussehen: wächst horstartig; Blätter dicht stehend, rau behaart, eiförmig zugespitzt; Blütenstängel gerade, steif aufrecht, großes Blütenköpfchen mit langen, karminroten Zungenblüten und kuppelförmig hochgewölbten Röhrenblüten
Pflanzen: auch aus dem Container möglichst im Frühling pflanzen; Pflanzabstand 30–40 cm; Boden lehmig, nährstoffreich, frisch
Pflegen: Austrieb durch übergestülpte Einweckgläser vor Schnecken schützen; ältere Stauden ersetzen
Gestalten: passt zu fast allen Stauden in ein sonniges Beet

Goldrute
Solidago-Hybriden

Höhe/Breite: 50–80 cm/50–60 cm
Blütezeit: Juli–September

Pflegeleicht-Bonus: anspruchslos – gut im Griff zu halten, da sie keine Ausläufer bilden wie die Wildarten
Aussehen: wächst horstartig; Stängel gerade aufrecht, oben verzweigt; Blätter schmal und lang; Blüten in kleinen Köpfchen, die in lockeren, meist nickenden Blütenständen angeordnet sind, duften aromatisch
Pflanzen: Containerpflanzen ganzjährig; Pflanzabstand 40–50 cm; normaler Gartenboden, nährstoffreich, frisch bis feucht
Pflegen: im Frühling düngen, im Sommer gießen
Gestalten: zwischen lockere Sträucher, im Hintergrund eines Beetes oder vor eine immergrüne Hecke; auch für Kies- und Steppenbeete

Expertentipp

Hohe Sorten müssen gestützt werden. Pflanzen Sie Goldruten zwischen Sträucher oder vor eine Hecke, dann sparen Sie sich diese Arbeit.

wenig gießen | Bodendecker | horstig wachsend | giftig

Wildstauden-Teppiche

Kriechender Günsel
Ajuga reptans

Höhe/Breite: 15–20 cm/Teppiche
Blütezeit: April–Mai

Pflegeleicht-Bonus: anspruchslos – überwuchert das Unkraut
Aussehen: Stängel steif aufrecht; Ausläufer treibend; Blätter spatelförmig, bis 8 cm lang, bräunlich grün; Blüten in hohem Blütenstand, leuchtend blau, 5–8 mm Durchmesser
Pflanzen: Containerpflanzen ganzjährig; Pflanzabstand 40–50 cm; gegen starke Ausbreitung Wurzelsperre anlegen und Ausläufer kontrollieren; Boden frisch bis feucht, nährstoffreich, lehmig; verträgt auch Nässe
Pflegen: etwas mulchen; auf nährstoffarmen Böden im Frühling mit organischem Dünger düngen
Gestalten: sehr natürlich aussehender Bodendecker zwischen Gehölzen

Expertentipp

Für Farbe im Garten empfehle ich die Sorten 'Atropurpurea' mit violettbraunen und 'Variegata' mit weißrandigen Blättern.

Teppichknöterich
Bistorta affinis 'Superbum'

Höhe/Breite: 15–25 cm/Teppiche
Blütezeit: Juli–September

Pflegeleicht-Bonus: anspruchslos
Aussehen: Stängel kriechend; bildet Ausläufer und wächst zu dichten Matten zusammen; Blätter lanzettförmig, frischgrün; Blüten in hohen, kräftig rosaroten Ähren auf kahlen Stängeln, reich blühend
Pflanzen: Containerpflanzen ganzjährig; Pflanzabstand 20–30 cm; Pflanzloch mit Humus anreichern; Boden durchlässig, nährstoffreich, mäßig feucht; der Standort sollte kühl und nicht der direkten Mittagssonne ausgesetzt sein; wächst aber auch im Schatten, blüht hier aber schwächer
Pflegen: im Frühling etwas Humus aufstreuen
Gestalten: dichter Bodendecker vor Mauern und Hecken, zwischen Sträuchern und sogar auf Trockenmauern; passt gut zu Bergenien, Hohen Glockenblumen oder Japanischen Anemonen

Felsenstorchschnabel
Geranium macrorrhizum

Höhe/Breite: 20–30 cm/Teppiche
Blütezeit: Mai–Juli

Pflegeleicht-Bonus: anspruchslos
Aussehen: kriechender Wurzelstock; Stängel dick, klebrig; Blätter tief handförmig eingeschnitten, bis 20 cm breit; in milden Wintern bleiben kleinere Blätter stehen; Blüten einfach, weißlich, rosa bis dunkelrot
Pflanzen: Containerpflanzen ganzjährig; Pflanzabstand 40–50 cm; optimal ist leichter Gehölzschatten, Schatten wird aber auch vertragen; humusreicher Boden; verträgt auch etwas Trockenheit; kann andere Stauden überwuchern
Pflegen: im Frühling etwas mulchen
Gestalten: Bodendecker unter lichten Gehölzen

Expertentipp

Pflanzen Sie immer nur eine Sorte, da sich sonst durch Fremdbestäubung weniger schöne Sämlinge entwickeln.

Gefleckte Taubnessel

Lamium maculatum

Höhe/Breite: 15–40 cm/60 cm
Blütezeit: Mai–Juni

Pflegeleicht-Bonus: anspruchslos
Aussehen: Stängel teilweise kriechend, sonst aufrecht, wenig verzweigt; Blätter brennnesselartig, aber nicht brennend, grün, bei manchen Sorten auch weiß gezeichnet; Blüten bis 1 cm Durchmesser in Quirlen, weiß, lilapurpurn, violettrosa
Pflanzen: Containerpflanzen ganzjährig; Pflanzabstand 20–30 cm; Boden frisch bis feucht, nährstoffreich, locker, auch nass
Pflegen: im Frühling mulchen
Gestalten: Bodendecker unter lichten Gehölzen an etwas feuchteren Stellen; sehr hübsch zwischen anderen Wildstauden wie Akelei, Farne, Gämswurz oder Himalaja-Storchschnabel

Expertentipp

Wenn Sie die Taubnessel zwischen andere Stauden pflanzen, dann sollten Sie gelegentlich ihre Ausbreitung kontrollieren.

Großblumiger Beinwell

Symphytum grandiflorum

Höhe/Breite: 25–30 cm/Teppiche
Blütezeit: Mai

Pflegeleicht-Bonus: verdrängt wirkungsvoll Unkräuter
Aussehen: bildet Ausläufer; Stängel aufrecht, sehr dicht, büschelartig beblättert; Blätter rau behaart, eiförmig zugespitzt; Blüten röhrenförmig, in kleinen Gruppen hängend, 1,5–2 cm lang, gelblich-weiß
Pflanzen: Containerpflanzen ganzjährig; Pflanzabstand 20–30 cm; Pflanzloch mit Humus anreichern; tiefgründiger, feuchter, aber nicht staunasser Boden
Pflegen: im Frühling mit Humus mulchen, im Sommer feucht halten
Gestalten: als Bodendecker zwischen Sträuchern, vor Hecken, an Feuchtbeeten oder Teichen; verdrängt Gräser und Unkräuter, kann aber mit robusten Stauden für den Halbschatten kombiniert werden

Golderdbeere

Waldsteinia ternata

Höhe/Breite: 5–15 cm/Teppiche
Blütezeit: April–Mai

Pflegeleicht-Bonus: anspruchslos – verdrängt Unkräuter
Aussehen: wintergrün; wächst kriechend mit verzweigtem Stängel; Blätter erdbeerartig; Blüten zu 3–7 in Blütenständen, gelb
Pflanzen: Containerpflanzen ganzjährig; Pflanzabstand 20–30 cm; humusreicher, mäßig feuchter Boden; verträgt im Sommer auch Trockenheit
Pflegen: Ausläufer kontrollieren; herabgefallenes Herbstlaub von Gehölzen entfernen, damit die Blätter nicht verfaulen
Gestalten: zwischen Sträuchern, neben Wegen oder vor Hecken; auch in Kombination mit Beinwell, Elfenblume, Lungenkraut und Taubnessel

Expertentipp

Sie können die Golderdbeere auch auf Freiflächen als Bodendecker einsetzen – wenn sie nicht direkt besonnt wird.

wenig gießen | Bodendecker | horstig wachsend | giftig

Zwiebelblumen, die verwildern dürfen

Große Sternhyazinthe
Chionodoxa forbesii

Höhe/Breite: 15 cm/10 cm
Blütezeit: März–April

Pflegeleicht-Bonus: keinerlei Aufwand notwendig
Aussehen: Zwiebelpflanze; zwei grundständige Blätter, schmal, aufrecht oder ausgebreitet; Blüten zu 4–12 in einer Traube, etwas nickend, strahlendblau oder rosa-weiß
Pflanzen: Zwiebeln mit einem Setzholz im Herbst pflanzen, 8 cm tief; Boden locker, durchlässig, möglichst sandig, ggf. den Untergrund mit Sand durchlässiger machen; breitet sich durch Brutzwiebeln und Selbstaussaat großflächig aus
Pflegen: höchstens darauf achten, dass sie sich nicht zu stark ausbreitet
Gestalten: unter früh blühenden Sträuchern, wie Kornelkirsche, Forsythien oder Winterschneeball

Expertentipp

Wenn Sie Sternhyazinthen am oder im Rasen pflanzen, sollten Sie mit der ersten Mahd warten, bis die Pflanzen sich ausgesamt haben.

Alpenveilchen
Cyclamen hederifolium

Höhe/Breite: 10 cm/15–20 cm
Blütezeit: September–Oktober

Pflegeleicht-Bonus: anspruchslos – vermehrt sich selbst
Aussehen: Knollenpflanze; Blätter efeuartig, hell gezeichnet, erscheinen nach der Blüte und bleiben im Winter erhalten; Blüten nickend, weiß, rosa oder karminrot mit hochgeschlagenen Zipfeln
Pflanzen: ab dem Sommer bis zum Frühherbst pflanzen, 10 cm tief mit einem Zwiebelpflanzer; Boden humusreich, locker, durchlässig
Pflegen: in rauen Regionen mit Fichtenreisig abdecken, sonst reicht etwas Herbstlaub; braucht nicht geteilt zu werden, samt sich selbst aus
Gestalten: unterhalb von Laub abwerfenden Gehölzen, auf Baumscheiben; wirken zusammen mit Farnen sehr natürlich

Winterling
Eranthis hyemalis

Höhe/Breite: 10 cm/6 cm
Blütezeit: Februar–März

Pflegeleicht-Bonus: volkommen anspruchslos und pflegeleicht
Aussehen: Knollenpflanze; Blätter frischgrün, handförmig geteilt, ziehen früh ein; Blüten leuchtend gelb, 2–2,5 cm Durchmesser, duftend
Pflanzen: Knollen möglichst früh im Herbst mit Pflanzholz setzen, im Abstand von 10 cm, 5–7 cm tief; humusreicher, frischer Boden; vertragen weder nassen noch sehr trockenen, dichten Boden
Pflegen: keine Pflege erforderlich
Gestalten: unter lichten Gehölzen, an Hecken, am Rand von Rasen; schön in Kombination mit früh blühenden Krokussen, Märzenbecher und Schneeglöckchen

Expertentipp

Der Winterling breitet sich sehr stark durch Samen und kurze Ausläufer aus. Sie sollten ihn daher im Auge behalten, wenn Sie ihn in Grenzen halten wollen.

sonnig | halbschattig | schattig | viel gießen | mäßig gießen

Schneeglöckchen

Galanthus nivalis

Höhe/Breite: 10–15 cm/10 cm
Blütezeit: Februar–April

Pflegeleicht-Bonus: anspruchslos – braucht keinerlei Pflege
Aussehen: Zwiebelpflanze, die blühende Rasen bildet; Blätter schmal, aufrecht; auf einzelnen Stängeln sitzen nickende Blüten, 1 cm Durchmesser, weiß, innen grün gestreift
Pflanzen: im Frühherbst mit dem Pflanzholz 5–8 cm tief setzen oder mit einer Handschaufel flache Grube ausheben, Zwiebeln einstreuen und wieder mit Erde bedecken; Boden frisch, humusreich, lehmig, keine trockenen, sandigen Böden
Pflegen: nur bei langer Trockenheit sparsam gießen
Gestalten: am Rand von Wiesen, unter Gehölzen; in kleinen Gruppen oder in Bändern verteilen, vermehrt sich von selbst

Expertentipp

Breiten sich die Schneeglöckchen zu stark aus, dann stechen Sie sie mit dem Spaten vom Rand her ab.

Traubenhyazinthe

Muscari armeniacum

Höhe/Breite: 15–20 cm/8–10 cm
Blütezeit: April–Mai

Pflegeleicht-Bonus: anspruchslos – braucht keinerlei Pflege
Aussehen: Zwiebelpflanze; horstig wachsend; Blätter schmal, grasgrün; Blüten auf blattlosem Stängel in 5 cm hohen, kegelförmigen Blütenständen, blau, weiß
Pflanzen: Zwiebeln im Herbst mit dem Pflanzholz 7 cm tief einpflanzen oder flächig wie Schneeglöckchen in flacher Grube verteilen; Boden durchlässig, mäßig trocken
Pflegen: keine Pflege; Blätter nicht abschneiden, sondern verdorren lassen, sie ziehen sich selbst zurück
Gestalten: wie Schneeglöckchen in Gruppen oder geschwungenen Bändern verteilen, vor Hecken, im Steingarten, unter Sträuchern oder am Rand von Wiesen; sehr schön in Kombination mit spät blühenden Krokusse, kleinen Narzissen und bunten Primeln

Blaustern

Scilla sibirica

Höhe/Breite: 10–15 cm/5–8 cm
Blütezeit: März–Mai

Pflegeleicht-Bonus: anspruchsloser Teppichbildner
Aussehen: Zwiebelpflanze; Blätter grasartig schmal, hellgrün; zahlreiche Blüten in lockeren Trauben, nickend, 1–1,5 cm Durchmesser, hellviolett bis enzianblau
Pflanzen: im Herbst mit dem Pflanzholz 7 cm tief pflanzen; Boden humusreich, weder zu feucht noch zu trocken, ggf. beim Einpflanzen verbessern; breitet sich durch Selbstaussaat und Brutzwiebeln aus
Pflegen: unter Gehölzen im Frühling das Falllaub entfernen; gelegentlich im Frühling mit Kompost düngen
Gestalten: am Rand von Wiesen, unter Laub abwerfenden, früh blühenden Gehölzen

Expertentipp

Probieren Sie einmal eine Kombination der Sorten 'Alba' (weiße Blüten) und 'Rosea' (weiß-rosa Blüten).

Bodendecker als Unkrautkiller

Teppichzwergmispel
Cotoneaster dammeri

Höhe/Breite: 0,2–1 m/Teppiche
Blütezeit: Mai–Juni

Pflegeleicht-Bonus: anspruchslos – kein Schnitt notwendig
Aussehen: immergrüner (außer in kalten Wintern) Strauch; flach über den Boden kriechend; Blätter elliptisch, glänzend, rote Herbstfärbung; Blüten weiß bis rosa, sehr dicht, klein, unangenehm duftend; Früchte ab August, erbsengroß, rot
Pflanzen: Frühling und Frühherbst; jeder normale Gartenboden; verträgt auch Stadtklima
Pflegen: um die Jungpflanzen gut mulchen, später ist Jäten unter den Zweigen nicht mehr möglich
Gestalten: als Bodendecker unter Gehölzen, an Hängen, neben Wegen, auch in Kübeln

Expertentipp

Empfehlenswert ist auch die Fächerzwergmispel (C. horizontalis) mit symmetrisch angeordneten Zweigen und flach ausgebreiteten Blättern.

Elfenblume
Epimedium-Arten

Höhe/Breite: 15–60 cm/kriechend
Blütezeit: März–Mai

Pflegeleicht-Bonus: am richtigen Standort sehr pflegeleicht
Aussehen: sommergrüne Staude; kriechender Wurzelstock mit weit ausgebreitetem, dichtem Wurzelwerk (verträgt Konkurrenz von Gehölzen); Sprosse treiben am Ende der Wurzelstöcke aus; Blätter je nach Art oder Sorte, meist dreiteilig, manchmal wintergrün; Blüten nickend, weiß, gelb, rosa und rot
Pflanzen: Containerpflanzen ganzjährig; Boden möglichst humusreich, am besten im Gehölzschatten
Pflegen: im Spätherbst mulchen; erfrorene Blätter abschneiden
Gestalten: einer der besten Bodendecker unter Gehölzen

Expertentipp

Die Arten und Sorten haben eine unterschiedliche Kalkempfindlichkeit. Fragen Sie beim Kauf danach.

Efeu
Hedera helix

Höhe/Breite: 5–20 m/ausgebreitet
Blütezeit: September–Oktober

Pflegeleicht-Bonus: bis auf Wuchskontrolle pflegeleicht – selbst für tiefen Schatten geeignet
Aussehen: immergrüner, mit Haftwurzeln selbstkletternder Strauch; Blätter ledrig, fünflappig, an blühenden Trieben rund bis rautenförmig, bei Sorten auch gezeichnet; Blüten grünlich-gelb, unscheinbar; Früchte blauschwarz, giftig
Pflanzen: Frühling oder Frühherbst; Boden möglichst humusreich (Pflanzloch mit Humus anreichern), sonst anspruchslos an Boden und Belichtung; verträgt auch Stadtklima
Pflegen: unerwünschte Triebe sofort entfernen, ehe sie zu dick werden (vor allem von Mauern)
Gestalten: sowohl als Bodendecker als auch zur Begrünung von Mauerecken, Spalieren und Pergolen; vor allem die panaschierten Sorten sehen im Kübel hübsch aus

sonnig | halbschattig | schattig | viel gießen | mäßig gießen

Kriechwacholder
Juniperus horizontalis

Höhe/Breite: 0,2–1 m/Teppiche
Blütezeit: April–Mai

Pflegeleicht-Bonus: anspruchslos – kein Schnitt notwendig
Aussehen: immergrüner Strauch; Zweige am Boden kriechend; Nadeln klein, sehr dicht stehend; keine erkennbaren Blüten, aber ab September kugelige, schwarzblaue Beerenzapfen, giftig
Pflanzen: Frühling oder Frühherbst; jeder normale Gartenboden; verträgt auch Trockenheit und ausgesprochenes Stadtklima
Pflegen: keine Pflegemaßnahmen erforderlich
Gestalten: Bodendecker an offenen Stellen, in Heidegärten, auf Mauerkronen, in Kübeln oder Trögen, auch zur Hangbefestigung

Expertentipp

Kombinieren Sie mehrere Sorten mit anders gefärbten Nadeln. Die Sorte 'Glauca' z. B. hat stahlblaue Nadeln.

Ysander, Dickmännchen
Pachysandra terminalis

Höhe/Breite: 20–30 cm/Teppiche
Blütezeit: April–Mai

Pflegeleicht-Bonus: Bodendecker für große Flächen – sehr dicht
Aussehen: immergrüner Halbstrauch, unten verholzt; bildet unterirdische Ausläufer; Triebe aufrecht; Blätter etwas fleischig, länglichoval, an der Spitze eingeschnitten; Blüten weißlich, in kurzen Blütenständen
Pflanzen: Frühling oder Frühherbst; kommt mit allen Gegebenheiten zurecht, am besten aber auf humusreichen, leicht sauren Böden im Schatten von Gehölzen; nicht zu tief eingraben; weite Ausbreitung durch eine Wurzelbarriere begrenzen
Pflegen: keine Pflegemaßnahmen erforderlich
Gestalten: guter Bodendecker, aber nicht unbedingt dort, wo man ihn direkt sieht, besser als »grüner Teppich« im Hintergrund des Gartens, beispielsweise zwischen Sträuchern bis zu einer Hecke

Immergrün
Vinca minor

Höhe/Breite: 20 cm/Teppiche
Blütezeit: April–Mai

Pflegeleicht-Bonus: bis auf Kontrolle der Ausbreitung pflegeleicht
Aussehen: immergrüner Zwergstrauch; kriechender Spross, der sich an den Knoten bewurzelt; Blätter oval, glänzend; Blütensprosse richten sich auf, Blüten violettblau, bei Sorten auch weiß oder rosa, einzeln
Pflanzen: Frühling oder Frühherbst; braucht kalkhaltigen Boden, humos, locker, daher bei der Pflanzung etwas Algenkalk zumischen
Pflegen: jährlich mit Algenkalk düngen; Ausbreitung kontrollieren: Triebe abschneiden und die neuen Wurzeln aus dem Boden entfernen
Gestalten: attraktiver und sehr natürlich wirkender Bodendecker

Expertentipp

Mit einer Wurzelsperre allein lässt sich die Ausbreitung nicht verhindern, da der Spross darüber hinwegkriecht.

Spezielle Pflanzen für spezielle Zwecke

Gärten sind wie Landschaften im Kleinen. Wie in einer echten Landschaft fühlen sich auch im Garten nur jene Pflanzen wohl, die an die hier herrschenden Bedingungen angepasst sind. Wenn Sie also die besonderen Ansprüche in jedem Bereich Ihres Gartens erfüllen möchten, sollten Sie unbedingt standortgerechte Pflanzen verwenden.
Für einen guten Gesamteindruck kommt es dabei besonders auf die Gestaltung der Details an.

Auf den ersten Blick sehen die folgenden Doppelseiten vielleicht etwas beliebig aus. Sobald Sie allerdings gezielt nach Tipps und Pflanzen für ganz spezielle oder sogar problematische Bereiche Ihres Gartens suchen, werden Sie hier sicherlich fündig:

- So passt eine kleine Heidelandschaft (Seite 100/101) wunderbar in einen sonnigen Garten mit saurem, durchlässigem – im Idealfall sandigem – Boden.
- Wenn Sie eine vernachlässigte, feuchte Ecke in ein pflegelichtes Feuchtbiotop mit attraktiven Blüten verwandeln wollen, dann sind Sie mit den Pflanzen für feuchte Standorte (Seite 110/11) gut bedient.
- Gräser (Seite 104/105) und Blattschmuckstauden (Seite 106–109) kommen in der Regel mit relativ geringem Pflegeaufwand zurecht – sie können sogar zum beherrschenden Element eines pflegeleichten Gartens werden.
- Anders sieht es mit den »Lückenbüßern« (Seite 102/103) aus: Sie werden zwar niemals das Bild eines Gartens beherrschen, nutzen dafür aber auch kleinste Fugen zwischen den Platten eines Weges oder den Steinen einer Trockenmauer aus. Als Pflanzen für extreme Standorte wirken sie wie kleine, exotische Farbtupfer.
- Eine gewisse Ausnahme stellen die Nutzpflanzen dar (Seite 112–115). Wer wirklich »clever« gärtnern möchte, verzichtet besser ganz auf Salat, Gemüse und Beeren. Andererseits spielen hier nüchterne Kosten-Nutzen-Analysen keine entscheidende Rolle. Probieren Sie es zunächst mit den vorgestellten Salaten und Gemüsen aus. Sollten Sie dabei feststellen, dass sich die Mehrarbeit für die eigene Küche lohnt, schlage ich für das nächste Jahr zusätzlich einige Erdbeerpflänzchen vor. Danach bieten sich die Beerensträucher an, die jedoch etwas mehr Arbeit machen. Denken Sie aber auch hier daran: Clevere Gärtner machen Fehlentscheidungen rückgängig und quälen sich nicht noch jahrelang mit den unerwünschten Folgen herum!

Heiden & Co.

Besenheide
Calluna vulgaris

Höhe/Breite: 20–100 cm/50–60 cm
Blütezeit: Juli–September

Pflegeleicht-Bonus: anspruchslos – einfacher Schnitt
Aussehen: immergrüner, sehr winterharter Zwergstrauch (bis -23 °C); buschige, dichte Wuchsform; Blättchen nadelartig schmal; Blüten in hohen, dichten Blütenständen, violettrosa, weiß bis dunkelrot
Pflanzen: wurzelnackte Heiden und möglichst auch Containerpflanzen im Frühling oder Frühherbst pflanzen; Boden nährstoffarm, locker, durchlässig, sauer (pH-Wert 4–5,5)
Pflegen: im Frühling zwischen den Sträuchern Rindenmulch und Torf verteilen; mit der Heckenschere radikal unter den Blütentrieben abschneiden; Boden nicht hacken (Heiden sind Flachwurzler)
Gestalten: nie Einzelexemplare, sondern immer flächenhaft pflanzen, am besten verschiedene Sorten, dazwischen Pflanztaschen oder Kieswege frei lassen

Irische Glanzheide
Daboecia cantabrica

Höhe/Breite: 30–40 cm/40–50 cm
Blütezeit: Juli–September

Pflegeleicht-Bonus: einfacher Schnitt (Heckenschere)
Aussehen: immergrüner, bedingt winterharter Zwergstrauch (bis -17 °C); Zweige kriechend bis aufsteigend; Blättchen nadelartig schmal, am Rand eingerollt, abstehend; Blüten in bis 12 cm hohen Blütenständen, nickend, purpurrot
Pflanzen: wurzelnackte Heiden und möglichst auch Containerpflanzen im Frühling oder Frühherbst pflanzen; Boden nährstoffarm, locker, durchlässig, sauer (pH-Wert 4–5,5)
Pflegen: Boden im Frühling mulchen; Pflanzen unterhalb der Blütenstände zurückschneiden
Gestalten: als einzelne Blickpunkte zwischen andere, säurebedürftige Heidearten und -sorten setzen

Expertentipp

In Gegenden mit rauen Wintern brauchen die Pflanzen einen Winterschutz aus Fichtenreisig.

Schnee-Heide
Erica carnea

Höhe/Breite: bis 30 cm/40–50 cm
Blütezeit: Dezember–Mai

Pflegeleicht-Bonus: einfacher Schnitt (Heckenschere)
Aussehen: immergrüner, sehr winterharter Zwergstrauch (bis -26 °C); Sprosse kriechend, Blütentriebe aufsteigend; Blätter nadelartig schmal; zahlreiche Blüten in dichten Blütenständen, etwas nickend, rosarot, Sorten auch rot und weiß
Pflanzen: wurzelnackte Heiden und möglichst auch Containerpflanzen im Frühling oder Frühherbst pflanzen; nicht in direkter Sonne; guter Gartenboden, locker, schwach sauer bis kalkhaltig; stellt als einzige Heide, die auch basischere Böden verträgt, eine Alternative für Heideliebhaber dar, deren Böden oberhalb von pH 7 liegen
Pflegen: abgeblühte Blütentriebe zurückschneiden; alte, kahle Exemplare durch neue ersetzen
Gestalten: mischen Sie möglichst Sorten mit unterschiedlicher Blütezeit und Laubfarbe

Graue Heide
Erica cinerea

Höhe/Breite: 20–30 cm/30–50 cm
Blütezeit: Juni–August

Pflegeleicht-Bonus: einfacher Schnitt (Heckenschere)
Aussehen: immergrüner, nicht völlig winterharter (bis -20 °C) Zwergstrauch; Zweige niederliegend bis aufsteigend, grau behaart; Blätter schmal, dunkelgrün, stehen zu dritt; Blüten an den Triebenden in dichten Blütenständen, violettrosa
Pflanzen: wurzelnackte Heiden und möglichst auch Containerpflanzen im Frühling oder Frühherbst pflanzen; Boden nährstoffarm, trocken, durchlässig, sauer (pH-Wert 4–5,5)
Pflegen: im Frühling mulchen; nach der Blüte zurückschneiden
Gestalten: Zwischenpflanzung für andere Heiden; interessante Sorten (Nachfrage lohnt sich)

Expertentipp

In Regionen mit harten Wintern dick mulchen und zusätzlich mit Fichtenreisig abdecken.

Glocken-Heide
Erica tetralix

Höhe/Breite: 30–40 cm/40–50 cm
Blütezeit: Juni–September

Pflegeleicht-Bonus: einfacher Schnitt (Heckenschere)
Aussehen: immergrüner, sehr winterharter Zwergstrauch (bis -26 °C); Zweige aufrecht, grau behaart; Blätter nadelartig schmal, grau behaart; Blüten dicht gedrängt an den Triebenden, krugförmig, rosa
Pflanzen: wurzelnackte Heiden und möglichst auch Containerpflanzen im Frühling oder Frühherbst pflanzen; Boden nährstoffarm, moorig, feucht, sauer (pH-Wert unter 4,5); braucht von allen *Erica*-Arten den feuchtesten Boden und kommt auch mit Schatten zurecht
Pflegen: Boden im Frühling mit Torf oder saurem Humus mulchen; nach der Blüte zurückschneiden
Gestalten: immergrüne Heide für feuchte Gärten, nasse, etwas schattige Ecken; auch für Moorgärten

Weitere Pflanzen für den Heidegarten

Name	Höhe	Blütenfarbe Blütezeit Ansprüche
Rosmarinheide (*Andromeda polifolia*)	20–30 cm	rosa Mai–Juni saure, moorige Böden
Siebenbürger Heide (*Bruckenthalia spiculifolia*)	25 cm	weiß-rosa Mai–Juni schwach saure bis etwas kalkhaltige Böden
Krähenbeere (*Empetrum nigrum*)	25 cm	grünlich April–Mai moorige, feuchte Böden
Scheinbeere (*Gaultheria procumbens*)	15 cm	hellrosa Juni–August saure, sandige Böden
Strauchveronika (*Hebe*-Arten)	20–100 cm	weiß Juni–Juli nur für geschützte Standorte
Lorbeerrose (*Kalmia*-Arten)	1–2 m	rosarot Juni–Juli trockene bis feuchte, leicht saure Böden
Paxistima (*Paxistima canbyi*)	25 cm	rötlich Mai leicht saure bis leicht kalkhaltige Böden
Lavendelheide (*Pieris japonica*, Sorten)	bis 2 m	weiß März–Mai humusreiche, kalkfreie Böden
Rhododendron (*Rhododendron*, niedrige Arten)	bis 1 m	weiß, rosa, lila Frühling–Sommer saure Böden

Pflanzen in Fugen und zwischen Steinen

Steinkraut
Aurinia saxatilis (Alyssum saxatile)

Höhe/Breite: 25–40 cm/100 cm
Blütezeit: April–Mai

Pflegeleicht-Bonus: einfacher Schnitt (Heckenschere)
Aussehen: polsterförmiger Halbstrauch, an der Basis verholzt, ältere Exemplare lockerer; Blätter eiförmig schmal, aber auch eingeschnitten, grau behaart, untere Blätter in dichter Rosette; Blüten klein, sattgelb, in dichten Blütenständen
Pflanzen: Containerpflanzen ganzjährig; lehmiger, durchlässiger, gut dränierter Boden, verträgt etwas Kalk; volle Sonne
Pflegen: Rückschnitt nach der Blüte fördert dichteren Wuchs; ältere Exemplare fallen auseinander, stark zurückschneiden oder austauschen
Gestalten: hübsch zwischen Steinen oder auf niedrigen Mauern; kombinieren Sie mit Polsterstauden, die zur gleichen Zeit und später blühen, z. B. Blaukissen, Schleifenblume oder Teppichphlox

Pfennigkraut
Lysimachia nummularia

Höhe/Breite: bis 10 cm/Teppiche
Blütezeit: Mai–Juli

Pflegeleicht-Bonus: dicht wachsend – für schwierige Standorte
Aussehen: kriechende Staude; breitet sich über Ausläufer aus, die sich bewurzeln; Blätter rundlich bis herzförmig, frischgrün; Blüten leuchtend gelb, einzeln aus den Blattachseln wachsend
Pflanzen: Containerpflanzen ganzjährig; verträgt alle Bodenarten von frisch bis staunass, sogar Wasser bis 10 cm Tiefe
Pflegen: kann stark zurückgeschnitten werden; regelmäßig gießen
Gestalten: neben Wegen, zwischen Steinen in einem Kiesgarten mit feuchten Senken, auch hängend über schattigen, feuchten Mauern

Expertentipp

Kontrollieren Sie die Ausbreitung – am besten, solange die Ausläufer noch jung sind.

Polsterphlox
Phlox-Subulata-Hybriden

Höhe/Breite: 5–15 cm/bis 60 cm
Blütezeit: April–Mai

Pflegeleicht-Bonus: anspruchslos – einfacher Schnitt
Aussehen: polsterförmig wachsende Staude mit sehr dicht stehenden Trieben; Blätter klein, sehr schmal, mattgrün; Blüten 5–6 mm Durchmesser, in dichten Blütenständen, weiß, lilablau, violett, rosa und rot
Pflanzen: Containerpflanzen ganzjährig; Boden mäßig trocken bis frisch, durchlässig, nährstoffreich (ggf. Kompost beimischen)
Pflegen: im Frühling mit organischem Langzeitdünger versorgen; Polster nach der Blüte zurückschneiden (Nachblüte möglich); bei längerer Trockenheit gießen
Gestalten: zwischen Steinen, in breiten Pflanztaschen zwischen Wegplatten, auch am Wegesrand, auf Mauerkronen und Hängen; kombinieren Sie möglichst Sorten mit verschiedenen Blütenfarben

sonnig | halbschattig | schattig | viel gießen | mäßig gießen

Scharfer Mauerpfeffer

Sedum acre

Höhe/Breite: 5–10 cm/Teppiche
Blütezeit: Juni–Juli

Pflegeleicht-Bonus: wächst »wie Gras« – keine Pflegearbeit
Aussehen: sommergrün; dichte, reichlich beblätterte, kriechende Triebe; Blätter in mehreren Zeilen am Stängel angeordnet, rundlich, fleischig, frischgrün; zahlreiche Blüten, sternförmig, leuchtend gelb
Pflanzen: möglichst im Frühling pflanzen; Boden trocken, sandig bis steinig, unbedingt durchlässig
Pflegen: keine Pflege erforderlich, allenfalls in sehr heißen Sommern etwas gießen oder wuchernde Exemplare mit der Schere eindämmen
Gestalten: als Grasersatz auf trockenen Flächen, zwischen Mauersteinen, auf Mauerkronen, in Aussparungen von Terrassen und Wegen; zusammen mit *Sempervivum*-Arten in flachen Trögen als so genanntes »Mini-Alpinum«

Zitronen-Thymian

Thymus x citriodorus

Höhe/Breite: 10–25 cm/Teppiche
Blütezeit: Juli–August

Pflegeleicht-Bonus: keine Pflege notwendig – wuchert nicht
Aussehen: sommergrüner, flach wachsender Strauch; natürlicher, nicht gezüchteter Bastard, duftet angenehm nach Zitrone; Blätter schmal, rundlich; Blüten in dichten Köpfchen, hellrosa
Pflanzen: auch aus dem Container im Frühling pflanzen; Boden sandig bis steinig, trocken, durchlässig; robust, aber nicht für raues Klima
Pflegen: in heißen Sommern etwas gießen; eventuell erfrorene Zweige im Frühling abschneiden
Gestalten: in Pflanztaschen am Sitzplatz; zwischen Platten, neben Wegen, auch für Einfassungen

Expertentipp

Kombinieren Sie am besten mehrere Sorten mit unterschiedlichen Blattfarben, z. B. 'Aureus' (gelbbunt), 'Golden Dwarf' (hellgrün), 'Silver King' (grausilbern).

Feld-Thymian

Thymus serpyllum

Höhe/Breite: 5–10 cm/Teppiche
Blütezeit: Mai–Oktober

Pflegeleicht-Bonus: keine Pflege notwendig
Aussehen: sommergrüner Halbstrauch; Zweige über den Boden kriechend, Blütentriebe richten sich auf; Blätter klein, schmal, direkt am Stängel sitzend, in Sorten panaschiert, duften beim Zerreiben; Blüten nur wenige Millimeter groß, in dichten Köpfchen, purpurrot
Pflanzen: auch aus dem Container möglichst im Frühling pflanzen; Boden sandig bis steinig, trocken, durchlässig, möglichst leicht sauer
Pflegen: außer gelegentlichem Auslichten keine Pflege notwendig
Gestalten: ideal für sandige Böden, Trockenmauern und Mauerkronen; schön in Kombination mit Steinkraut, Heidenelke, Glockenblume (*Campanula portenschlagiana*)

Gräser für Beete und Steppe

Pampasgras
Cortaderia selloana

Höhe/Breite: 1,2–2,6 m/1,5–1,8 m
Blütezeit: September–Oktober

Pflegeleicht-Bonus: vertretbarer Pflegeaufwand, da prachtvoller und markanter Blickpunkt
Aussehen: sehr dekoratives Gras; horstig wachsend; Blätter grundständig, scharfkantig, bis 2 m lang; Blüten in 50–70 cm hoher Rispe auf geradem Stängel, cremigweiß bis silbrig, sehr lange haltend
Pflanzen: Containerpflanzen ganzjährig; Boden nährstoffreich, frisch, durchlässig, verträgt kurzfristige Trockenheit; volle Sonne
Pflegen: im Spätherbst zu einem Zelt zusammenbinden, mit Laub und Reisig abdecken; im Frühling reichlich organischen Dünger geben und dürre Blätter entfernen
Gestalten: erzielt die beste Wirkung als Solitär zwischen Steppengräsern oder im Vorgarten; auch einzeln in einer Pflanztasche im Kiesbeet

Blauschwingel
Festuca cinerea

Höhe/Breite: 30–60 cm/20–30 cm
Blütezeit: Juni–Juli

Pflegeleicht-Bonus: wuchert nicht
Aussehen: horstig wachsendes Gras; bildet halbkugelige Polster; Blätter nadelschmal, graugrün bis fast blau, bleiben bis zum ersten Raureif im Spätherbst; Blüten in Ähren, auf blattlosen Stängeln, graugrün
Pflanzen: Containerpflanzen ganzjährig; Pflanzabstand 20–30 cm; verträgt keine Nässe, Boden daher mäßig trocken bis sehr trocken, durchlässig, humus- und nährstoffarm, sandig, möglichst neutral bis basisch; volle Sonne
Pflegen: nicht düngen, im Frühling die dürren Blätter entfernen
Gestalten: zwischen anderen Gräsern in Steppen- oder Kiesgärten, in Schwüngen oder kleinen, unregelmäßigen Gruppen (ungerade Zahl von Stauden); wenn der Boden nicht zu sauer ist, auch einzeln oder in Bögen zwischen Heidepflanzen

Goldenes Japangras
Hakonechloa macra

Höhe/Breite: 40–50 cm/50–60 cm
Blütezeit: August–Oktober

Pflegeleicht-Bonus: wuchert nicht
Aussehen: fast halbkugelig erscheinender Horst; Blätter 10–25 cm lang, locker überhängend, rosa bis bronzerote Winterfärbung; Blütenährchen in lockerer, 5–15 cm hoher Rispe auf blattlosen Stängeln
Pflanzen: Containerpflanzen ganzjährig; Boden feucht, nährstoffreich und locker; lichter Baumschatten bis Halbschatten
Pflegen: im Herbst mulchen, in Regionen mit sehr kalten Wintern ist Kälteschutz ratsam; im Frühling sparsam organisch düngen
Gestalten: dekorative Kübelpflanze; zwischen anderen Gräsern oder Farnen; Unterwuchs zwischen höheren Sträuchern

Expertentipp

Erkundigen Sie sich auf jeden Fall nach Sorten mit farbigen Blättern, die sind noch dekorativer.

sonnig | halbschattig | schattig | viel gießen | mäßig gießen

Chinaschilf

Miscanthus sinensis

Höhe/Breite: 1–2,7 m/bis 1 m
Blütezeit: September–Oktober

Pflegeleicht-Bonus: einfache Pflege
Aussehen: horstig wachsendes Gras; Halme aufrecht, fingerdick; Blätter an den Halmen schilfartig, überhängend, grün, in Sorten auch gestreift, gelbe bis rote Herbstfärbung; Blüten in fedrigen, großen Blütenständen, cremig-weiß, silbrig bis braunrot
Pflanzen: Containerpflanzen ganzjährig; jeder normale Gartenboden, frisch bis feucht, nährstoffreich
Pflegen: im Frühling organischen Langzeitdünger geben; in Regionen mit harten Wintern zusammenbinden; verdorrte Blätter abschneiden
Gestalten: Solitär im Rahmen eines Steppen- oder Kiesbeetes, auch für den Vorgarten

Expertentipp

Die bewährte Sorte 'Zebrinus' wird 180 cm hoch. Sie sieht mit ihren gestreiften Blättern zwar sehr gut aus, blüht aber nicht.

Federborstengras

Pennisetum alopecuroides

Höhe/Breite: 40–100 cm/bis 60 cm
Blütezeit: September–Oktober

Pflegeleicht-Bonus: geringer Pflegeaufwand bei herrlicher Blüte
Aussehen: üppige Horste; Blätter 10–12 mm breit, 1 m lang, frischgrün, im Herbst goldgelb bis bräunlich; Blüten in zylindrischen Blütenständen, Grannen fedrig, silbrig weiß bis rötlich braun
Pflanzen: Containerpflanzen ganzjährig; jeder normale Gartenboden, mäßig trocken bis feucht; verträgt weder sehr trockene, sandige noch verdichtete Böden
Pflegen: im Frühling die erfrorenen Blätter abschneiden; gelegentlich düngen; bei längerer Trockenheit gießen; nicht sehr langlebig, daher entweder alle 3–4 Jahre teilen oder neue Exemplare kaufen
Gestalten: einzeln oder in kleinen Gruppen als später Blickpunkt in Steppen- und Kiesbeeten; auch zwischen Stauden; vor Gehölzen, wenn der Standort in der Sonne liegt

Pflegeleichte Ziergräser – groß und klein

Name	Höhe Ansprüche	Blütezeit Blütenform
Mittleres Zittergras (*Briza media*)	etwa 20 cm sonnig bis halbschattig, trocken	Mai–Juli winzige, im Wind zitternde Ähren
Moorreitgras (*Calamagrostis* x *acutifolia* 'Karl Foerster')	bis 180 cm sonnig bis halbschattig, mäßig trocken bis feucht	Juni–Juli breite, fedrige Blütenstände
Seggen (*Carex*-Arten)	bis 150 cm sehr variable Ansprüche, daher für viele Zwecke zu verwenden	ab Mai schmale bis rundliche Blütenstände
Rasenschmiele (*Deschampsia cespitosa*)	bis 100 cm sonnig bis halbschattig, anspruchslos	Juni–September offener, schmaler Blütenstand
Wollgras (*Eriophorum*-Arten)	60–80 cm sumpfige Böden, Wasserrand	ab April weiße, wollige, kugelige Blütenstände
Waldhainsimse (*Luzula sylvatica*)	20–30 cm halbschattig, humusreich, feucht	Mai–Juni dunkelbraune, schmale Blütenstände
Rohrpfeifengras (*Molinia arundinacea*)	bis 250 cm sonnig bis halbschattig, frisch bis feucht	Juli–September große, lockere Blütenstände
Rutenhirse (*Panicum virgatum*)	bis 2 m feuchte, nährstoffreiche Böden	Juli–September lockere Rispen
Silberährengras (*Stipa calamagrostis*)	60–120 cm sonnig, mäßig trocken bis frisch	Juni reich verzweigte, fedrige Blütenstände

Blattschmuck für sonnige Standorte

Weicher Frauenmantel
Alchemilla mollis

Höhe/Breite: 30–50 cm/40–60 cm
Blütezeit: Juni–August

Pflegeleicht-Bonus: einfache Pflege
Aussehen: sommergrüne, außerhalb der Blütezeit fast kuppelförmig wachsende, dichte Staude; Blätter rundlich, gefaltet, an den Rändern eingebuchtet, behaart, stumpfgrün; Blüten sehr klein, aber in 5–8 cm großen, sehr dichten Blütenständen, grün- bis schwefelgelb
Pflanzen: Containerpflanzen ganzjährig; etwa 50 cm Pflanzabstand; jeder Gartenboden, am besten lehmig, frisch, nährstoffreich; verträgt keinen Sand
Pflegen: zusammen mit dem Mulch im Frühling organischen Langzeitdünger verteilen; erfrorene Blätter abschneiden; Verblühtes abschneiden, dann wächst er kompakter
Gestalten: guter Bodendecker zwischen Sträuchern (nicht für kleine Gärten, da Selbstaussaat!); Wegbegrenzung; Einfassung oder zwischen roten oder blauen Stauden; sogar in nicht zu trockenen Grasbeeten

Silber-Edelraute
Artemisia ludovciana 'Silver Queen'

Höhe/Breite: 60–70 cm/bis 100 cm
Blütezeit: Juli–August

Pflegeleicht-Bonus: sehr robust – breitet sich schnell aus
Aussehen: sommergrüne Staude; kriechender Wurzelstock; einfache, aufrechte Stängel, die sich nur im Blütenbereich verzweigen; Blätter schmal, bis 12 cm lang, beiderseits intensiv weiß-silbrig behaart; Blütenköpfchen sehr klein, blassgelb in dichtem, verzweigtem Blütenstand; in verschiedenen silberblättrigen Sorten erhältlich
Pflanzen: Containerpflanzen ganzjährig; möglichst trockener, durchlässiger Gartenboden, beim Einpflanzen Sand beimischen
Pflegen: mit Kies mulchen, kein Winterschutz erforderlich
Gestalten: attraktive Blattschmuckstaude zwischen Gräsern in Steppen- oder Kiesgärten; an sonnigen Hängen; hübsch zwischen pastellfarbenen Stauden (wegen der starken Ausbreitung dann aber besser in einen Kübel setzen)

Altai-Bergenie
Bergenia cordifolia

Höhe/Breite: 30–40 cm/40–50 cm
Blütezeit: April–Mai

Pflegeleicht-Bonus: vollkommen anspruchslos – für Problemstandorte
Aussehen: wintergrüne Staude; flach wachsend; Blätter liegen teilweise dem Boden an; Blätter groß, fleischig, wachsartig glänzend; Blütenstand auf kahlem Stängel, Blüten 2–3 cm breit, hell- bis dunkelrosa
Pflanzen: nicht zu spät im Herbst; etwa 40 cm Pflanzabstand; anspruchslos an den Boden, mäßig trocken bis frisch; ideal ist Halbschatten, verträgt aber auch etwas Sonne oder Schatten
Pflegen: mulchen mit Kompost und organischem Langzeitdünger
Gestalten: zwischen Steinen, an Hängen; als Bodendecker zwischen Gehölzen

Expertentipp

Die schönen, im Herbst rötlich verfärbten Blätter kommen am besten aus der Entfernung zur Geltung.

sonnig | halbschattig | schattig | viel gießen | mäßig gießen

Purpurglöckchen
Heuchera-Hybriden

Höhe/Breite: 40–70 cm/40–50 cm
Blütezeit: Mai–Juli

Pflegeleicht-Bonus: bis auf Kontrolle der Ausbreitung pflegeleicht
Aussehen: in nicht zu kalten Regionen wintergrüne Staude; dichter, polsterförmiger Wuchs; Blätter herzförmig, gelappt, auch rote oder heller gezeichnete Sorten; Blüten glöckchenförmig, bis 15 mm breit, in lockeren, schmalen Blütenständen, weiß, rosa bis karminrot
Pflanzen: Containerpflanzen ganzjährig, aber nicht zu spät im Herbst; 30–40 cm Pflanzabstand; guter Gartenboden, locker, humusreich, lehmig, durchlässig, ggf. Humus ins Pflanzloch einarbeiten
Pflegen: im Sommer bei Trockenheit gießen; in Regionen mit rauen Wintern mit Fichtenreisig abdecken
Gestalten: ungewöhnlicher Bodendecker zwischen höheren Sträuchern; auch im Hintergrund von höheren Stauden; Gruppen aus Sorten mit unterschiedlichen Blättern ergeben ein sehr schönes Bild

Tüpfelfarn
Polypodium vulgare

Höhe/Breite: 20–30 cm/60–80 cm
Blütezeit: keine Blütenpflanze

Pflegeleicht-Bonus: robuster Farn – eignet sich für viele Standorte
Aussehen: sommergrüne Staude; Wurzelstock an der Oberfläche kriechend; junge Wedel niederliegend, später aufsteigend, frischgrün
Pflanzen: möglichst im Frühjahr (bei Herbstpflanzungen Winterschutz für den Wurzelstock); Boden locker, humusreich, sauer bis pH 8,5; verträgt zwar keine direkte Sonne, aber sonnigen Gehölzschatten
Pflegen: Boden mit Kompost abdecken; im Herbst Laub um die Pflanze verteilen; regelmäßig gießen
Gestalten: in kleinen Gruppen zwischen Gehölzen; am helleren Rand von Farnbeeten, zwischen Gräsern

Expertentipp

Wenn der Standort stimmt (luftfeucht, humushaltig), haben Sie mit dem Tüpfelfarn einen sehr pflegeleichten Farn für Ihren Garten.

Wollziest
Stachys byzantina

Höhe/Breite: 10–30 cm/30–40 cm
Blütezeit: Juli–August

Pflegeleicht-Bonus: geringer Pflegeaufwand – breitet sich schnell aus
Aussehen: sommergrüne Staude; bildet kriechende Ausläufer; Stängel aufrecht; Blätter breitoval, dicht und filzig weiß behaart; Blüten in walzenförmigen Blütenständen, unauffällig, blassrosa
Pflanzen: im Frühling einpflanzen, Wurzelbarriere einrichten; Boden trocken bis frisch, durchlässig, nährstoffarm, ggf. beim Pflanzen reichlich Sand zugeben; nicht düngen
Pflegen: Ausbreitung kontrollieren und rechtzeitig unerwünschte Ausläufer abschneiden
Gestalten: in Steingärten und auf Trockenmauern; zwischen Gräsern in Steppen- und Kiesgärten; in Kübeln auch zwischen mediterranen Kräutern wie Lavendel, Salbei oder Rosmarin; die filzig weißen Blätter passen zu allen Pastelltönen

Blattschmuck für schattige Standorte

Hirschzungenfarn
Asplenium scolopendrium

Höhe/Breite: 20–40 cm/20–30 cm
Blütezeit: keine Blütenpflanze

Pflegeleicht-Bonus: für basische Böden mit vertretbarem Pflegeaufwand
Aussehen: in milden Regionen wintergrüne Staude; Wurzelstock kriechend oder aufrecht; Wedel schmal, zungenartig, am Rand gewellt, aufrecht, frischgrün
Pflanzen: Spätfrühling; 20–30 cm Pflanzabstand; Boden humusreich, auf jeden Fall durchlässig, aber nicht trocken, frisch bis feucht, neutral bis kalkhaltig; verträgt unter lichten Gehölzen auch etwas Sonne
Pflegen: im Frühling erfrorene Wedel entfernen; im Sommer gießen; Boden mit lockerem Kompost oder Laub abdecken
Gestalten: attraktiv zwischen anderen Farnen, aber nicht auf ausgesprochen sauren Böden; als lockerer Bodendecker in Strauch- oder Waldbeeten; vor Mauern (nicht im Regenschatten)

Tafelblatt
Astilboides tabularis

Höhe/Breite: 60–100 cm/bis 150 cm
Blütezeit: Juni

Pflegeleicht-Bonus: bei genügend Platzangebot fast keine Pflege
Aussehen: sommergrüne Staude von fast tropischer Üppigkeit; breitet sich über kriechendes Rhizom aus; Blätter schildförmig, aufrecht an langen Stielen, bis 60 cm Durchmesser, Rand unregelmäßig eingebuchtet; Blüten klein, aber in dichten Rispen, cremeweiß
Pflanzen: Containerpflanzen ganzjährig; Pflanzabstand 1–2 m; Boden frisch bis feucht, locker, humusreich
Pflegen: im Frühling reichlich mit Kompost mulchen, gleich Langzeitdünger beimischen
Gestalten: unter Bäumen; zwischen Sträuchern an Teichrändern oder neben Bachläufen

Expertentipp

Pflanzen Sie das Tafelblatt nur in Gärten, in denen es sich ausbreiten kann – sonst macht es zu viel Arbeit!

Japan-Segge
Carex morrowii

Höhe/Breite: 40–50 cm/30–40 cm
Blütezeit: April–Mai

Pflegeleicht-Bonus: am richtigen Standort pflegeleicht
Aussehen: immergrüne, horstartig wachsende Staude; bildet aber kurze Ausläufer; Blätter breit, ledrig, zugespitzt, locker bogenförmig überhängend; Sorte 'Variegata' mit weißen Streifen; Blütenstände kurz, kaum die Blätter überragend
Pflanzen: Containerpflanzen ganzjährig; Pflanzabstand 50 cm; jeder normale Gartenboden, frisch bis feucht, verträgt jedoch weder Staunässe noch Trockenheit
Pflegen: gelegentlich organisch düngen; bei Sommertrockenheit gießen
Gestalten: zwischen lichten Gehölzen; im schattigeren Bereich eines Steppen- oder Kiesbeetes; vor Mauern; interessant im Wechsel mit Farnen unter Bäumen

Funkie

Hosta-Arten, *Hosta*-Hybriden

Höhe/Breite: bis 120 cm/30–100 cm
Blütezeit: Juni–August

Pflegeleicht-Bonus: problemlos, bis auf Schnecken im Frühling – sehr langlebige Staude
Aussehen: sommergrüne, horstartig wachsende Staude; Blätter gestielt, einander überdeckend, ein- oder mehrfarbig (Grünblatt-, Weißblatt-, Gelbblatt- und Blaublattfunkien), glatt, gewellt oder strukturiert; zahlreiche Blüten auf blattlosen Stängeln in Trauben, weiß, hellviolett bis lilablau, purpurn
Pflanzen: Containerpflanzen ganzjährig; Abstand je nach Sortenbreite; Boden frisch, lehmig, humusreich, neutral bis schwach sauer
Pflegen: im Frühling mulchen; gelegentlich organisch düngen; beim Austrieb auf Schnecken achten
Gestalten: in Gruppen mit verschiedenen Blattzeichnungen bzw. -färbungen pflanzen; unter Gehölzen; vor Mauern; an Teichrändern; zusammen mit Farnen oder Waldstauden unter Bäumen

Straußenfarn

Matteuccia struthiopteris

Höhe/Breite: 60–140 cm/ bis 1 m
Blütezeit: keine Blütenpflanze

Pflegeleicht-Bonus: nicht ganz so pflegeleicht, da er stark wuchert
Aussehen: wintergrüne Staude mit markanter Wuchsform; breitet sich intensiv durch Ausläufer aus; Wedel doppelt gefiedert, bilden trichterförmige Horste, frischgrün
Pflanzen: optimal ist der Herbst, da der Straußenfarn im Folgejahr früh austreibt; Pflanzabstand mindestens 60–80 cm, Wurzelsperre eingraben; Boden locker, humusreich, frisch bis feucht, aber nicht staunass
Pflegen: im Frühling mulchen; im Sommer reichlich gießen; Ausläufer kontrollieren; alle paar Jahre teilen
Gestalten: im lichten Schatten unter kräftigen Gehölzen; vor Mauern oder Zäunen

Expertentipp

Der Straußenfarn ist nicht für kleine Gärten oder Flächen geeignet, da er stark wuchert.

Schaublatt

Rodgersia podophylla

Höhe/Breite: 80–180 cm/60–75 cm
Blütezeit: Juni–Juli

Pflegeleicht-Bonus: bis auf das Gießen sehr pflegeleicht
Aussehen: sommergrüne Staude; horstartiger Wuchs; Blätter lang gestielt, bis 50 cm breit, handförmig eingeschnitten, im Austrieb braunrot bis bronzefarben, dann dunkelgrün, im Herbst gelbrot; Blüten klein, rahmweiß, in 50 cm hohen Rispen über den Blättern
Pflanzen: Containerpflanzen ganzjährig; Pflanzabstand ca. 1 m; Pflanzloch und Umgebung gut mit Humus anreichern; Boden durchlässig, locker, nährstoff- und humusreich, frisch bis feucht
Pflegen: im Frühling erfrorene Teile entfernen, mulchen und organischen Langzeitdünger geben; im Sommer gießen
Gestalten: guter Solitär für Schattenbeete; in Gruppen unter Bäumen; an Teichrändern; in sehr großen Gärten mit Bäumen auch als Bodendecker

Pflanzen für feuchte Standorte

Sumpfdotterblume

Caltha palustris

Höhe/Breite: 20–30 cm/40–50 cm
Blütezeit: März–Juni

Pflegeleicht-Bonus: anspruchslos und pflegeleicht
Aussehen: sommergrüne Staude mit üppiger Blüte; wächst sowohl kriechend als auch horstig; Blätter rundlich bis herzförmig, frischgrün; Blüten einzeln, dicht, leuchtend dottergelb, in der Art einfache, bei einigen Sorten (z. B. 'Multiplex', 'Flore Pleno') auch gefüllte Formen
Pflanzen: Spätfrühling; Pflanzabstand 30–40 cm; Boden frisch bis feucht, lehmhaltig
Pflegen: keine Pflege notwendig
Gestalten: an Teichen; neben Bachläufen; in feuchten Bereichen des Gartens; auch zwischen lichten Gehölzen, wenn der Boden lehmig und feucht ist

Expertentipp

Geben Sie der Sumpfdotterblume keinen zu dunklen Standort, sonst bildet sie zu lange Triebe.

Zwerg-Mädesüß

Filipendula palmata 'Nana'

Höhe/Breite: 20–60 cm/40–50 cm
Blütezeit: Juli–August

Pflegeleicht-Bonus: bis auf das Gießen kaum Pflege notwendig
Aussehen: sommergrüne, sehr natürlich wirkende Staude; lockerer Wuchs mit aufrechten Stängeln, verzweigt; Blätter handförmig gefiedert, unterseits weiß behaart; Blüten winzig, aber in großen, dichten, fedrigen Blütenständen, tiefrosa
Pflanzen: ab April pflanzen; Pflanzabstand 30–40 cm; Boden frisch bis feucht bis nass, locker, nährstoffreich, lehmig bis tonig
Pflegen: Stängel im Herbst oder Vorfrühling zurückschneiden; zur Zeit des stärksten Wachstums (Spätfrühling bis Frühsommer) reichlich gießen, im Sommer feucht halten
Gestalten: am Ufer von Teichen; im feuchten Bereich einer Wiese; neben Bachläufen; sehr schön in Kombination mit Blutweiderich, Frauenmantel, Pfennigkraut oder Seggen

Sumpfschwertlilie

Iris pseudacorus

Höhe/Breite: 80–100 cm/30–40 cm
Blütezeit: Mai–Juli

Pflegeleicht-Bonus: am richtigen Standort keine Pflege notwendig
Aussehen: sommergrüne Staude mit kriechendem Wurzelstock; Stängel und Blätter bilden Horste; Blätter steif aufrecht, schwertförmig; Blüten zu mehreren am Stängelende, groß, gelb; schwach giftig
Pflanzen: Rhizome nach April/Mai flach in den Boden legen und mit Erde bedecken; Boden frisch bis feucht, locker, nährstoffreich
Pflegen: wandert das Rhizom aus, sollte es geteilt werden
Gestalten: braucht unbedingt einen feuchten Standort neben einem Teich oder einem Bachlauf, kann sogar ins Wasser abwandern; auch im Randbereich einer feuchten Wiese

Expertentipp

Wenn genügend Platz vorhanden ist, sollten Sie die Sumpfschwertlilie völlig ungestört lassen.

sonnig | halbschattig | schattig | viel gießen | mäßig gießen

Blutweiderich
Lythrum salicaria

Höhe/Breite: 70–120 cm/50–60 cm
Blütezeit: Juli–September

Pflegeleicht-Bonus: anspruchslos und pflegeleicht – sät sich selbst aus
Aussehen: sommergrüne Staude; horstartiger Wuchs, kurzer Wurzelstock; Stängel aufrecht, starr, vierkantig; Blätter schmal, am Grund abgerundet; Blüten klein, aber in bis zu 25 cm hohen walzenförmigen Blütenständen, purpurrot
Pflanzen: Containerpflanzen ganzjährig; Boden frisch bis feucht, auch nass, jeder normale, nährstoffreiche Gartenboden
Pflegen: alte Stängel im Spätherbst oder Frühling abschneiden; auf überzählige Sämlinge achten
Gestalten: im Hintergrund von etwas feuchten Beeten; an Teichen und Bächen; zwischen lichten Sträuchern

Expertentipp

Den Blutweiderich und seine Sorten finden Sie im Gartencenter in der Regel bei den Teichpflanzen.

Sumpfblutauge
Potentilla palustris

Höhe/Breite: 40–50 cm/Teppiche
Blütezeit: Mai–Juli

Pflegeleicht-Bonus: anspruchslos – keine Pflege notwendig
Aussehen: sommergrüne Staude; mit langem, kriechendem Wurzelstock, verholzend; Stängel niederliegend bis aufsteigend; Blätter länglich, gefiedert, oberseits dunkelgrün, glänzend, unterseits silbrig behaart; Blüten 1–2 cm groß, dunkelrot, in lockeren Blütenständen
Pflanzen: Wurzelstock im April oder Herbst schräg in die Erde setzen; Boden feucht bis sumpfig, auch überschwemmt, sauer, meidet Kalk
Pflegen: keine Pflege notwendig
Gestalten: Bodendecker für den Teichrand und an Bachläufen; auch für feuchte Stellen im Garten; kann sich aber nicht gegen stark wachsende Nachbarn durchsetzen

Weitere pflegeleichte Pflanzen für feuchte Standorte

Name	Höhe Wuchsform	Blütenfarbe Blütezeit
Sumpf-Schafgarbe (*Achillea ptarmica*)	30–100 cm Ausläufer bildend	weiß Juli–August
Rote Seidenpflanze (*Asclepias incarnata*)	80–120 cm horstartig	violett Juli–September
Schlangenkopf (*Chelone obliqua*)	70–90 cm mäßig Ausläufer bildend	rosarot Juni–Oktober
Schwalbenwurz-Enzian (*Gentiana asclepiadea*)	40–60 cm horstartig	blau August–September
Japanische Sumpfschwertlilie (*Iris-Kaempferi*-Hybriden)	bis 70 cm horstartig	viele Farben Juni–Juli
Kardinalslobelie (*Lobelia cardinalis*)	60–100 cm horstartig	rot Juli–September
Gelbe Gauklerblume (*Mimulus luteus*)	30–40 cm Ausläufer bildend	gelb Juni–September
Sumpf-Vergissmeinnicht (*Myosotis palustris*)	20–30 cm schwach Ausläufer bildend	himmelblau Mai–September
Sumpf-Herzblatt (*Parnassia palustris*)	10–20 cm horstartig	weiß August–Oktober
Tibet-Primel (*Primula florindae*)	20–25 cm horstartig	gelb Juli–August
Akeleiblättrige Wiesenraute (*Thalictrum aquilegifolium*)	80–120 cm horstartig, üppig	zartrosa Mai–Juli
Trollblume (*Trollius europaeus*)	30–50 cm horstartig	gelb Mai–Juni
Sumpf-Veilchen (*Viola palustris*)	5–10 cm Polster bildend	violett April–Mai

Salate & Co.

Mangold

Beta vulgaris ssp. *cicla*

Höhe/Breite: 30–40 cm/20–30 cm
Erntezeit: bis in den Herbst

Pflegeleicht-Bonus: anspruchslos – passt auch in Blumenbeete
Aussehen: Blattschmuckstaude; Blätter aufrecht, in Rosette; breiter, markanter, bei einigen Sorten auch roter oder gelber Stiel, Blattspreite gewellt
Pflanzen: Aussaat April–Juni in Reihen mit 30–40 cm Abstand; Pflanzenabstand 20–30 cm oder einzeln zwischen Stauden; Boden humus- und nährstoffreich
Pflegen: kann im Winter mit Laub abgedeckt werden, treibt dann im Frühling wieder aus
Ernten: Ernte der äußeren Blätter, ohne die Pflanze zu entfernen

Expertentipp

Sie können Mangold im Beet auch als Blattschmuckstaude verwenden. Die Sorte 'Vulkan' z. B. hat leuchtend rote Blattstiele. Im Angebot sind auch Samenmischungen mit verschiedenfarbigen Blattstielen.

Zucchini

Cucurbita pepo

Höhe/Breite: 40–50 cm/1 m
Erntezeit: Sommer

Pflegeleicht-Bonus: etwas pflegeaufwendig, aber sehr gute Ernte
Aussehen: weiche Triebe, ausladend wachsend; große, gewellte und teilweise gemusterte Blätter an langen Stielen; große, trichterförmige Blüten, gelb, essbar; Früchte gurkenförmig, walzen- bis keulenförmig, grün, gelb, auch zweifarbig
Pflanzen: weniger Arbeit machen gekaufte Jungpflanzen; nach den letzten Frösten ins Freie pflanzen; Boden humus- und nährstoffreich; Zucchini brauchen mindestens 1 m^2 Platz und dulden keine Nachbarn neben sich
Pflegen: Jungpflanzen mit Kompost versorgen; organischer Sofortdünger zu Beginn der Fruchtbildung; bei Trockenheit gießen
Ernten: Früchte nach Bedarf ernten, junge Früchte (Bananengröße) schmecken zarter als ältere; nicht zu lange an der Pflanze lassen (faulen leicht und sind dann ungenießbar)

Rauke, Rucola

Eruca sativa

Höhe/Breite: ca. 20 cm/20–30 cm
Erntezeit: Frühsommer bis Herbst

Pflegeleicht-Bonus: geringer Pflegeaufwand – lange Erntezeit
Aussehen: horstartig wachsend; Blätter lappig, erinnern in der Form an Löwenzahn; Blüten unscheinbar, weiß, ab Sommer
Pflanzen: ab März direkt ins Beet säen, Reihen von 20 cm Abstand; Aussaat gestaffelt bis September möglich; Boden frisch, locker, sonst anspruchslos
Pflegen: gleichmäßig feucht halten
Ernten: Blätter nach Bedarf ernten und stets frisch verwenden (schmecken etwas scharf, wie Radieschen); hübsch in Kombination mit anderen, farbigen Salaten

Expertentipp

Rucola bildet in trockenem Boden mehr Blüten aus, was dann allerdings auf Kosten der schmackhaften Blätter geht.

sonnig | halbschattig | schattig | viel gießen | mäßig gießen

Pflücksalat

Lactuca sativa var. *crispa*

Höhe/Breite: 25–30 cm/ca. 30 cm
Erntezeit: bis zum Herbst

Pflegeleicht-Bonus: bis auf Gießen pflegeleicht bei reicher Ernte
Aussehen: kopfartiges Wachstum; Blätter gewellt oder kraus, verschiedene Grün- oder Rottöne; je nach Sorte recht variabel
Pflanzen: Aussaat ins Freiland ab März (siehe Samentütchen); Boden humusreich, locker
Pflegen: im Sommer regelmäßig gießen; Salatpflänzchen auf einen Abstand von etwa 30 cm vereinzeln
Ernten: jeweils einzelne Blätter von außen her abpflücken; »geschossene« Salate (mit Blütentrieb) nicht mehr verwenden (bitter)

Expertentipp

Die farbigen und krausblättrigen Formen (z. B. Eichblattsalat, Lollo Rosso) eignen sich auch als Blattschmuck neben anderen Stauden im Beet oder in Kästen und Kübeln.

Radieschen

Raphanus sativus var. *sativus*

Höhe/Breite: 20–25 cm/10–15 cm
Erntezeit: bis in den Herbst hinein

Pflegeleicht-Bonus: geringer Pflegeaufwand – kurze Entwicklungszeit
Aussehen: Blätter lang gestielt, rundlich, in einer Rosette; die kleine Knolle ragt etwas aus dem Boden; es gibt mehrere rote, runde, aber auch gelbe und weiße, längliche und größere Sorten ('Eiszapfen')
Pflanzen: ab Mitte März–September immer wieder direkt ins Beet säen; nach dem Auflaufen auf etwa 15 cm Abstand vereinzeln; normaler Gartenboden, locker, humusreich
Pflegen: Boden regelmäßig lockern; stets leicht feucht halten
Ernten: 4–6 Wochen nach der Saat kann schon geerntet werden

Expertentipp

In Reihe gesät, können Sie Radieschen auch bis zur Ernte als Beetbegrenzung einsetzen.

Noch mehr pflegeleichte Salate und Gemüse

Name	Standort	Erntegut Erntezeit
Asiasalate	sonnig	Blätter ab Frühsommer
Blumenkohl	sonnig	Blütenstand ab Sommer
Brokkoli	sonnig bis halbschattig	Blütenstand ab Sommer
Eissalat	sonnig	ganze Köpfe ab Frühsommer
Endiviensalat	sonnig bis halbschattig	ganze Köpfe ab Herbst
Erdbeerspinat	sonnig bis halbschattig	Blätter ab Sommer
Feldsalat	sonnig bis halbschattig	ganze Blattrosetten ab Herbst
Gurke	sonnig	Früchte ab Sommer
Kohlrabi	sonnig bis halbschattig	oberirdische Sprossknolle ab Sommer
Kopfsalat	sonnig bis halbschattig	ganze Köpfe ab Frühsommer
Löffelkraut	sonnig bis halbschattig	Blätter ab Frühsommer
Rhabarber	sonnig bis halbschattig	Blattstiele ab Frühsommer
Römischer Salat	sonnig	ganze Köpfe ab Frühsommer
Rote Bete	sonnig bis halbschattig	oberirdische Rübe ab Sommer
Winterportulak	sonnig bis halbschattig	einzelne Blätter ab Spätherbst

Köstliche Früchtchen

Erdbeere

Fragaria x *ananassa*

Höhe/Breite: 20–30 cm/20–25 cm
Erntezeit: Ende Mai–Oktober

Pflegeleicht-Bonus: nicht ganz so pflegeleicht, dafür köstlicher, erntefrischer Fruchtgenuss
Aussehen: mehrjährige, kleine Staude mit Blattrosette; Ausläufer bildend; Monatserdbeeren auch als Hängeformen; Blüte klein, weiß; Früchte rot
Pflanzen: Pflänzchen aus der Gärtnerei Ende Juli–Anfang August ins Freiland; vorgezogene Monatserdbeeren für Erdbeertöpfe ab Frühsommer; lockerer, humusreicher Gartenboden
Pflegen: regelmäßig gießen; vor der Fruchtzeit Boden mit Stroh bedecken; nach der Blüte Laub entfernen
Ernten: je nach Sorte ab Mai (Vorjahrespflanzung)

Expertentipp

Für den Einstieg empfehle ich Ihnen die mehrfach tragenden Monatserdbeeren für Erdbeertopf oder Ampel.

Jostabeere

Ribes x *nidigrolaria*

Höhe/Breite: 1,5–1,8 m/1,5–2,5 m
Erntezeit: Juli

Pflegeleicht-Bonus: anspruchslos – bis auf den Schnitt pflegeleicht
Aussehen: Kreuzung aus Schwarzer Johannisbeere und Stachelbeere; lockerer Strauch ohne Dornen; Früchte tiefbraun bis schwarzrot
Pflanzen: auch aus dem Container im Herbst oder Frühling pflanzen, dabei Triebe auf ca. 5 Knospen pro Trieb einkürzen; Boden tiefgründig, durchlässig, nährstoffreich; verträgt weder Trockenheit noch Staunässe
Pflegen: der Boden sollte stets von Mulch bedeckt sein; ab dem 3. Jahr nach der Ernte sehr alte Triebe entfernen und auslichten, 8–12 Hauptäste sollten stehen bleiben
Ernten: vollreife Früchte

Expertentipp

Jostabeeren sind sehr widerstandsfähig gegenüber Krankheiten (z. B. Mehltau) und Gallmilben.

Rote Johannisbeere

Ribes rubrum

Höhe/Breite: 1–1,5 m/1–1,3 m
Erntezeit: Juli–August

Pflegeleicht-Bonus: bis auf den Schnitt relativ pflegeleicht
Aussehen: Strauch mit aufrechten Zweigen; auch als Hoch- oder Halbstämmchen erhältlich; rote und fast weiße Beeren
Pflanzen: auch aus dem Container möglichst im Herbst oder Frühling pflanzen; etwas tiefer einpflanzen als im Container, um die Neubildung von Trieben zu fördern; vollsonnige Lage fördert den Fruchtansatz; geschützt vor kalten Winden; Boden nährstoffreich, humusreich, locker, leicht sauer, nicht zu schwer
Pflegen: Boden mit Mulch bedeckt halten; nach der Ernte die jeweils ältesten Triebe (dunkle Rinde) am Boden abschneiden und genauso viele Neutriebe stehen lassen
Ernten: frühe Sorten (z. B. 'Heros') werden etwa im Juli, späte Sorten (z. B. 'Heinemanns Rote Spätlese') ab August geerntet

sonnig | halbschattig | schattig | viel gießen | mäßig gießen

Stachelbeere

Ribes uva-crispa

Höhe/Breite: 50–100 cm/50–120 cm
Erntezeit: Juli–August

Pflegeleicht-Bonus: bis auf den Schnitt vertretbarer Pflegeaufwand
Aussehen: lockerer Strauch; Triebe bestachelt; auch als Hochstämme erhältlich; Blüten unscheinbar grünlich-weiß; Beeren grün, rot oder gelb
Pflanzen: auch aus dem Container möglichst im Herbst oder Frühling; Boden nährstoff- und humusreich; nicht direkt in die pralle Sonne
Pflegen: der Boden sollte stets mit Mulch bedeckt sein; bei Trockenheit gießen; jeweils die ältesten Triebe abschneiden und 2–3 Neutriebe stehen lassen; insgesamt braucht der Strauch 8–10 Gerüstäste
Ernten: vollreife Früchte zum Sofortverzehr; unreife, grüne Früchte zu Kompott verarbeiten

Expertentipp

Der Fruchtansatz wird besser, wenn Sie zwei verschiedene Sorten anpflanzen.

Himbeere

Rubus idaeus

Höhe/Breite: 0,8–2,5 m/bis 2 m
Erntezeit: Juli–September

Pflegeleicht-Bonus: etwas pflegeaufwendig, dafür viele leckere Früchte
Aussehen: lockerer Strauch mit langen, rutenartigen Zweigen; frei stehend oder am Spalier; stachellos; einmal oder zweimal fruchtende Sorten erhältlich; Früchte hellrot oder gelb, weich
Pflanzen: auch aus dem Container möglichst im Herbst pflanzen; Boden locker, humusreich, tiefgründig; verträgt weder Staunässe noch verdichtete Böden; windgeschützt
Pflegen: Boden mit Mulch bedeckt halten; Jungtriebe locker an ein Drahtspalier binden; abgeerntete Triebe einmal blühender Sorten dicht über dem Boden abschneiden, zweimal tragende Sorten im Frühling beschneiden; ein Himbeerstrauch braucht etwa 5–10 Triebe, die im Folgejahr tragen
Ernten: einmal tragende Sorten im Juli, zweimal tragende nochmals im August oder September

Brombeere

Rubus sect. *Rubus*

Höhe/Breite: bis 4 m/bis 4 m
Erntezeit: Juli–Oktober

Pflegeleicht-Bonus: bis auf den Schnitt relativ pflegeleicht
Aussehen: frei wachsender Strauch; rankende Sorten mit langen Trieben; auch am Spalier; einige Sorten (z. B. 'Thornless Evergreen') stachellos
Pflanzen: auch aus dem Container möglichst im März/April; Zweige nach der Pflanzung auf 20–30 cm kürzen; windgeschützt; Boden humusreich, locker, feucht, leicht sauer
Pflegen: Boden mit Mulch bedeckt halten; pro Jahr etwa 5–6 Jungtriebe stehen lassen; Seitentriebe im Sommer auf wenige Augen kürzen; abgeerntete Triebe nach der Ernte dicht über dem Boden abschneiden
Ernten: erntereif, wenn sich die Früchte leicht ablösen lassen

Expertentipp

Brombeeren brauchen zwar einige Aufmerksamkeit beim Schnitt, sind aber wenig krankheitsanfällig.

Den Garten gestalten

Gestalten mit Pflanzen

Eine Pflanze ist eine Pflanze ist eine Pflanze – so ein etwas abgewandeltes Zitat von Getrude Stein. Wie also soll eine »pflegeleichte Gestaltung« mit Pflanzen aussehen?
Nicht nur die Anlage, auch die Gestaltung eines pflegeleichten Gartens beginnt mit Arbeit. Allerdings weniger mit körperlicher Anstrengung (das oft zitierte »Schuften«), sondern vielmehr mit genauer Planung und Überlegung. Nur wer clever auswählt und gezielt pflanzt, darf später einen pflegeleichten Garten genießen.

Die Gestaltung eines Gartens ist ein komplexer Prozess, in den viele Überlegungen und vor allem persönliche Vorlieben einfließen. Die scheinbare Leichtigkeit, mit der ein Gartenarchitekt einen ersten Plan auf das Papier wirft, ist die Frucht seiner Ausbildung und Erfahrung. Er kann den Gestaltungsprozess in relativ kurzer Zeit vollenden, weil er den Überblick hat, welche Möglichkeiten ein bestimmtes Gartengrundstück bietet.
Für einen Laien stellt sich diese Aufgabe völlig anders dar: Gliederung des Gartengrundstücks, Wahl des Gartenthemas, Gestaltung der verschiedenen Gartenbereiche, Auswahl von Material und Pflanzen – all das erfordert jeweils schwierige Entscheidungen. Für ein optimales Endprodukt, den schönen und pflegeleichten Garten, lohnt sich aber im Vorfeld jede Mühe.

Geschickt kombinieren

Im pflegeleichten Garten kommt es darauf an, Pflanzen-Kombinationen zu finden, die sich auch ohne aufwändige Pflege über einen längeren Zeitraum optimal präsentieren. Das Zusammenspiel von Strauchgehölzen oder Bäumen mit blühenden Stauden und Zwiebelpflanzen gehört daher zu den wichtigsten Gestaltungselementen des pflegeleichten Gartens. Die Gehölze geben dem Garten Struktur, sie sorgen für Höhe und Abwechslung, während die Blüten der Zwiebelpflanzen zu bestimmten Zeiten des Jahres bunte Farbkleckse auf die untere Ebene malen.

- Werden Sie zum Experten Ihres eigenen Gartens. Kaufen Sie Ihre Pflanzen bewusst und nur nach guter Beratung, insbesondere die relativ teuren Gehölze. Scheuen Sie sich nicht, Fehlentscheidungen zu revidieren.
- Leben Sie am Anfang ruhig mit einigen »Lücken« in der Bepflanzung, die erst dann aufgefüllt werden, wenn Sie ganz sicher sind, was optimal zu Ihnen, dem Standort und in Ihr geplantes Gartenkonzept passt.

Nach Fahrplan zum pflegeleichten Garten

Bei der Gestaltung des Gartens gibt es zwei Ausgangssituationen: die Neuanlage oder die Umgestaltung eines bereits vorhandenen Gartens.

- Bei der Neuanlage gehen Sie am besten von der gesamten Fläche aus. Am Anfang der Planung steht daher die Wahl eines Gartenthemas, das sich mit möglichst geringem Aufwand über die Jahre aufrechterhalten lässt. Dieses Thema bestimmt die Auswahl der wichtigsten Pflanzen oder Pflanzengruppen. Danach folgen die Gliederung des Gartens und die Gestaltung der einzelnen Gartenbereiche. Sie können den Garten aber auch zuerst in unterschiedliche Bereiche gliedern und dann jedem Bereich ein Thema geben. Aber denken Sie daran: Je größer die thematische Vielfalt, desto größer der Arbeitsaufwand!
- Bei der Umgestaltung eines vorhandenen Gartens steht die Analyse im Vordergrund: Was kann unverändert übernommen werden? Ist die bestehende Gliederung in Ordnung oder soll sie verändert werden? Welche Pflanzen machen zu viel Arbeit und sollten ausgetauscht werden? Erst wenn Gliederung und Thema festgelegt und alle Bodenvorbereitungen abgeschlossen sind, folgt die Auswahl der Pflanzen für die Gestaltung.

Immer schön: Blattschmuck

Alle Stauden, die auch außerhalb der Blütezeit mit hübschen Blattfarben und -formen überzeugen, eignen sich hervorragend für den pflegeleichten Garten. Sie verschönern nicht nur sonnige Bereiche (siehe Seite 106/107), es gibt auch eine Fülle von Blattschmuckstauden für halbschattige und sogar schattige Standorte (siehe Seite 108/109). Zu den absoluten Klassikern gehören Funkien, Farne, Bergenien, Frauenmantel, Tafelblatt und Schaublatt. Informieren Sie sich im Fachhandel, in Katalogen oder im Internet über das reichhaltige Angebot an Blattschmuckstauden für verschiedenste Standorte.

Beherrschende Gestaltungselemente: Gehölze

Im konventionellen Garten sind die Gehölze oft nur isolierte Blickpunkte in einem Meer von Blumen. Im pflegeleichten Garten werden sie dagegen allein oder als Gruppe zu beherrschenden Elementen der Gestaltung.

- Gehölze nehmen mehr Raum ein als Stauden. Damit brauchen Sie für ein einziges Gehölz – selbst wenn es beschnitten werden muss – merklich weniger Pflegeaufwand als für 5–10 Stauden auf derselben Fläche.
- Gehölze sorgen für Höhe und damit für Abwechslung. Die Blüten, Blätter und Früchte werden »dreidimensional« präsentiert, nicht nur in der Beetfläche.
- Dank ihrer Wuchsform und oftmals auch farbigen Rinde haben nicht nur immergrüne Gehölze auch in der kalten Jahreszeit etwas zu bieten.
- Entscheiden Sie sich für eine »gesunde« Mischung aus immergrünen und Laub abwerfenden Gehölzen. Gärten mit einem Anteil von mehr als einem Drittel Immergrünen wirken meist etwas starr, weil ihnen der jahreszeitliche Wechsel fehlt. Außerdem kommen nur wenige Staudenarten mit den Bedingungen unter immergrünen Gehölzen zurecht, was insbesondere in älteren Gärten zu kahlen, deprimierenden Nadelwüsten am Boden führt. Wenige schmale, nicht zu hohe Nadelbäume in Kombination mit lockeren, belaubten Gehölzen bieten allerdings dem Auge reichlich Abwechslung – noch besser wird es, wenn sich am Boden verwilderte Zwiebelpflanzen und robuste Stauden ausbreiten dürfen.
- Versuchen Sie, ein Gehölz nicht als Solitär, sondern als integralen Bestandteil einer blühenden Gartenlandschaft zu sehen. Tauschen Sie beispielsweise einige Stauden im Beet gegen einen üppig blühenden Kleinstrauch aus – noch besser wäre ein Strauchbeet mit wenigen Stauden. Dieser Integrationsgedanke gilt besonders für Hecken. Wer sagt, dass Sträucher streng auf einer Grenzlinie wachsen müssen? Erlauben Sie den Heckensträuchern, sich an bestimmten Stellen in den Garten hinein auszubreiten – immer mit einem passenden Unterwuchs aus Stauden, Zwiebel- und Knollenpflanzen, auf größeren Flächen auch mit Bodendeckern. So löst sich die Hecke aus ihrer eingeschränkten Funktion als Grenze und wird als Strauchbeet zum Bestandteil des Gartens.

In der Beschränkung zeigt sich der Meister des pflegeleichten Gartens – einfach zu pflegende Gehölze, viel Grün und gezielte Auswahl der Blütenstauden.

Stauden: Blätter und Blüten kombinieren

Die wichtigste Voraussetzung für die Gestaltung mit Stauden sind standortgerechte Arten (siehe Seite 16): Je besser eine Pflanze an die herrschenden Umweltbedingungen angepasst ist, desto besser wird sie gedeihen und desto geringer ist der Pflegeaufwand für ihre Erhaltung.

In einem klassischen Staudenbeet werden besonders prächtige Stauden, die durch ihre markante Erscheinung zu bestimmten Zeiten des Jahres als Blickpunkt dienen, als so genannte Leit- oder Gerüststauden eingesetzt. In Größe und Blütenfarbe passend, ordnet man ihnen dann andere Stauden (Begleit-, Gruppen- oder Ergänzungsstauden) zu. Viele der gebräuchlichen Leitstauden sind allerdings sehr pflegeintensiv und scheiden daher für den pflegeleichten Garten meist aus.

»Faule« Gärtner komponieren Beete aus Blattschmuckstauden (siehe Kasten), die auch ohne Blüten interessant aussehen. Sie können mit blühenden Stauden kombiniert werden, die in Pflanzinseln oder in bunten Bändern zwischen den Blattschmuckstauden stehen. Sie können aber auch einige hübsche, aber robuste Blütenstauden auswählen und passende Blattschmuckstauden dazusetzen. Letztlich kommt es nur darauf an, dass Ihnen die Zusammenstellung gefällt und wenig Arbeit macht.

Pflegeleicht-Bonus durch gute Planung

Es zahlt sich aus, wenn Sie bereits bei der Planung darauf achten, dass alle Beet- und Heckengehölze, Stauden und Zwiebelpflanzen gut zugänglich sind.

- Wählen Sie die Beetbreite so, dass eine Bearbeitung vom Rand aus möglich ist (zur Sicherheit mit einer langstieligen Hacke ausprobieren).
- Erschließen Sie breitere Beete, Heckenpflanzen oder Strauchbeete über großzügig dimensionierte Trittsteine oder schmale Wege. Wenn Sie nicht ins Beet treten müssen, wird der Boden nicht verdichtet, und Sie sparen sich auf Dauer tiefgründiges Lockern.
- Auch fest verlegte Wasserleitungen, kurze Wege zum Kompost (alternativ Biomüll) und zu den Gartengeräten sowie durch feste Kanten gesicherte Beetränder zum Rasen hin reduzieren deutlich den Zeitaufwand für die notwendigen Pflegearbeiten.

Die wunderbare Welt des Bambus

Bambus ist eine wunderbare Pflanze! Botanisch betrachtet, ist er ein schlichtes Gras. Wie alle Gräser bildet er Halme, aus denen die Blätter mit einer Blattscheide einzeln und in der Richtung wechselnd auswachsen.
Was den Bambus aber so speziell macht, ist seine enorme Variabilität: Von kriechenden Formen bis zu fast baumhohen Exemplaren ist alles möglich. Es gibt Arten und Sorten mit einfachen, dünnen Halmen, andere sind stammdick, einige gerade und einheitlich gelblich-braun, andere knotig, gestreift oder bunt gefärbt. Zwar sind alle Bambusarten immergrün, doch manche Arten haben schmale, andere breitere Blätter, einige schimmern in allen Tönen von Grün, andere sind hell gerändert.

- Was den Bambus für den pflegeleichten Garten so interessant macht, sind seine geringen Ansprüche, sofern Sie sich für eine horstig wachsende Sorte entscheiden oder wuchernde Formen durch eine stabile Wurzelbarriere in ihre Schranken weisen.
- Zudem bietet Bambus in gestalterischer Hinsicht eine Unzahl von Möglichkeiten: Er kann die Funktion eines Hausbaums übernehmen, aber auch einem Strauchbeet ganzjährig grüne Farbe verleihen. Bambus ist sowohl Heckenpflanze als auch Bodendecker.
- Nicht zu vergessen das Flair von Bambus: Die sanft im Wind raschelnden Blätter, die Halme, die sich im Sturm biegen – alles erinnert an fernöstliche Tradition, an die Ruhe von japanischen Gärten.

Normale Gartencenter bieten nur selten ein breiteres Angebot an Bambus an, daher lohnt sich eine Recherche im Internet, welcher Betrieb in Ihrer Region sich stärker auf Bambus spezialisiert hat. Dort werden Sie beraten und können aus einer größeren Zahl von Sorten auswählen.

Ein Buddha auf der Lotosblüte verwandelt einen einfachen Bambus in eine fernöstliche Meditationsecke.

Bambus als Heckenpflanze

Überall dort, wo dichter Sichtschutz benötigt wird, aber nur Raum für eine einreihige Hecke ist, würde ich Bambus empfehlen – die beste Alternative zu Koniferen. Während Nadelbäume meist starr wirken, gerät Bambus bei jedem Windstoß in Bewegung. Auch die Endbreite einer Bambushecke – je nach Größe der Bambusart bzw. -sorte zwischen 1–2 m für mittelhohe Formen – entspricht etwa der Breite einer Koniferenhecke.

- Bis auf die horstig wachsenden Formen (vor allem Arten und Sorten von *Fargesia*) sollten Sie entlang der Hecke eine stabile Wurzelbarriere anlegen, die regelmäßig kontrolliert werden sollte, damit die Hecke nicht »ausufert«.
- Bei einigen der höheren Bambusarten (*Phyllostachys, Semiarundinaria, Pseudosasa*) sehen die älteren (unteren) Blätter mit der Zeit unschön aus. Sie können sie zwar problemlos abstreifen, doch dann erscheint die Hecke lückenhaft. Pflanzen Sie daher eine niedrige Sorte davor – möglichst mit unterschiedlich geformten Blättern.
- Mit Bambus können Sie auch eine bereits bestehende Hecke auflockern. So lässt sich die Lücke in einer Koniferenhecke sehr gut mit der horstig wachsenden *Fargesia murielae* 'Jumbo' schließen. Setzen Sie den Bambus etwas vor die Flucht der Koniferen, dann kommen die locker überhängenden Halme besser zur Geltung.

Märchenhafter Bambushain

Der Bambushain spielt in vielen fernöstlichen Erzählungen eine zentrale Rolle – ähnlich wie der Wald im deutschen Märchen. Bambusfans können einen solchen Hain durchaus in Mitteleuropa aufleben lassen. Alles was Sie brauchen, ist eine Fläche von 50–100 m^2 und etwas Mut.

- Pflanzen Sie ein bis zwei hohe, baumartige Baumbusarten (8–10 m) und ordnen Sie einige mittelhohe (bis 5 m) und niedrige Arten in Pflanzinseln dazu. Wenn der Hain zu dicht wird, entfernen Sie die unteren Blätter.
- Ein geschwungener Kies- oder Feldsteinweg, der durch den Hain führt, schafft Sichtachsen und Durchblicke und lässt den Hain weniger »wuchtig« erscheinen.
- Große, mit Moos bewachsene Steine, eine Statue oder eine Ampel in fernöstlichem Stil sorgen für das Flair eines chinesischen Märchenwaldes.

Solitärer Bambus

In kleineren Gärten erfüllen zwei bis drei mittelhohe Bambusarten einen ähnlichen Zweck wie ein Hain. Solche Arrangements passen wegen der Schattenverträglichkeit besonders gut in ansonsten nur schlecht nutzbare Ecken. Achten Sie darauf, Sorten zu finden, die in Höhe, Wuchsform und Blattfarbe gut zusammenpassen.
Bambusarten, die sich durch außergewöhnliche Wuchsform, farbige Blätter oder interessant geformte Halme auszeichnen, sollten Sie wie Solitärsträucher einzeln an besonders gut sichtbaren Stellen platzieren. Da solche »Schmuckstücke« teurer sind als die üblichen Sorten, sollten Sie gründlich suchen und sich erst dann entscheiden. Erkundigen Sie sich auf jeden Fall nach der Winterhärte!

Bambus im Topf

Die kleinen Sorten des Bambus eignen sich hervorragend als Kübelpflanzen. Es bietet sich an, stets mehrere Kübel zu bepflanzen. Daraus können Sie ganz nach Bedarf eine mobile Sichtschutzwand zusammenstellen, einen Weg säumen oder sie als Blickpunkte innerhalb eines kleinen Arrangements platzieren. Achten Sie unbedingt auf ein passendes Pflanzgefäß: Terrakotta im italienischen Stil wäre beispielsweise völlig unpassend! Andererseits fügt sich Bambus in Edelstahlkübeln bestens in die kühle Atmosphäre eines sehr modernen Gartens ein.
Im Hinblick auf den pflegeleichten Gartens muss allerdings gewarnt werden: Auch ein kleiner Bambus kann mächtig wachsen und wird seinen Wurzelraum früher oder später ausfüllen – dann sollte er umgetopft oder geteilt werden. Außerdem verlangt eine Bambuspflanze im Kübel regelmäßig nach Wasser und Dünger. Wenn Sie den Bambus in einen stabilen Kunststoffcontainer pflanzen und diesen dann in den passenden Übertopf stellen, sparen Sie zumindest etwas Arbeit beim Umtopfen.

Bambus kann einen Zaun kaschieren (oben), aber auch direkt als Hecke oder in Kübel (unten) gepflanzt werden.

Blütenpracht statt tristem Sichtschutz

Die Abgrenzung des Gartens nach außen hat für viele Gartenbesitzer oberste Priorität. Grundsätzlich ist dieser Wunsch natürlich verständlich, denn wer möchte seine Nachbarn oder die Straßenpassanten schon an jeder Kaffeetafel teilnehmen lassen – wenn auch nur aus der Ferne? Weniger verständlich ist allerdings, wie dieser Wunsch oft in die Praxis umgesetzt wird.

Ich wage die Prognose, dass die Mehrzahl aller Fachverkäufer auf die Frage nach »sicherem« und »schnell wachsendem« Sichtschutz zielstrebig die Abteilung mit den ausländischen Nadelbäumen anstrebt. Oft schon nach wenigen Jahren bereuen sehr viele Gartenbesitzer allerdings ihre Entscheidung für die grüne Wand aus Nadeln und suchen nach einer Abhilfe

Viel schöner, abwechslungsreicher und langfristig auch pflegeleichter ist ein Sichtschutz aus attraktiven Sträuchern – einige immergrüne Nadelgehölze dazwischen sorgen auch im Winter für Grün.

Solange Ihre blühende Wand noch lückenhaft ist, können Sie sich mit preiswerten Flechtelementen und Strohmatten helfen, oder Sie planen von vorneherein an »strategischen« Stellen eine dauerhafte Zaun- oder Mauerlösung ein – im Wechsel mit offenen, aber durch Gehölze blickdicht gemachten Abschnitten.

Nichts als Blüten

Es gibt eine Reihe mittelgroßer Blütensträucher mit dichtem Wuchs, die ohne weitere Zutaten und mit nur geringem Pflegeaufwand (Schnitt) als Sichtschutz dienen können. Dazu gehören unter anderem die im Bild gezeigten Fliederbüsche (*Syringa*), einige Berberitzen (*Berberis*), Deutzien (*Deutzia*), Goldregen (*Laburnum*; giftig! Vorsicht bei Kindern im Garten), Wildrosen (*Rosa*), Prachtspiere (*Spiraea*) und Schneebälle (*Viburnum*). Schauen Sie sich in Parks und Gärten um, was Ihnen gefällt, und erkundigen Sie sich im Fachhandel nach geeigneten pflegeleichten Arten und Sorten. Wenn Sie mehrere Sträucher miteinander kombinieren, entscheiden Sie sich am besten für Sorten mit gestaffelten Blütezeiten. Noch attraktiver erscheinen blühende Hecken, wenn Sie davor kleine, gemischte Gruppen niedrigerer Sträucher einpflanzen: Die Hecke wächst dann zungenartig als Strauchbeet in den Garten hinein. Nutzen Sie die dadurch entstehenden Buchten z. B. für einen abgeschlossenen Sitzplatz. Mulchen Sie den Boden unter den Sträuchern und arbeiten Sie im Frühling alle 1–2 Jahre einen organischen Langzeitdünger ein.

Expertentipp

Wenn Sie Blütenhecken ganzjährig blickdicht machen wollen, dann pflanzen Sie ein immergrünes Laubgehölz dazwischen.

Dauerhaftes Grün mit Glanzlichtern

In diesem Beispiel – das allerdings Schnitt erfordert – fügen sich sommergrüne Sträucher (Rotbuchen, Blutbuche und Hainbuche) zu einem bunten Teppich zusammen. Noch besser wäre es, wenn Sie die Laub abwerfenden Gehölze mit einzelnen Immergrünen und wenigen Blütensträuchern kombinieren. Der Wechsel von Nadeln und Laub, Grün und Blüten, beschnittenen Oberflächen und lockerem Wuchs erzeugt sehr viel Spannung. Darüber hinaus brauchen die Immergrünen und pflegeleichten Blütensträucher (siehe Seite 82/83) nicht ganz so aufwendige Schnittmaßnahmen.

Kletternde Alternativen

Leider denken immer noch viel zu wenige Gartenbesitzer beim Stichwort Sichtschutz an die vielfältigen Möglichkeiten, die Kletterpflanzen bieten. Sie brauchen nur wenig Platz, sind meist robust im Nehmen, und viele von ihnen kommen mit minimalem Pflegeaufwand aus, abgesehen davon, dass sie eine Kletterhilfe benötigen. Stabile Maschendrahtzäune sind bestens als Unterlage geeignet. Immergrüne Kletterpflanzen wie Efeu (*Hedera*), Kletter-Spindel (*Euonymus fortunei*) oder Geißblatt (*Lonicera henryi*) müssen nur bei Bedarf geschnitten werden. Auch die sommergrüne Kletter-Hortensie (*Hydrangea anomala* ssp. *petiolaris*) kommt ohne Schnitt aus.

Ungewöhnliche Lösungen

Wenn der pH-Wert Ihres Gartenbodens im sauren Bereich und der Standort nicht in der Dauersonne liegen, bietet sich eine Lösung für eine ungewöhnliche Hecke an: Rhododendren vereinen ihre Funktion als Sichtschutz mit prächtigen Blüten im Spätfrühling oder Frühsommer. Im Beet im Vordergrund setzen einige Blütenstauden zwischen reichlichem Blattschmuck farbige Akzente. Fazit: Es gibt für jeden Standort die richtigen Pflanzen, Sie müssen nur etwas suchen und auch einmal ungewöhnliche Lösungen durchspielen.

Dicke Blätter zwischen Steinen

Große Steingärten gehören nicht gerade zu den pflegeleichten Bereichen eines Gartens. Werden sie allerdings wie hier im Umfang stark begrenzt und zurückhaltend bepflanzt, verwandeln sie sich in ungewöhnliche Bühnen für ganz spezielle Pflanzen. Sogar die ziemlich unansehnliche Betonmauer tritt hinter dem Steingebirge und den Polsterpflanzen völlig in den Hintergrund.

Damit ein solcher Aspekt den ästhetischen Ansprüchen genügt, kommt es vor allem auf das Ambiente an. Der Trick dieser Komposition besteht in den schräg gestellten Natursteinplatten, die an die Hänge eines »echten« Gebirges erinnern. Während man im klassischen Steingarten sehr genau auf das Substrat achten muss (insbesondere auf den Kalkgehalt), spielt das bei Polsterpflanzen in versenkten Kübeln keine Rolle.

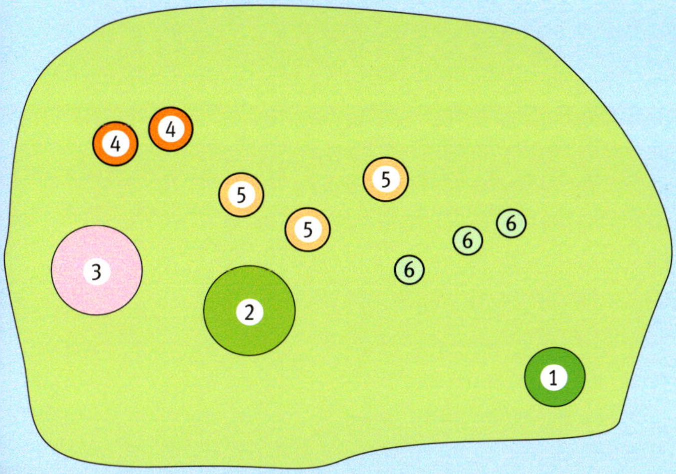

Das brauchen Sie:

1. Alpen-Pechnelke (*Silene suecia*)
10–15 cm hoch; blüht Mai–Juni; Blätter in einer Rosette, schmal, rötlich; kalkfreies Substrat; 1 Pflanze
2. Pyrenäen-Mannsschild (*Androsace pyrenaica*)
flache Polster, Blätter nur 4 mm lang; blüht Juni–September; kalkfreies Substrat; 1 Pflanze
3. Grasnelke (*Armeria maritima*)
10–25 cm hoch; blüht Mai–Juni; Blätter grasartig schmal; verträgt kalkhaltiges Substrat; 1 Pflanze
4. Strauß-Steinbrech (*Saxifraga cotyledon*)
Stängel bis 60 cm hoch; blüht im Juni; Blätter in einer Rosette; leicht kalkhaltiges Substrat; 1–2 Pflanzen
5. Porzellanblümchen (*Saxifraga umbrosa*, auch Sorten)
15–30 cm; blüht Mai–Juni; Blätter eiförmig bis länglich oval; 3 Pflanzen
6. Steinbrech (*Saxifraga-Arendsii*-Hybriden)
je nach Sorte bis 20 cm.; blüht April–Mai; Blätter in Polstern, kalkhaltiges Substrat; 2 Pflanzen

So pflanzen Sie:

Alle Pflanzen sind im Container erhältlich, die aufgeführten Arten sind nur Vorschläge. Stellen Sie Ihre eigene Komposition aus flachen, mittleren und hohen Polster- und Gebirgspflanzen zusammen. Vor der Bepflanzung sollten Sie sich Gedanken über das »Steingebirge« machen. Besonders wirkungsvoll sind unterschiedlich große Schotter derselben Gesteinsart – entscheiden Sie nach Aussehen und Preis. Das fertige Arrangement sollte allerdings an eine natürliche Gesteinsformation erinnern.

- Bereiten Sie zunächst das Kiesbett (siehe Seite 32/33) vor. Achten Sie auf guten Wasserabzug (bei schwerem Boden würde ich auch von diesem Steingarten abraten). Es darf sich auf keinen Fall Staunässe bilden!
- Pflanzen Sie die Steingartenpflanzen aus den Containern in ausreichend große Tontöpfe mit lockerem, sandig-steinigem Substrat um. Beachten Sie vor allem den Kalkgehalt des Bodens; einige Steingartenpflanzen brauchen Kalk, andere meiden ihn.
- Setzen Sie die Töpfe an die vorgesehenen Stellen.
- Arrangieren Sie die Schotter in der gewünschten Form. Die Töpfe sollten nicht mehr sichtbar sein.

Expertentipp

Es gibt eine Reihe von sehr hübschen Pflanzen für Trockenmauern (z. B. Alyssum, Cymbalaria, Saponaria, Sedum). Sie werden direkt in Steinritzen gepflanzt. Vorsicht: Einige dieser Pflanzen neigen zum Wuchern.

So pflegen Sie:

Frühjahr: Schneiden Sie vertrocknete Blätter und Blütenstände ab; stutzen Sie ggf. zu stark wuchernde Arten zurück. Tauschen Sie erfrorene Pflanzen gegen neue aus; ggf. Substrat wechseln.

Sommer: Im Sommer fallen kaum Arbeiten an, da die robusten Arten weder Dünger noch Bewässerung (nur bei extrem lang andauernder Trockenheit sehr sparsam gießen) brauchen.

Herbst: Im Herbst fallen keine Pflegearbeiten an. Nutzen Sie die Zeit, um Schotter und Steine zu richten – immerhin basiert die Wirkung des »Gebirges« auf der Anordnung der Steine.

Winter: Problematisch sind im Garten wärmere, von Nachtfrösten unterbrochene Phasen. Im Sinne der Arbeitsersparnis würde ich aber »auf Risiko« spielen und auf Winterschutz verzichten.

Strauchbeete mit Untermietern übers Jahr

Sträucher sehen während des gesamten Jahres attraktiv aus: Im Frühling treiben die ersten, zartgrünen Blätter an den nackten Zweigen aus und kündigen den Beginn der wärmeren Jahreszeit an. Bei einigen der früh blühenden Sträucher erscheinen die Blüten sogar schon an den nackten Zweigen, z. B. bei Kornelkirsche (Cornus mas), Hasel (Corylus avellana), Seidelbast, (Daphne mezereum) und Zaubernuss (Hamamelis). Im Frühsommer schlägt die Stunde der wichtigsten Blütensträucher. Ihr Blütenschmuck macht sie zu den beherrschenden Blickpunkten des Gartens. Im Sommer blühen z. B. der Schmetterlingsstrauch (Buddleja davidii), Hibiskus (Hibiscus syriacus), viele Hortensien (Hydrangea) und Spiersträucher (Spiraea). Ab dem Spätsommer und im Herbst locken dann viele Sträucher mit farbigen Früchten, z. B. Berberitzen (Berberis), Zwergmispeln (Cotoneaster), Weißdorn (Crataegus) oder Heckenrosen. Selbst im Winter hört die Schmuckwirkung der Sträucher nicht auf. Farbige Zweige wie z. B. die Arten der Schlangenhautahorne (Acer), Birken (Betula), die leider wuchernden Sorten der Hartriegel (Cornus) und Ranunkelsträucher (Kerria), bizarres Geäst oder durch Raureif oder Schnee betonte Äste sorgen für Abwechslung. Ihre wahre Schönheit zeigen einzelne oder zu Gruppen zusammengestellte Sträucher aber erst in der Kombination mit anderen Pflanzen.

Blütenexplosion im Frühling

Wenn die ersten Strahlen der Frühlingssonne den Boden erwärmen, scheinen die früh blühenden Zwiebel- und Knollenpflanzen nur so aus der Erde zu schießen. Die im Bild gezeigte Kombination aus einer Zwerg-Blutpflaume (*Prunus* x *cistena*) mit Hyazinthen, Traubenhyazinthen, Goldlack und Ginster setzt auf eine bunte Mischung aus dem Farbdreiklang Blau, Rot und Gelb unter einem Dach aus weißen Blüten. Da mit Narzissen, Tulpen, Anemonen, Lilien und vielen anderen Zwiebel- und Knollenpflanzen eine reiche Auswahl an Farben und Formen zur Verfügung steht, sind schier unendliche Farbenspiele möglich. Achten Sie bei der Kombination von blühenden Sträuchern und Blüten am Boden stets darauf, dass die Pflanzen miteinander harmonieren. Entscheiden Sie sich daher zuerst für den Strauch und probieren Sie dann verschiedene Zwiebelpflanzen aus – bis Sie die optimale Mischung gefunden haben. Für welche Zusammenstellung Sie sich auch entscheiden, letztlich kommt es darauf an, ob Ihnen die Farbkombination gefällt. Solange Sie Zwiebel- und Knollenpflanzen wählen, die im Boden bleiben dürfen, ist der zusätzliche Pflegeaufwand minimal. Lässt die Blühfreudigkeit nach – das kann nach zwei oder mehr Jahren geschehen –, dann investieren Sie im Herbst wieder ein wenig Zeit und Geld, und Sie haben einige Jahre lang wieder Ruhe – und Frühlings-Blütenpracht.

Frühsommer – Zeit des Übergangs

Die Palette der im Frühsommer blühenden Sträucher ist so groß, dass keine Wünsche offen bleiben. Von Weiß (im Bild Schneeball *Viburnum plicatum* 'Mariesii') über Gelb bis Rosa, Rot und Blauviolett stehen fast alle Farben zur Verfügung. Hier sorgen Azaleen und einige Stauden für Blütenfarben am Boden. Eine Lavendelheide (*Pieris*) liefert zusätzlich Blattkontrast. Da nur wenige Sträucher im ausgesprochenen Hochsommer blühen, bieten sich für diese Zeit Stauden an. Achten Sie darauf, Arten und Sorten zu wählen, die nicht zu viel Aufwand erfordern. War Ihre Entscheidung falsch: Staude austauschen!

Starker, bunter Herbst

Im Herbst sorgen Sträucher mit buntem Laub oder mit Früchten für Abwechslung. Am Boden setzen Astern oder Blattschmuckstauden farbige Akzente. Die Planung für herbstliche Strauchbeete ist nicht einfach, da die Sträucher während des übrigen Jahres unauffällig sind. Abhilfe bieten hier inselhaft gepflanzte Zwiebelblumen, die im Frühling oder Sommer unter den Sträuchern aufhellen.

Expertentipp

*Es kostet zwar etwas Mühe, aber fragen Sie in verschiedenen Gartencentern nach Sträuchern mit attraktiven Blüten **und** buntem Herbstlaub.*

Farbige Zweige gegen Wintertristesse

Um auch im Winter Farbe in den Garten zu bringen, bieten sich in erster Linie pflegeleichte frostfeste Dekorationsobjekte (z. B. Kugeln, Leuchten, Plastiken) an. Gehölze mit farbigen Zweigen wie der Weiße Hartriegel (*Cornus alba*, Schnitt erforderlich!) bringen natürliche Farbe aufs Beet, vor allem in Kombination mit Frühblühern, wie hier Narzissen und Kugelprimeln. Kombiniert mit Schneeglöckchen, Winterling, Nieswurz oder Schneeheide, können Sie den Beginn der Vegetationszeit in den Winter vorverlegen.

Trockenwüste mit Blütenpracht

Künstliche Wüsten aus Kies oder Splitt müssen keineswegs öde wirken – es sei denn, Sie wünschen sich gerade die kühle Leere als Gestaltungsprinzip! In unserem Beispiel dient die mit grobem, grau getöntem Splitt belegte Grundfläche allerdings als Bühne für üppige Blüten. Die direkt eingesetzten Arten kommen im Sommer mit wenig Wasser aus: Sie überstehen Trockenperioden und nehmen sogar besonders vergessliche Gärtner nicht übel. Tatsächlich ist das Angebot solcher nicht durstigen Sonnenanbeter relativ groß. Suchen Sie im Gartencenter bei den Sukkulenten, bei Mittelmeerpflanzen und Gräsern. Sehr attraktive Kombination lassen sich mit silberblättrigen Arten und Sorten zaubern.

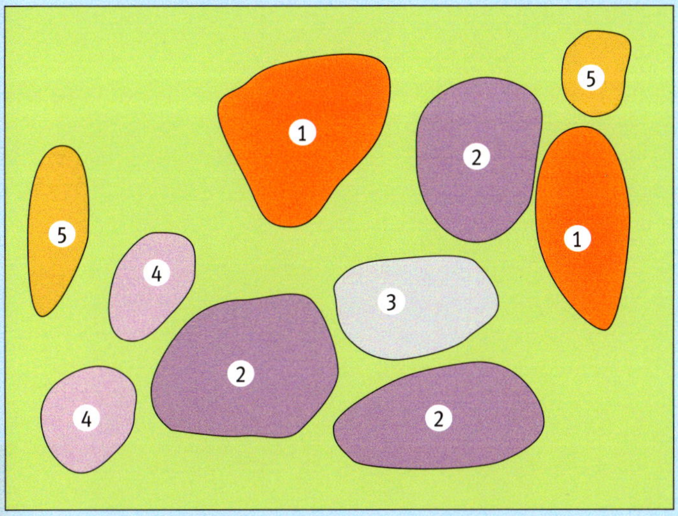

Das brauchen Sie:

1. Schöne Fetthenne (*Sedum spectabile*)
   30–50 cm hoch, etwa genauso breit; blüht August–September; dicke, fleischige Blätter; 2–3 Pflanzen
2. Kleine Gartenaster (*Aster sedifolius* 'Nanus')
   bis 30 cm hoch, bis 50 cm breit; blüht August–September; 3 Pflanzen
3. Gabelblatt-Silberraute (*Artemisia stelleriana*)
   30–60 cm hoch, 30–40 cm breit, blüht Juni–Juli; Blätter stark zerschlitzt, silbrig; 1 Pflanze
4. Garten-Salbei (*Salvia officinalis*)
   je nach Sorte bis 100 cm hoch; blüht Mai–Juli; Blätter silbrigweich behaart; 2 Pflanzen
5. Chinaschilf (*Miscanthus sinensis,* kleine Sorte wie 'Afrika', 'Ferner Osten', 'Graziella', 'Sioux')
   kleine Sorten 100–150 cm, große über 2 m; 1 Pflanze

So pflanzen Sie:

Alle Pflanzen sind im Container erhältlich. Zwar können Containerpflanzen die ganze Saison über eingesetzt werden, das Frühjahr ist allerdings die beste Pflanzzeit – dann können Sie sich noch im Pflanzjahr an einer schönen Blüte erfreuen. Überlegen Sie sich vorher, an welche Stelle die einzelnen Arten platziert werden, denn im Kiesbeet ist später kein beliebiges Umpflanzen mehr möglich.

- Bereiten Sie als Erstes das Kiesbett vor (siehe Seite 32/33). Gestalten Sie den Umriss des Kiesbeetes nicht zu regelmäßig. Die Grenze zum Rasen sollten Sie allerdings gerade und etwas tiefer als die Grasnarbe verlaufen lassen, das erspart Ihnen später beim Rasenmähen zusätzliche, zeitaufwendige »Kantenpflegemaßnahmen«.
- Sichern Sie die Ränder des Kiesbettes durch Metallkanten, damit der Kies nicht »auswandert«.
- Füllen Sie die Pflanzerde in die vorbereiteten Löcher oder setzen Sie versenkbare Übertöpfe ins Kiesbeet ein.
- Jetzt werden die Pflanzen in die Töpfe gesetzt bzw. in den Boden gepflanzt. In der ersten Zeit reichlich gießen.
- Zum Abschluss Kiesfläche abstreuen und die Oberfläche glatt rechen.

Expertentipp

Eine hübsche Alternative bieten Kiesbeete mit mediterranen Gewürzpflanzen. Sie zaubern nicht nur südliches Flair in den Garten, sondern liefern auch noch gaumenschmeichelnde Aromen für Ihre Küche.

So pflegen Sie:

Frühling: Zupfen Sie erfrorene Blätter und vertrocknete Blütenstiele ab. Öffnen Sie das »Graszelt« und schneiden Sie die toten Stängel ab. Lockern Sie den Boden um die Pflanzen herum auf.

Sommer: Vom Spätfrühling bis Frühsommer Astern vorbeugend gegen Pilzbefall behandeln. Die Astern und das Gras nur gießen, wenn sie Anzeichen von Wassermangel (schlaffe Blätter) zeigen.

Herbst: Drehen Sie in kühleren Regionen die Stängel des Chinaschilfs zeltförmig zusammen. Blütenstände von Fetthenne und Wermut stehen lassen – sie sehen auch trocken hübsch aus.

Winter: Im Winter sind keine speziellen Maßnahmen erforderlich. Nutzen Sie die wärmeren Tage des Vorfrühlings, um die Kies-/Splittschicht zu ergänzen und wieder glatt zu rechen.

Waldeslust unterm Hausbaum

In älteren Gärten stellt sich oft die Frage: Wie kann ich den Platz unter einem größeren Baum sinnvoll und ohne größeren Pflegeaufwand nutzen? Im Schatten der Blätter gedeihen nur relativ wenige Pflanzen wirklich gut. Hinzu kommt, dass Bäume mit flach ausstreichenden Wurzeln den Stauden kaum Wasser übrig lassen.
Dennoch gibt es einige Möglichkeiten, den Raum unter der Baumkrone ästhetisch und zeitsparend zu gestalten. Für welche Lösung Sie sich entscheiden, hängt davon ab, wie viel Arbeit Sie zu leisten bereit sind.

Unter diesen Bäumen fühlen sich Stauden wohl

- Felsenbirne (*Amelanchier*)
- Weißdorn (*Crataegus*)
- Goldregen (*Laburnum*)
- Amberbaum (*Liquidambar*)
- Zier- und Nutzapfel (*Malus*)
- Blauglockenbaum (*Paulownia*)
- Kirschen (*Prunus*)
- Birne (*Pyrus*)
- Stieleiche (*Quercus robur*)
- Eberesche (*Sorbus*)

Besonders durstige Bäume

- Ahorn (*Acer*)
- Rosskastanie (*Aesculus*)
- Götterbaum (*Ailanthus*)
- Birke (*Betula*)
- Rotbuche (*Fagus sylvatica*)
- Walnuss (*Juglans regia*)
- Weide (*Salix*)

Gruppenbild mit Baum

Eine gute Lösung für einen einzelnen Hausbaum ist ein gemischtes Strauchbeet zu seinen Füßen (die Tabelle zeigt Ihnen, bei welchen Bäumen sich ein Versuch lohnt).
Sträucher machen unter dem Strich weniger Arbeit als Stauden, und dennoch kann sich das Ergebnis sehen lassen. Hier wächst unter einem Amberbaum eine ganze Kollektion von Stauden, im Hintergrund schließt Rhododendron das Arrangement ab. Geeignet sind alle Pflanzen, die sich in dem lichten Schatten unter einer Baumkrone natürlicherweise wohlfühlen, hier Akelei (*Aquilegia*), Storchschnabel (*Geranium*) und Knöterich (*Polygonum*).
Sehr hübsch wirken auch Kombinationen aus Waldglockenblumen (*Campanula latifolia*) und Frauenmantel (*Alchemilla*) mit Gräsern (etwa die dekorative Riesensegge *Carex pendula*) oder Farnen, Waldgeißbart (*Aruncus*), Fingerhut (*Digitalis*) oder Lungenkraut (*Pulmonaria*).
Noch weniger Arbeitsaufwand verlangt ein Strauchbeet dieser Art, wenn Sie ganz auf die Stauden verzichten und sich für 2–3 Sträucher mit gestaffelten Blütezeiten entscheiden, z. B. *Deutzia* (ab Mai) mit *Hypericum* (ab Juni/Juli) oder immergrüne *Mahonia* (ab Mai) mit *Spiraea-Bumalda*-Hybriden (ab Juni bis September).
Für die Frühlingsblüte sorgen dann die Zwiebelpflanzen.

Expertentipp

In einem solchen Beet können Sie das Herbstlaub sinnvoll entsorgen. Es schützt die Wurzeln der Stauden und wandelt sich in Humus um.

Ein Waldgarten

Wenn genügend Platz zur Verfügung steht – und natürlich Bäume von entsprechender Statur –, können Sie einen Waldgarten anlegen. Er macht zwar in den ersten Jahren etwas Arbeit, doch mit etwas Glück stellt sich bald ein Gleichgewicht ein, so dass sich die Arbeiten auf überschaubare Pflegemaßnahmen beschränken.
Bei der Auswahl der Pflanzen sollten Sie auf eine gute Mischung zwischen Frühblühern (hier Krokusse und Blaustern), Blattschmuckstauden (Farne, Gräser) und Waldstauden für den Sommer achten.
Warten Sie mit dem Einpflanzen des »Unterwuchses« bis zum Spätsommer. Jetzt verbrauchen die Bäume weniger Wasser, und die Stauden können bis zum Winter noch gut anwachsen. Bilden Sie kleine Gruppen gleichartiger Pflanzen und setzen Sie eine höhere Art dazwischen.

Was tun mit durstigen Gesellen?

Es gibt einige besonders durstige Baumarten (siehe Tabelle Seite 132), deren flächig in den oberen Erdschichten verteilten Feinwurzeln das verfügbare Wasser weitgehend aufsaugen, so dass eine Unterpflanzung nicht so einfach ist. Sie können hier aber Stauden in Pflanzkübeln in die Erde unter der Krone setzen und regelmäßig gießen.
Es gibt aber auch robuste Bodendecker – hier eine Golderdbeere (*Waldsteinia ternata*) unter einem Ahorn –, die mit diesen Verhältnissen noch klarkommen, z. B. Elfenblume (*Epimedium*), Efeu (*Hedera*), Dickmännchen (*Pachysandra*) und Immergrün (*Vinca minor*).
Für den Randbereich der Baumscheibe, als Übergang zum eigentlichen Garten, bieten sich dann Funkien und Frauenmantel an.

Eine sehr bequeme Lösung

Wie wäre es, wenn Sie der Natur die Regie überlassen und die Fläche unter dem Baum verwildern lassen? Wenn dabei ein charmanter Sitzplatz herauskommt, wie hier auf dem Bild – umso besser.
Am einfachsten gelingt die Umstellung, wenn Sie im Frühling den Boden um den Baumstamm auflockern und abwarten. In der Erde vorhandene und angewehte Wildkräutersamen keimen aus und verwandeln die Baumscheibe in eine »Unkrautwiese« (ungeduldige Gärtner finden im Handel Samen für Wildkräuterwiesen). Mähen Sie erst im Sommer, am besten mit einer Sichel.
Ab dem nächsten Jahr können Sie den Platz unter dem Baum als Standort für eine Bank nutzen. Selbst wenn sich nicht die Blüten einstellen, die Sie erhoffen – ein Sitz im hohen Gras hat auch seinen Reiz!

Feuchte Standorte – ein Fall für sich

Feuchtes Fachchinesisch

- **feucht:** der Boden ist stets mit etwas Wasser durchtränkt
- **moorig:** das Wasser wird wie in einem Schwamm festgehalten, der pH-Wert liegt im sauren Bereich
- **sumpfig:** der Boden ist dauerhaft und stark mit Wasser durchtränkt
- **staunass:** Zone im Boden mit flüssigem, nicht an Bodenteilchen gebundenem Wasser
- **überflutet:** es bildet sich eine Pfütze oder ein Teich; kommt natürlicherweise in Senken vor

In vielen Gartengrundstücken lauern »feuchte Ecken«: Manchmal verläuft im Untergrund eine Tonschicht, oder der Boden fällt an einer Stelle zu einer Senke ab, in der sich Wasser ansammelt. Auch an dauerhaft schattigen Stellen, wo kaum Wasser verdunstet, kann sich zu viel Feuchte im Oberboden ansammeln.
Obwohl jede Pflanze notwendig auf eine gute Wasserversorgung angewiesen ist, stellt andererseits zu viel Wasser ein echtes Problem dar. Die Wurzeln werden nicht ausreichend belüftet, und die zarten Feinwurzeln können verfaulen. An solchen Stellen hilft nur eine standortgerechte Bepflanzung mit angepassten Arten – alles andere wäre unnötiger Arbeitsaufwand.
Natürlich steht es Ihnen frei, in solchen natürlichen Feuchtbiotopen gleich einen Teich anzulegen, aber insbesondere die beliebten, naturnahen Teichanlagen ziehen deutlich mehr Erhaltungs- und Pflegearbeiten nach sich als ein Feuchtbeet. Vor allem ist es sehr schwierig, die einmal getroffene Entscheidung für einen Teich wieder rückgängig zu machen. Fragen Sie am besten zuvor einen guten Freund, der einen Gartenteich besitzt, nach dem tatsächlichen Aufwand!

Feucht und sumpfig – keine Katastrophe

Ein hoher Wassergehalt des Bodens schränkt die Pflanzenauswahl natürlich stark ein. Angepasste Arten für einen feuchten bis sumpfigen Boden finden Sie z. B. in der Teichabteilung eines Gartenzentrums. Hier wird das Angebot üblicherweise nach den Standorten gegliedert (Wasserpflanzen, Teichrand- oder Sumpfpflanzen). Leider haben viele Sumpfpflanzen einen Nachteil: sie wuchern stark. Sofern also nicht reichlich Platz zur Verfügung steht, sollten Sie beim Pflanzen unbedingt gleich Wurzelbarrieren einrichten (siehe Seite 38/39).
Lassen Sie sich bei der Gestaltung eines feuchten Beetes oder einer Feuchtwiese am besten vom natürlichen Aspekt leiten. Kombinieren Sie verschiedene Arten in gemischten Farben miteinander – von vielen der natürlichen Arten sind inzwischen auch Sorten erhältlich – und bleiben Sie auch bei der Höhe variabel. Ordnen Sie jeweils mehrere Pflanzen der selben Art zu Gruppen oder Bögen und schließen Sie die Lücken mit anderen Formen. Dieses Beet baut auf dem Farbkontrast von hellgrünem Frauenmantel und lila blühendem Storchschnabel auf.

Expertentipp

Bei sehr feuchten Böden bietet sich ein Sumpf- oder Moorbeet an. Ordnen Sie z. B. um eine Azalee (in kleinen Gärten Irische Heide) Wollgräser und Sumpf-Blutauge an.

Feuchte Füße, Köpfchen in der Sonne

Lehmige Böden sind der Traum jedes Gärtners, weil sie Feuchte und Nährstoffe speichern. Je höher allerdings der Tonanteil, desto mehr Wasser bleibt im Boden gebunden. Um die Früchte eines solchen Bodens genießen zu können, benötigen Sie Stauden, die etwas mehr Feuchte im Boden lieben (z. B. Zwerg-Mädesüß, Blutweiderich oder Sumpfveilchen).
Die im Bild gezeigte Kombination aus Astern, Sonnenbraut (*Helenium*) und den großen Blütenköpfchen des Sonnenhutes (*Echinacea purpurea*) gedeiht am besten auf nicht allzu feuchten Lehmböden.

Im feuchten Waldesschatten

Feuchte und auch noch schattige Flächen können Sie ansprechend bepflanzen, wenn Sie für ein abwechslungsreiches Erscheinungsbild aus Wuchsformen (z. B. Wurm- und Hirschzungenfarn in Kombination mit Funkien) und Blütenfarben sorgen. In unserem Beispiel wurde eine weiß blühende Sorte der Sumpfgarbe (*Achillea ptarmica*, im Vordergrund) mit Glockenblumen (*Campanula latifolia*) und Odermennig (*Agrimonia eupatoria*) kombiniert.

Expertentipp

Sorgen Sie bei solchen Beeten durch geeignete Accessoires (Baumstümpfe, Wurzeln) für etwas Waldatmosphäre.

Prachtentfaltung statt Notlösung

In ewig feuchten Senken würde ich keinen Gedanken an eine Bodenverbesserung verschwenden, sondern aus der Not eine Tugend machen: Pflanzen Sie hier in der Hauptsache Wiesen-Schwertlilien (*Iris sibirica*) an. Das kann sehr bunt werden, denn in der Teichabteilung der Gartencenter finden Sie viele Sorten in abweichenden Farbnuancen. Mit ihren relativ großen Blüten kommen die Schwertlilien auch aus größerer Entfernung gut zur Geltung. Gute Partner sind Sumpfdotterblumen, Ligularien, Blutweiderich, Rosenprimeln oder – wie hier – Mädesüß.

Verschiedenes Grün ist auch bunt

Schattige Flächen stellen auch im pflegeleichten Garten eine besondere Herausforderung dar, denn für diese Stellen ist das Angebot naturgemäß eingeschränkt. Sofern der Standort nur ab und zu im Laufe des Tages besonnt wird, bieten sich Funkien als Charakterpflanze an. Kombinieren Sie zwei bis drei verschiedene Sorten und pflanzen Sie in die Zwischenräume andere Schattenpflanzen Ihrer Wahl.
Der hier verwendete Straußenfarn neigt allerdings zum Wuchern – weniger Arbeit machen Japan-Anemonen, Astilben, Eisenhut oder Kaukasus-Vergissmeinnicht. Die glatten Oberflächen der abwechslungsreich gesetzten, großen Feldsteine kontrastieren sehr schön mit den verschiedenen Blättern.

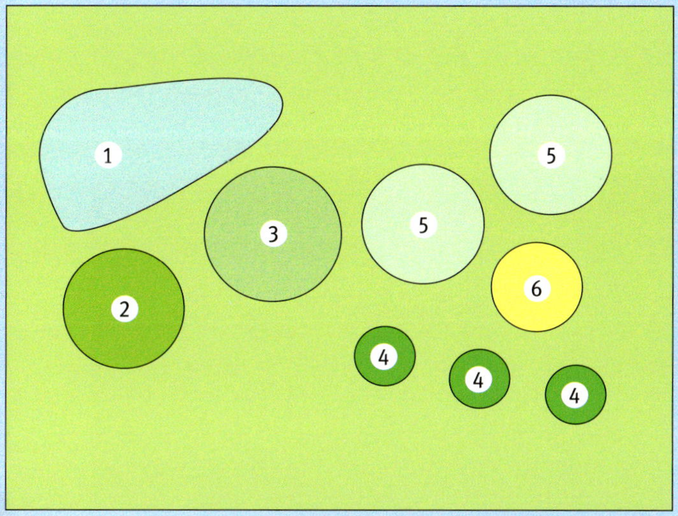

Das brauchen Sie:

1. Funkie mit weißen Blatträndern (z. B. *Hosta* 'Amy Elizabeth', 'Aureomarginata', 'Crispula', 'Fortunei', *Hosta sieboldii*) bis 50 cm hoch, 60–70 cm breit; Blüten weiß bis blauviolett; 1 Pflanze
2. Japan-Segge (*Carex morrowii*) bis 30 cm hoch, 40–50 cm breit; Blätter weiß gerandet, blüht April–Mai; 1 Pflanze
3. Funkie mit gelben Blatträndern (z. B. *Hosta* 'Abby', 'Frances Williams', 'Goldrand') bis 50 cm hoch, 60–70 cm breit; Blüten weiß bis blauviolett; 1 Pflanze
4. Nelkenwurz (*Geum* x *heldreichii*, Sorten) 20–40 cm groß, etwas kriechend, blüht Mai–Juli in rötlichen Tönen; 4 Pflanzen
5. Straußenfarn (*Matteuccia struthiopteris*) bis 100 cm, wintergrüne, fertile Wedel um 60 cm; 2 Pflanzen
6. Funkien mit strukturierten Blättern (z .B. *Hosta* 'Aqua Velva', 'Elata', *H. plantaginea, H. sieboldiana*) bis 50 cm hoch, 60–70 cm breit; Blüten weiß bis blauviolett; 1 Pflanze

So pflanzen Sie:

Da das Angebot an Funkien ständig erweitert wird und alte Sorten oft nicht mehr angeboten werden, sollten Sie weniger nach bestimmten Sorten als vielmehr nach interessanten Blattkombinationen suchen. Kaufen Sie die Funkien aus dem Container daher erst, wenn die Blätter gut sichtbar sind und Sie Blattform, Blattfarbe und Blattzeichnung gut erkennen können.

- Bessern Sie den Boden im Beet durch Humuszugaben tiefgründig auf.
- Stellen Sie die ausgewählten Funkien auf den vorgesehenen Platz und suchen Sie vor dem Einpflanzen nach der optimalen Verteilung (Wuchsbreite beachten!).
- Pflanzen Sie die Segge dazu.
- Der Straußenfarn wuchert sehr stark. Wenn Sie nicht auf dieses attraktive Gewächs verzichten möchten, empfehle ich dringend eine stabile Wurzelsperre, andernfalls wird die Nelkenwurz rasch überwuchert.
- Platzieren Sie zum Schluss die Nelkenwurz in den Vordergrund.
- Verteilen Sie die Feldsteine. Der Rand sollte markant, aber nicht zu regelmäßig aussehen.

Expertentipp

Eine gute Alternative für Farne stellt die Christrose dar (Helleborus niger und Sorten). Christrosen blühen ab März und haben ein attraktives, wintergrünes Laub.

So pflegen Sie:

Frühling: Erfrorene Blätter abschneiden. Humus und etwas organischen Langzeitdünger auf der Fläche verteilen. Funkien vor Schneckenfraß schützen (abends Gläser überstülpen).

Sommer: Im Sommer ist keine besondere Pflege erforderlich. Funkien und Farne brauchen allerdings an heißen Tagen etwas Wasser. Bei einem derart kompakten Beet lohnt sich ein Tröpfelschlauch.

Herbst: Die Nelkenwurz gehört zu den kurzlebigen Stauden. Sie können Sie allerdings nach der Blüte bis zum Herbst teilen. Ich empfehle allerdings Neukauf und Neupflanzung im Frühling.

Winter: Im Spätwinter große Feldsteine eventuell von Algen und Moos befreien. Sie können aber auch die natürliche Patina belassen: Das spart Arbeit und sieht nach »altem« Garten aus.

Hermann Löns lässt grüßen – Heide & Co.

Heidegärten gelten bei vielen Menschen immer noch als etwas spießig. Dabei sind die vielen Arten und Sorten der Heiden und ihre Begleitpflanzen bestens für den pflegeleichten Garten geeignet. Außerdem sind Heiden robust, sehen ganzjährig gut aus, und der Pflegeaufwand hält sich in Grenzen: Die Heidesträucher werden mit der elektrischen Heckenschere beschnitten, bei lange anhaltender Trockenheit muss gegossen werden, und nach 5–6 Jahren verträgt der Boden eine Auffrischung mit einem Sand-Humus-Gemisch (etwa 1:1) – das ist alles. Natürlich lohnt sich die Anlage eines Heidegartens nur dann, wenn Sie über den geeigneten Boden verfügen.

Passende Gehölze für den Heidegarten

- Berberitzen (*Berberis*) – immergrün
- Birken (*Betula humilis, B. nana*)
- Bartblume (*Caryopteris* x *clandonensis*) – anspruchslos
- Silberwurz (*Dryas octopetala*) – auf kalkhaltigen Böden
- Wacholder (*Juniperus chinensis, J. communis*) – immergrün
- Lorbeerrose (*Kalmia*) – nur auf sauren Böden
- Traubenheide (*Leucothoë*) – saure Böden
- Lavendelheide (*Pieris japonica*)
- Azaleen (*Rhododendron*-Arten und -Sorten) – sommergrün
- Stechginster (*Ulex europaea*) – nur in wintermilden Regionen

Wo bitte sind die Heidschnucken? – Heide total

Auf durchlässigem bis sandigem, im Idealfall nährstoffarmem Boden bietet sich auf größerer Fläche die Anlage einer Heide geradezu an.
Da die eigentlichen Heidekräuter polsterförmig wachsen, wirken reine Heideflächen allerdings oft langweilig. Achten Sie bei der Gestaltung daher auf eine abwechslungsreiche, gut strukturierte Oberfläche. Die erhalten Sie durch unterschiedliche Höhe und Wuchsform der Begleitpflanzen. Versuchen Sie außerdem, das Farbenspiel der Heideblätter optimal aufeinander abzustimmen. Suchen Sie nach Sorten mit farbigem Laub, die auch außerhalb der Blütezeit für Spannung sorgen (siehe Seite 100/101). Grundsätzlich lassen sich alle Heiden miteinander kombinieren, sofern sie dieselben Bodenansprüche haben. Zur »richtigen« Heide wird die Pflanzung aber erst, wenn Sie mit einigen Details für die richtige Stimmung sorgen: Schmale Kies- und Sandwege (sie dienen nicht nur als Dekoration, sondern gewähren auch den leichteren Zugang für die Pflege), Findling(e), vielleicht auch ein künstliches Relief mit einem kleinen Hügel verwandeln ihren Garten in eine Heidelandschaft.

Expertentipp

Obwohl ich stets die persönliche Beratung bevorzuge, würde ich im Falle der Heiden die Information und Bestellung über das Internet empfehlen, falls in Ihrer Nähe keine spezialisierte Gärtnerei zu finden ist.

In guter Gesellschaft

Wer nicht so weit gehen möchte – oder kann –, einen größeren Bereich seines Gartens in eine Heidelandschaft zu verwandeln, der kann auf den entsprechenden Flächen Heidekräuter mit Rhododendren oder Azaleen kombinieren.
Immergrüne Rhododendren und die Laub abwerfenden Azaleen haben genau die selben Bodenansprüche wie viele Heiden, sind aber höher und blühen auch weitaus üppiger. In unserem Beispiel wurden die Freiflächen zwischen einigen Rhododendron-Sträuchern mit Irischer Heide (*Daboecia*, blühend im Vordergrund), Besenheide (gelbblättrige *Calluna vulgaris* 'Gold Haze' im Vordergrund; rot blühende im Hintergrund) und Schnee-Heide (*Erica carnea*, links) bepflanzt.

Farbige Blätter, lange Blütezeit

Die Sorten von Besenheide (*Calluna vulgaris*) und Schnee-Heide (*Erica carnea*) sind mit breit gestaffelten Blütezeiten erhältlich, so dass die Blühperiode vom Juli (frühe Besenheide) ohne Unterbrechungen über den gesamten Winter bis in den Mai (späte Schnee-Heide) hinein reicht. Pflanzen Sie jeweils 2–3 Exemplare zu Gruppen mit gleicher Blütezeit zusammen. Wie das Bild zeigt, können Heiden sogar noch mehr: Während des restlichen Jahres sorgen leuchtend bunte oder silberblättrige Sorten (hier *Calluna* 'Silver Knight') für dauerhafte Farbkontraste.
Verfallen Sie aber nicht in einen Farbenrausch, sonst wirkt die Pflanzung schnell kitschig grell! Die Blütenfarben sollten zu den benachbarten Blattfarben passen.

Heide für Unentschlossene

Heiden sind hart im Nehmen. An ihrem natürlichen Standort müssen sie mit nährstoffarmem Boden, Trockenheit und Schafen fertig werden. Sie eignen sich daher auch bestens für den Garten vergesslicher – oder fauler – Kübelgärtner.
Stellen Sie eine oder mehrere flache Schalen in einfachem Dekor zusammen und pflanzen Sie Heiden zusammen mit Zwergsträuchern (z. B. Zwergmispel) oder Koniferen (z. B. Zwerg- oder Kriech-Wacholder). Genießen Sie den Anblick, denn gießen ist nur selten nötig.

Expertentipp

In einer Schale mit saurem Substrat können Sie mit Säure liebenden Heiden und einem Sonnentau ein schönes Moor-Flair erzeugen.

Rosenromantik – so einfach wie möglich

Wie pflegeleicht sind Rosen?

- **Bodendecker- oder Kleinstrauchrosen:** einfacher Schnitt (geht mit der Heckenschere)
- **Wildrosen:** einfacher Schnitt (im Frühling alteTriebe dicht über dem Boden abschneiden)
- **Beetrosen:** regelmäßiger Schnitt (alte Triebe ganz, junge auf 3–6 Augen zurückschneiden)
- **Strauchrosen:** relativ einfacher Schnitt (alte Triebe ab-, verblühte Triebe zurückschneiden)
- **Kletterrosen, Edelrosen, Alte und Englische Rosen:** Pflege und Schnitt relativ aufwendig

Auch für den Gärtner locken die Verführungen allerorten! Rosen sind bei einem Gang durch ein Gartencenter, in den Gärten von Bekannten, in Parks oder Gartenschauen einfach unübersehbar. Rosenblüten sehen prachtvoll aus, viele Sorten verwöhnen uns dazu noch mit ihrem Duft – wer könnte da widerstehen? Warum nicht also eine Ausnahme machen und die nicht ganz so pflegeleichten Rosen in die Gartengestaltung einbeziehen? Solange Sie sich auf wenige und gut bewährte Sorten beschränken, ist auch im pflegeleichten Garten nichts dagegen einzuwenden – im Hinblick auf den ästhetischen Genuss ohnehin nicht. Dennoch muss ich an dieser Stelle nochmals darauf hinweisen, dass Rosen nicht pflegeleicht sind. Die einzige Ausnahme stellen die wurzelechten Kleinstrauchrosen dar, die man immer häufiger auch als Bodendecker im öffentlichen Grün findet. Bei allen anderen Rosensorten kommt es im pflegeleichten Garten vor allem darauf an, Folgeschäden zu vermeiden: Fragen Sie daher genau nach, wie Ihre Rose geschnitten werden muss. Spritzen Sie vorbeugend gegen Pilze und Krankheiten und versorgen Sie den Boden mit Dünger.

Kleinstrauchrosen – die pflegeleichtesten Rosen

Kleinstrauchrosen gehören zu den robustesten und pflegeleichtesten Rosen. Auch eine Reihe kleiner Beetrosen (im Bild die ADR-Rose 'Schöne Dortmunderin') sind widerstandsfähig und kommen mit vertretbarem Aufwand aus. Bei der Beetgestaltung können Sie die kleinwüchsigen Rosenklassen fast wie Stauden verwenden.

- Kombinieren Sie einzelne Rosensträucher mit anderen, zur Blütezeit nicht ablenkenden Pflanzen, etwa Gräsern (z. B. Blauschwingel, *Festuca*) oder Blattschmuckstauden wie Frauenmantel, Blaue Kugeldistel, Salbei, Thymian oder Wollziest.
- Wenn Sie lieber mit Farben spielen möchten, probieren Sie zu roten Rosensorten blau oder blauviolett blühende Stauden aus, z. B. früh blühende Astern, Glockenblumen, Rittersporn, Storchschnabel oder Veilchen.
- Achten Sie in reinen Rosenbeeten darauf, nicht zu grelle Farbkontraste einzusetzen: Rosen wirken edler, wenn ihre Blüten farblich aufeinander abgestimmt sind.

Bodendeckerrosen eignen sich bestens, um als farbige Bänder einen Weg zu säumen, Sitzplätze einzurahmen oder einen Vorgarten zu zieren.

Expertentipp

Pflanzen Sie für den Frühling leuchtend bunte Zwiebelpflanzen zwischen die austreibenden Rosenbüsche.

Der Hingucker – Kletterrosen

Kletterrosen sind in Pflege und Schnitt relativ aufwendig. Sie brauchen Unterstützung, und ihre Triebe sollten regelmäßig in der gewünschten Position festgebunden werden. Da sie nur dann üppig blühen, wenn sie regelmäßig geschnitten werden, sollten sie einen besonders exponierten Platz im Garten bekommen – dann lohnt sich der Aufwand! Fragen Sie im Fachhandel nach etablierten Sorten (hier 'Rosarium Uetersen') und investieren Sie vielleicht etwas mehr Geld in eine attraktive Stütze. Eine Rosensäule im Beet oder ein Rosenbogen über einem Weg sind auch außerhalb der Blütezeit sehr dekorativ.

Blütensträuße in der Höhe – Hochstammrosen

Im Beet sind Hochstammrosen kaum zu schlagen: Die in die Höhe gehobenen Blüten kommen optimal zur Geltung, und Sie können sie auf vielerlei Art und Weise unterpflanzen. Achten Sie jedoch darauf, dass die Unterpflanzung nicht mit den Rosenblüten konkurriert.
Das geht einerseits mit unterschiedlichen Blütezeiten, also früher oder später blühenden Arten, oder durch Blütenfarben, die gut mit der Rose harmonieren.
Setzen Sie Hochstammrosen im Beet möglichst als Solitär oder als Paar ein.

Wilde Verwandte – ganz zahm

Heimische Wildrosen und ihre Verwandten sind relativ unkompliziert, wenn sie genügend Platz haben. Ich würde sie allerdings nicht isoliert, sondern als Bestandteil einer Hecke pflanzen. Da sie sehr reich blühen, kommen ihre Blüten aus der Entfernung wie ein bunter Farbteppich vor dunkelgrünem Hintergrund zur Geltung. Erkundigen Sie sich beim Kauf auch nach Farbe und Größe der Hagebutten. Da Wildrosen erst im Vorfrühling beschnitten werden, können Sie – und die Vögel – sich lange an den farbenprächtigen Hagebutten erfreuen.

Minimal-Gärten für Pflanzenmuffel

Hier will ich nochmals das Bild des »grün angestrichenen Betongartens« bemühen. Wirklich pflegeleicht sind in der Tat nur feste Oberflächen – und selbst die schreien ab und zu nach einem Besen oder möchten ausgebessert werden! Um seinen Garten zu genießen und sich in ihm rundum wohl zu fühlen, braucht es tatsächlich nur relativ wenige Pflanzen: einen kleinen Hausbaum, ein paar Sträucher als Blickpunkte und hier und da einige blühende Farbtupfer – am besten in Kübeln und Schalen.

Was macht einen pflegeleichten Garten wirklich aus? Wagen Sie mit mir ein Gedankenexperiment und vergessen Sie zunächst alle tradierten Vorstellungen, wie ein Garten angeblich auszusehen hat:

- Was tun Sie am liebsten im Garten? Vermutlich auf einer Liege ausruhen, vielleicht auch auf einem Sessel oder Stuhl sitzen und reden, lesen oder Kaffee trinken.
- Sind dafür Staudenbeete, kurz gemähte Rasenflächen oder sauber beschnittene Hecken erforderlich? Nein! Vielmehr brauchen Sie einen stabilen Untergrund, bequeme Sitzmöbel und ein Umfeld, in dem Sie sich wohl fühlen.

Das Baukasten-Prinzip

Mit möglichst vielen festen Oberflächen wie Platten, Kies oder Holzdecks können Sie den Arbeitsaufwand deutlich und vor allem nachhaltig reduzieren.

Betrachten Sie die Tipps und Gestaltungsvorschläge wie die Steine eines Baukastens, aus dem Sie Ihren Traumgarten zusammenstellen. Je mehr dieser »Bauklötze«(feste Elemente) Sie verteilen, desto kleiner werden die Freiflächen dazwischen. Das Endziel wäre ein Minimal-Garten, der weitgehend aus festen Oberflächen besteht. In einem solchen Garten ist ein gezielt eingesetzter Solitär (Baum, Strauch oder große Staude) sehr viel wirkungsvoller als ein Sammelsurium nachlässig verteilter Pflanzen.

Nehmen Sie sich Ihren Garten Schritt für Schritt vor, und entscheiden Sie immer wieder neu, ob Sie bereit sind, für ganz bestimmte Pflanzen, ein Beet oder eine Rasenfläche zusätzliche Arbeit zu leisten.

- Lautet die Antwort »ja«, dann finden Sie in den bisherigen Kapiteln genügend Anleitungen, Tricks und Tipps, wie Sie die Arbeit im Garten reduzieren können.
- Lautet die Antwort jedoch »nein«, dann kommt es darauf an, den gewonnenen Raum durch feste, pflegeleichte Oberflächen attraktiv zu gestalten.

Mit System in die Bequemlichkeit

Wenn Sie die freie Fläche hinter dem Haus in einen Minimal-Garten mit maximalem Entspannungsfaktor umwandeln wollen, gehen Sie mit Bedacht und am besten schrittweise (siehe Tabelle) vor! Auf diese Weise bleiben die Veränderungen überschaubar, und Sie behalten zu jedem Zeitpunkt die Kontrolle über das Ergebnis. Bei der Gestaltung eines konventionellen Gartens untergliedert man üblicherweise die Fläche in verschiedene Gartenräume. Jeder dieser Gartenräume wird von einem anderen Aspekt bestimmt: Ausruhen, Feste feiern, Rasenflächen, Blumenbeete, Nutzpflanzen ziehen, Geräte lagern. Damit der Gartenentwurf gelingt, werden diese Räume durch pflanzliche »Wände« vollständig oder teilweise voneinander getrennt. Das können Spaliergitter, Pergolen, Hecken oder Strauchbeete sein. Die Wirkung des Gartens basiert letztlich auf dem Wechselspiel der Räume, den Durchblicken und der gärtnerischen Gestaltung von Bodenfläche und Trennlinien – alles bezogen auf die Ausstattung mit den am besten geeigneten Pflanzen. Selbstverständlich sollte auch ein Minimal-Garten in Räume untergliedert werden, aber die Ausstattung dieser Räume, ihre Größe und die Art der »Trennwände« unterscheiden sich grundlegend.

Gartenräume im Minimal-Garten

Von einem nachhaltig pflegeleichten Garten – also einem Minimal-Garten – träumt der Gartenbesitzer, der den höchsten Sinn eines Gartens in der Entspannung sieht. Gewähren Sie daher allen Funktionsräumen, die diesem Zweck dienen, einen größeren Raum.

- Wird Ihre Terrasse hinter einem Reihenhaus nicht von schmalen, schwer zu pflegenden Beetstreifen eingefasst, sondern quer über die Grundstücksbreite und 2–3 m weiter in den Garten hinein angelegt, reduziert sich die Pflanzfläche bereits beträchtlich – mehr Entspannung!
- Ein zweiter Sitzplatz an einer anderen Stelle des Gartens könnte beispielsweise um einen fest eingebauten Grill geplant werden und dient dann mit einigen festen und vielen mobilen Gartenmöbeln als Ess- oder Partyraum. Achten Sie bei der Ausstattung solcher Räume auf stabile Ausführung des Bodenbelags. Fest installierte Bänke aus Holz oder breitere Mauern mit Sitzpolstern grenzen den Partybereich gegen den Garten ab und verhindern, dass jemand versehentlich in ein Beet gerät – was wieder Arbeit bedeuten würde. Natürlich können Sie einen zweiten oder gar dritten Sitzplatz auch als sehr privaten Rückzugsraum gestalten: Eine oder zwei Liegen, eine Leuchte, ein Beistelltisch sowie eine partielle Überdachung garantieren Ruhe bei Sonne, am Abend und sogar bei Regen. Hier ist auch eine Steckdose zum Anschluss von Elektrogeräten oder einer Außenheizung nicht zu verachten.
- Legen Sie großen Wert auf die Gestaltung fester Verbindungswege. Einerseits nehmen Wege Raum ein, reduzieren also die Pflanzfläche, andererseits kann man Wege zu sehr attraktiven »Hinguckern« gestalten, die fast so viel Spannung erzeugen wie ein Beet.

Schrittweise zum Minimal-Garten

1. Schritt	Kritische Selbstbefragung	Was erwarte ich von meinem Garten? • Was möchte ich darin am liebsten tun? • Wie viel Arbeit bin ich bereit zu leisten?
2. Schritt	Kritische Analyse des Gartens und der Pflanzfläche (vgl. S. 24/25)	Welcher Teil des Gartens macht mir am meisten Freude? • Worüber ärgere ich mich? • Was lässt mich völlig kalt?
3. Schritt	Veränderungen, die kaum in die Gestaltung des Gartens eingreifen	Terrassenfläche vergrößern, dabei schmale Beete neben der Terrasse entfernen • Zahl der Kübelpflanzen reduzieren • Alle Kanten/Grenzen begradigen und befestigen
4. Schritt	Veränderungen, die stärker in die Gestaltung des Gartens eingreifen	Zusätzlichen Sitzplatz anlegen • Feste Wege anlegen bzw. verbreitern • Rasenfläche verkleinern bzw. als »wilde Wiese« gestalten • Beetfläche verkleinern • Stauden gegen Sträucher auswechseln • Schnitthecke gegen lockere Strauchhecke auswechseln
5. Schritt	Veränderungen, die wesentlich in die Gestaltung des Gartens eingreifen	Rasenfläche gegen Kies, Holzdeck oder Platten auswechseln • Staudenbeete gegen Strauchbeete oder feste Oberflächen auswechseln • Nutzpflanzenbeete abschaffen • Pflanzliche Trennwände gegen feste Elemente auswechseln

Edles, kühles Metall in Kombination mit Glas, dazu Agaven und Bambus vor kontrastreicher Farbe – Gartenatmosphäre (fast) ohne Pflanzen. Tauscht man die Agaven gegen winterharte Pflanzen aus, fällt noch ein Arbeitsschritt weg.

Kies oder Wiese statt »Englischer Rasen«

Die optimale Lösung für den Minimal-Garten wäre der vollständige Verzicht auf Rasen.

- Legen Sie stattdessen eine Kiesfläche an und gestalten Sie deren Oberfläche mit Kübelpflanzen oder mit fest eingepflanzten Großstauden, Sträuchern oder Bambus (siehe Seite 148/149). An Trockenheit angepasste Sukkulenten oder Steingartenpflanzen zwischen ein paar aufgetürmten Steinen verleihen der Kiesfläche ein völlig anderes Flair.
- Geharkte, leere Kiesflächen – mit oder ohne größere Feldsteine und ganz ohne Pflanzen – erinnern an den Fernen Osten. Ein paar kleine und mittelgroße Bambuspflanzen – vielleicht auch ein asiatisches Objekt – unterstreichen den Eindruck (siehe Seite 150/151).
- Tritte aus Holzscheiben, Bohlen, Holzdecks, Natursteinplatten oder Betonformsteine zwischen den Kiesflächen bilden abwechslungsreiche Blickpunkte.
- In sehr großen Gärten, in denen eine Kiesfläche leicht wüstenhafte Ausmaße annehmen könnte, rate ich stattdessen zu einer natürlichen Wiese (siehe Seite 21). Mähen Sie nur noch zweimal im Jahr. Sie können mit dem Mäher auch einen 1,5 m breiten, wie zufällig hin und her schwingenden Grasweg hindurchmähen, der nicht weiter gepflegt werden muss.

Pflanzen möglichst reduzieren

- Wenn Sie auf Blumen nicht verzichten wollen, rate ich zumindest zu optimal an den Standort angepassten Pflanzen und möglichst kleinen Beetflächen.
- Von einem größeren Anteil Nutzpflanzen oder gar einer ganzen Abteilung mit Gemüse, Kräutern und Salat würde ich abraten. Es gibt keine Möglichkeit, hier merklich Arbeit zu sparen. Einige Kräuter im Kübel, Beerensträucher in einer Hecke oder einige Exemplare Gemüse oder Salat im Beet können hier Ersatz bieten.
- Das Gleiche gilt für Wasserflächen. Naturteiche und Bachläufe erfordern sorgfältige Pflege und Wartung.
- Statt pflegeintensiver Schnitthecken, Inselbeeten mit hohen Stauden oder mit verschiedenen Kletterpflanzen berankten Rankgittern bieten sich Trennwände aus festem Material wie Holz, Metall oder einem Materialmix an, die genauso spannend sein können wie Pflanzen.

Pflegeleichter, attraktiver Sichtschutz

Je dichter die Bebauung, desto größer ist der Wunsch, sich von den Nachbarn abzuschirmen. Die perfekte Barriere im Minimal-Garten ist blickdicht und erfordert keinen Pflegeaufwand. Eine Möglichkeit bieten Mauern. Natürlich sollten Sie Ihren Garten nicht in eine Art Gefängnishof verwandeln, aber eine Mauer aus attraktiven Ziegeln oder mit farbigem Anstrich hat durchaus ihren Reiz. Höhenunterschiede, eckige und runde Durchlässe oder verschiedene Materialien lockern die Mauer auf. Wo eine Mauer zu wuchtig wäre, da bieten Zäune aus den unterschiedlichsten Materialien (siehe unten) eine Alternative.
Lassen Sie sich von den hier vorgestellten Ideen anregen.

Materialideen

- Bambus: für asiatische Gärten; sparsam einsetzen
- Beton: beliebig formbar; kann jedoch kalt wirken
- Bimssteine: leicht; sollten jedoch verputzt werden
- Edelstahl: teuer und edel
- Holz, Palisaden: für große Flächen meist zu wuchtig
- Holzlatten, fertiges Geflecht: wirken »nackt« schnell langweilig
- Holzlatten, freie Konstruktion: abwechslungsreich
- Kalksteine: solide; können direkt gestrichen werden
- Maschendraht: als Hintergrund für lockere Hecken
- Metall: große Unterschiede je nach Art; besser in Kombination als isoliert

Variationen in Holz

Wer sich für einen Zaun oder Sichtschutz aus Holz entscheidet, kann eigentlich keinen Fehler machen. Holz ist ein natürliches Material, das sich bestens in jegliche Bepflanzung einfügt, aber auch zu anderen Materialien passt. Suchen Sie in Baumärkten oder Gartencentern nach passenden Systemen – dichtere und feste Konstruktionen wie Scheren- oder Staketenzäune für außen, leichtere, gitterartige für innen.
Einen rustikalen Flechtzaun aus senkrechten Pfosten und dünnen Haselnuss- oder Weidenruten können Sie sehr gut selbst flechten. Er hat großen Charme und erinnert an mittelalterliche und Bauerngärten. Er eignet sich bestens, um innerhalb des Gartens kleine Räume abzutrennen. Setzen Sie ruhig ungewöhnliche Akzente, wie diese kleine Amphore.

Asiatisch – Zäune aus Bambus

Bambuszäune oder -matten eignen sich besser für Abtrennungen innerhalb des Gartens, weniger als Außenzaun und passen am besten zu einem Garten im fernöstlichen Stil. Senkrechte, dünne Bambusrohre mit durchgezogenen Drähten oder an zwei waagerechten Latten befestigt, geben sehr leichte, scheinbar durchlässige Trennwände ab.
Markanter erscheinen Bambuswände aus unterschiedlich dicken Bambusrohren, die auch in der Höhe gestaffelt werden (»Panflöten«).

Expertentipp

Verschönern Sie Ihren Bambuszaun noch, indem Sie z. B. ein dekoratives Tau darumwickeln.

Metall für alle Gartenstile

Diese durchbrochenen, roten Metallelemente stellen keinen Zaun im eigentlichen Sinne dar, fügen sich aber bestens in einen modern gestalteten Kies- und Wassergarten ein. Durch die auffällige Farbgebung erscheinen sie wie Kunstobjekte. Die eigentliche Abgrenzung sichert ein dicht geflochtener Metallgitterzaun. Der leichte, offene Bogen aus blau gestrichenem Metall vollendet das Arrangement (rechts im Bild gerade noch angeschnitten).
Elegant wirken leichte Metallzäune aus dünnen Staketen mit verschiedensten Ornamenten, die je nach Gartenstil schwarz, grün oder weiß gestrichen werden können. Sie bilden eine feste, jedoch keine blickdichte Grenze.

Kunstwerk statt Zaun

Natürlich könnte man solche individuell hergestellten, modernen – und leider oft sehr teuren – Kunstwerke auch in einem konventionellen Garten verwenden. In einem Minimal-Garten kommen sie jedoch noch besser zur Geltung, weil kein üppiger Pflanzenwuchs von ihnen ablenkt. Hier grenzt eine Gruppe von Elementen einen Sitzplatz ab. Boden und Bank sind im selben Stil gehalten und erscheinen daher wie aus einem Guss.

Expertentipp

Eine preiswertere Form von Gartenkunst sind Spiegel und perspektivische Gitter, mit denen Sie die Grenzen des Gartens scheinbar sprengen.

Beton muss nicht trist sein

Beton im Garten? Wirklich undenkbar? Ein farbiger Anstrich, aufgeraute oder strukturierte Oberflächen oder, wie hier, einige einfache Rankgitter, auf denen grüne Blätter die glatte Oberfläche brechen, verwandeln den »kalten« Beton in einen interessanten Werkstoff.
Darüber hinaus ist Beton beliebig formbar: Die kreisrunden Mondfenster der chinesischen Gärten lassen sich in Beton ohne Schwierigkeiten gießen. Informieren Sie sich in Baumärkten und Gartencentern oder übers Internet über die zahlreichen Möglichkeiten und den Einsatz von Beton und Stein im Garten.
Wenn Sie eintönige Flächen vermeiden, stellen Betonmauern preiswerte und attraktive Trennwände dar.

Steine statt Gras – der Kiesgarten

Grob oder fein?

- **Kies (abgerundet):**
  Feinkies 2–6,3 mm
  Mittelkies 6,3–20 mm
  Grobkies 20–63 mm
  Steine größer als 63 mm
- **Splitt (Kanten scharf):**
  Alpendolomit: weiß, beige, gelb
  Basalt: blauschwarz
  Granit: grau, braun, gelb, anthrazit, rot und weiß
  Jura: braun
  Kristall (Quarz oder Perlquarz): weiß, rosa, graublau
  Marmor: weiß, grau
  Porphyr und Quarzporphyr: rotbraun und rot

Kies und Splitt sind in all ihrer Vielfalt an Formen, Farben und Größen das beste Material für den Minimal-Garten. Ob als glatte, pflanzenlose Oberfläche, aufgelockert durch Steininseln, bepflanzt oder mit Kübeln bestellt – mit Kies und Splitt können Sie jede Stimmung ausdrücken. Wenn Sie den Untergrund auch noch entsprechend vorbereitet und gegen Unkraut gesichert haben (siehe Seite 32/33), kommt die Fläche fast ohne Pflege aus.
Suchen Sie den Belag äußerst sorgfältig aus. Mir persönlich z. B. fällt es sehr schwer, von einer 50 x 50 cm großen Musterfläche auf eine mehrere Quadratmeter große Fläche zu schließen. Suchen Sie daher möglichst nach einer Baustoffhandlung/Gartencenter, wo das Material Ihrer Wahl großflächig ausgebreitet wurde. Die Gestaltungstipps auf dieser Doppelseite loten die Bandbreite nur in groben Zügen aus: Kies ist Untergrund und Dekoration, kann mit den Füßen getreten, aber auch als esoterisches Kunstwerk genossen werden.

Zurück zum Barock?

In der Zeit der absolutistischen Könige und Fürsten wurde die Gartenfläche am Haus – das Gartenparterre – wie eine Stickerei gestaltet. Zwischen kunstvoll zu Arabesken verschlungenem Zwergbuchs lagen bunte Kiesel. Auch diese moderne Version eines Parterregartens setzt konsequent auf das Farbenspiel der Kiesflächen. Der zurückhaltenden Bepflanzung kommt nur eine Nebenrolle zu.
Zeichnen Sie für die Gestaltung eines solchen Gartens ein einfaches aber maßstabsgerechtes Muster auf ein Blatt Papier und übertragen Sie die Grenzen mit einer Schnur auf den Boden. Passen Sie Original und den Plan so lange an, bis Sie die ideale Kombination und Form gefunden haben. Wenn Sie zufrieden sind, nehmen Sie die Zeichnung mit zum Baustoffhandel. Mit Hilfe der Maße kann man Ihnen dort den genauen Bedarf an Steinen berechnen. Achten Sie bei der Auswahl der Steine auf eine harmonische Farbzusammenstellung. Bei starken Farbkontrasten können Sie völlig auf Pflanzen verzichten oder sich auf einen oder zwei markante Kübel beschränken. Es gilt: Je auffälliger die Steinfarben, desto zurückhaltender die Bepflanzung.
Trennen Sie die einzelnen Kiesflächen durch Metallstreifen, die in den Boden eingelassen werden, damit die Farbgrenzen scharf bleiben.
Farbige Natursteine sind zwar teurer als eingefärbte Kiesel, dafür ist die Farbe aber dauerhaft und »echt«.

Kies – unempfindlich und leicht auszutauschen

Wenn die Grillparty etwas heftiger gerät, tropft schon einmal etwas Fett auf den Boden, oder ein Stück gegrillter Bauchspeck macht sich selbstständig. Was bei Natursteinen zum Problem werden kann, löst bei Kies kein Zähneknirschen aus: Fettiger Kies wird einfach untergeharkt oder durch neuen ersetzt. In gestalterischer Hinsicht bietet Kies als Bodenbelag keinerlei Probleme. Entscheiden Sie sich für eine mittlere Korngröße in einer gedeckten Farbe (weder Splitt noch weißer Zierkies), und legen Sie unterhalb der Kiesfläche eine solide Grundlage aus grobem Schotter und gestampftem Sand an.

Die ganze Welt im Blumenkübel

In diesem Innenhofgarten geht die Wirkung hauptsächlich von den abwechslungsreichen Oberflächen aus: eine kontrastreich gestrichene Wand, der Holzsteg und ungewöhnlich hohe, strenge Säulenkübel. Schmale, hohe Kübel aus Metall, Kunststoff und Terrakotta eignen sich besonders gut für kleine Flächen, weil sie den Blick von der Bodenfläche ablenken und in die Höhe leiten.

Expertentipp

Wenn Sie sich einen Vorrat an verschiedenen Gefäßen zulegen und die Bepflanzung wechseln, sieht Ihr Kiesgarten jedes Jahr anders aus.

Wasserlauf oder nicht?

In diesem Fall wird das mit grobem Splitt und Steinen gestaltete Bachbett in der Tat von Wasser durchflossen, aber das muss nicht unbedingt sein. So genannte Trockenbäche aus Splitt oder grobem Kies können den Eindruck fließenden Wassers erzeugen – ohne die mit einem Wasserlauf verbundene Arbeit.
Achten Sie auf Natürlichkeit: leicht geschwungene Ufer, unterschiedliche Breite des Bachlaufes und wenige deutlich größere Steine als »Wellenbrecher«.

Wo bitte steht das Teehaus?

Eigentlich ist dieser Japangarten gar kein »japanischer« Garten. Dass der Durchgang dennoch fernöstlich anmutet, basiert sowohl auf dem Ambiente – Bambuszäune, Gitter – als auch auf der äußerst sparsamen Pflanzenauswahl – Ahorn und Bambus. In der Tat lösen Sie mit einem derartigen Arrangement mehrere Probleme auf einmal: Der wenige attraktive und halbschattige Durchgang zwischen Haus und Grundstücksgrenze wird aufgewertet. Kies und die Bohlen als Trittelemente sind extrem pflegeleicht, und auch die verwendeten Pflanzen sind mit einem Minimum an Aufwand zufrieden. Außerdem ist das Arrangement offen für weitere fernöstliche Versatzstücke, wie Steinampeln oder Minibrunnen.

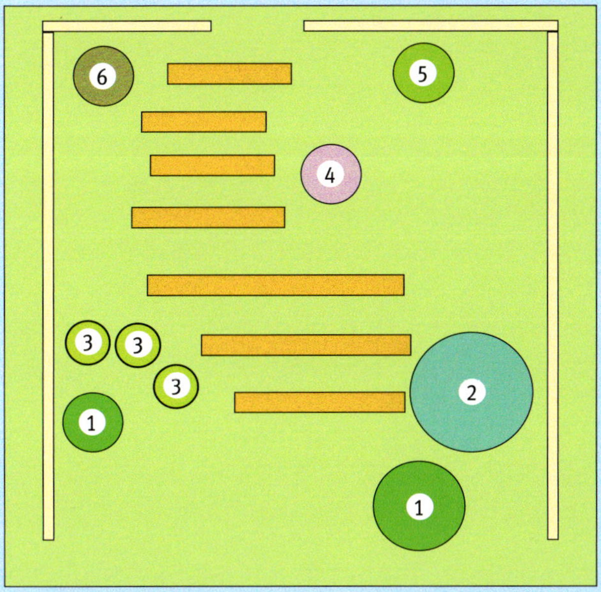

Das brauchen Sie:

1. *Pseudosasa japonica* (oder ein anderer, großblättriger Bambus); 3–4 m hoch, winterhart, sehr schattenverträglich, treibt Ausläufer; 2 Pflanzen
2. Japanischer Ahorn (*Acer japonicum* oder *A. palmatum*) kleine Sorten unter 4 m hoch, Sorten für den Kübel noch kleiner; Blütezeit ab Mai; 1 Pflanze
3. *Sasaella glabra* 'Albostriata' (oder eine andere Sorte mit panaschierten Blättern); 50–150 cm hoch, treibt starke Ausläufer, vergrünt im Schatten; 3 Pflanzen
4. *Thalia dealbata*
   2–3 m hoch (Wachstum im Kübel eingeschränkt), nicht völlig winterhart (-5 °C), im Sommer mit violetten Blüten; 1 Pflanze
5. *Fargesia murielae* (Sorten)
   3–4 m hoch, horstig wachsend, gut winterhart; 1 Pflanze
6. *Phyllostachys nigra* f. *punctata*
   3–5 m hoch, schwarze Halme, treibt mäßig Ausläufer, nicht überall winterhart (-18 °C); 1 Pflanze

So pflanzen Sie:

Legen Sie zunächst das Kiesbett (siehe Seite 32/33) und die Trittsteine an. Letztere sollten gut fixiert werden, damit sie nicht verrutschen (statt der rustikalen Holzbohlen eignen sich auch Natursteinplatten oder versetzt verlegte Holzdeck-Elemente). Die Zäune sollten zum gewählten »Japan-Thema« passen.

- Die direkt in den Boden gesetzten Bambusse brauchen unbedingt eine Rhizomsperre, damit sie nicht wuchern (siehe Seite 38). Containerpflanzen können während der gesamten Vegetationszeit gepflanzt werden (in der ersten Zeit reichlich gießen).
- Heben Sie für den Ahorn ein relativ breites und tiefes Pflanzloch aus und füllen Sie nährstoffreiche Komposterde ein, dann gedeiht er besser, und Sie sparen sich späteren Aufwand für eine Bodenverbesserung.
- Setzen Sie nach den letzten Frösten die Thalia in lehmigen, humusreichen Boden; als Teichrandpflanze braucht sie ständig feuchtes Substrat.

Expertentipp

Als Alternative für die subtropische Thalia bieten sich z. B. Kalla (Calla), Zimmerkalla (Zantedeschia) oder Schwertlilien (Iris) an.

So pflegen Sie:

Frühling: Erfrorene Bambushalme entfernen und einige alte Triebe am Boden abschneiden (»auslichten«); Bambus darf auch in der Höhe eingekürzt werden; im April düngen.

Sommer: Im Frühsommer die Thalia einpflanzen; regelmäßig Rhizomsperren beim Bambus kontrollieren und ggf. wandernde Rhizome abschneiden; zweite Düngung im August.

Herbst: Im Spätherbst sauren Rindenmulch unter dem Ahorn verteilen; Thalia ins Winterquartier (kühl, belichtet) bringen; in kalten Regionen den Bambus vor der Kälte schützen.

Winter: Keine Pflegemaßnahmen erforderlich. Nutzen Sie die Zeit, um das Kiesbett zu pflegen, ggf. die Tritte neu einzurichten oder Veränderungen an den Accessoires durchzuführen.

Materialmix schafft Spannung

Pflegearbeiten

- **Beton, Betonformsteine, Ziegelsteine:** bei Bedarf fegen; bei sehr starker Verschmutzung mit Hochdruckreiniger abspritzen
- **Holz:** bei Bedarf fegen; glatte Oberfläche algenfrei halten, sonst besteht Rutschgefahr
- **Kies:** gelegentlich mit dem Rechen glatt ziehen; stark verschmutzte Stellen austauschen (gut mit den angrenzenden Kieseln vermischen, damit kein scharfer Übergang entsteht)
- **Natursteinplatten:** bei Bedarf fegen; Oberfläche sollte natürlich altern dürfen

In einem Minimal-Garten übernehmen unbelebte Objekte oder Oberflächen die Aufgabe der Pflanzen. Auch das kann spannungsreich sein und äußerst lebendig wirken. Dabei kommt es – ähnlich wie bei der Gestaltung von Beetflächen – wesentlich darauf an, Spannung zu erzeugen. Der Blick auf eine eintönige Oberfläche aus Kies oder Steinplatten ist in der Tat nicht besonders aufregend. Unterschiedliche Materialien, Höhenunterschiede, farbige Akzente oder lebhafte Formen schaffen hier rasch Abhilfe.
Viele Möglichkeiten bieten auch der Wechsel zwischen Wegen und Sitzplätzen, Richtungswechsel in der Wegführung oder der Einbau von kleinen Stufen. Lassen Sie sich von unseren Beispielen animieren.

Ein Hauch von Zen – Steingarten einmal anders

Einen derartigen Steingarten anzulegen, erfordert Mut und macht auch relativ viel Arbeit, denn die Wellen im Kies erfüllen nur dann ihre Aufgabe, wenn sie regelmäßig erneuert werden. Auch viele westliche Gartenbesitzer fühlen sich von der ruhigen Stimmung solcher Zen-Gärten fast magisch angezogen, selbst wenn sie nicht tiefer in die grundlegende Philosophie eindringen wollen. Es ist aber völlig legitim, im pflegeleichten Minimal-Garten von der Idee zu profitieren und sie den eigenen Ansprüchen anzugleichen. In diesem Fall erzeugt der Garten Ruhe und Spannung gleichzeitig, weil er durch die Materialien sowohl in der Fläche als auch in der Höhe abwechslungsreich gestaltet ist.
Wenn Sie das Konzept für Ihren eigenen Garten umsetzen wollen, dann gehen Sie am besten von einer unregelmäßig begrenzten Kiesfläche aus. Platzieren Sie in dieser Fläche einige Steine als Blickpunkte – die meisten flach, wenige aufrecht. Entscheidend für die Wirkung ist die Beschränkung auf wenige Formen.
Die Bepflanzung kann sparsam ausfallen: mit Moos überzogene Steine im Randbereich, als Solitär eingesetzter Bambus, Japanischer Ahorn oder einige Rhododendren.
Wenn die Kiesfläche nicht betreten wird, muss sie nur gelegentlich glatt gerecht werden – es sei denn, Sie finden Gefallen daran, die kontemplativen Meereswellen zu erhalten.

Von der Antike bis zur Gegenwart – Mosaike

Die Gestaltung fester Oberflächen mit einfachen Mosaiken ist eine äußerst wirkungsvolle Methode, Blickpunkte zu schaffen. Allerdings besteht hier auch schnell Gefahr, den Betrachter durch zu unruhige Muster zu verwirren. Schauen Sie sich daher zunächst in Baumärkten um. Hier sind oft Muster aus Betonformsteinen ausgelegt, die man als Set erwerben kann. Das abgebildete Mosaik aus Platten gehört gewissermaßen in die Oberliga.
Eine hübsche Alternative sind Mosaike aus Kieselsteinen, die in ein Betonbett gedrückt werden. Probieren Sie das Muster erst einmal »trocken« aus!

Wo Holzwellen gegen Steine schlagen

Holz und Stein bilden starke Kontraste. Die Richtung der Holzbalken erzeugt perspektivische Wirkungen. Beim Blick entlang der Balken scheint sich der Garten zu weiten. Blicken Sie quer zur Balkenrichtung, wird die Länge gestaucht. Querbalken in einem Kiesbett lassen einen Gartenabschnitt »kürzer« erscheinen, Längsbalken lenken den Blick in die Ferne.

Expertentipp

Wenn Sie den Balkenverlauf in Ihren Gartenplan einzeichnen und dann schräg daraufblicken, können Sie die Wirkung etwas simulieren.

Große Steine, kleine Steine ...

Dank der wechselnden Oberflächen von großen und kleineren Kieselsteinen, glatten Platten und buckligen Pflastersteinen aus Basalt erscheint diese Fläche ruhig und belebt zugleich. Der geschwungene Verlauf der Basaltsteinlinie bildet einen wirkungsvollen Kontrast zur Fläche mit den wie zufällig verteilten Natursteinen. Als einziger Schmuck setzt die Amphore einen auffallenden Akzent. Verzichten Sie bei solchen Arrangements auf üppige Bepflanzung – sie würde die Wirkung zunichte machen.

Mobile Mini-Gärten

Was passt in den Kübel?

- **Zwiebeln, Knollen**: erste Wahl, da sie bis auf das Einpflanzen kaum Mühe machen (allenfalls etwas wässern)
- **einjährige Pflanzen:** als vorgezogene Exemplare aus der Gärtnerei extrem pflegeleicht
- **Stauden:** relativ aufwendig, weil sie gewässert, gedüngt und nach einiger Zeit auch umgetopft werden müssen
- **Sträucher, Bäume:** nur sehr kleinwüchsige Arten und Sorten; hier hilft nur eine gezielte Beratung

Zu behaupten, Pflanzkübel seien pflegeleicht, grenzt fast an eine Lüge: Der Kübel muss vorbereitet, mit Scherben ausgelegt und mit Erde gefüllt werden. Es folgen Einpflanzen, Düngen, Ausputzen, bei Stauden auch Umtopfen – kurz, viel Arbeit. Allerdings bieten Kübel in einem ansonsten konsequent auf Zeitersparnis optimierten Minimal-Garten die Möglichkeit, Blüten zu präsentieren.
Entscheiden Sie sich nur für Kübelpflanzen, wenn Sie bereit sind, die Pflanzen regelmäßig zu gießen, zu düngen und von Zeit zu Zeit auch umzutopfen. Bei kurzen Wegen zwischen Wasserquelle und den Töpfen oder gar mit einer automatischen Tröpfelbewässerung sparen Sie viel Zeit.
Überlegen Sie genau, welche Pflanzen an den vorgesehenen Standort passen, und berücksichtigen Sie die alte und sehr wahre Regel jeglicher Gestaltung: Weniger ist mehr! Zum Glück sind Kübel auch »Wegwerfgärten«: Kippen Sie den Inhalt des Kübels auf den Komposthaufen und starten Sie einen neuen Versuch.

Bunter Frühling im Topf

Nach dem vegetationslosen und eintönigen Winter folgt in den meisten Gärten im Frühjahr eine wahre Blütenexplosion in den verschiedensten Farben: Die im Herbst eingegrabenen Zwiebel- und Knollenblumen haben jetzt ihren Auftritt. Mit einem geringen Mehraufwand können Sie auch Balkon und Terrasse im Frühling erblühen lassen:
Füllen Sie im Herbst einen größeren Topf oder Pflanzkübel mit einer dicken Lage Kiesel oder Tonscherben; darüber kommt eine Schicht mit Sand gemischter Topferde.
Statt die Zwiebeln alle in einer Lage – also in derselben Tiefe – zu pflanzen, können Sie die Zwiebeln auch in verschiedenen Tiefen setzen (spät blühende oder größere Zwiebeln tiefer). Füllen Sie die Zwischenräume mit dem Sand-Substrat-Gemisch auf.
Es ist auch möglich, Zwiebeln derselben Art in unterschiedliche Tiefen zu setzen. Die unteren brauchen länger für ihr Wachstum durch die Erde und treiben entsprechend später aus. Die Töpfe werden in einem kalten, frostfreien Keller überwintert und im Spätwinter in einen wärmeren Raum umgesetzt, bis sie austreiben – dann dürfen sie auf die Terrasse. Wenn der Wetterbericht starke Nachtfröste ankündigt, müssen sie allerdings wieder ins Haus.
Ideal sind: Hyazinthen, Krokusse, Narzissen und Osterglocken, Traubenhyazinthen und Tulpen – einzeln oder in Kombination.

Zauber der Exotik

Dass ein pflegeleichter kein langweiliger Garten sein muss, gilt natürlich auch für Kübelpflanzen. Wer sich die Tropen auf den Balkon oder die Terrasse holen möchte, muss allerdings Kompromisse schließen, denn zweimal im Jahr (Spätfrühling und Herbst) müssen die Pflanzen umziehen. Sehr tropisch und üppig sehen z. B. *Dieffenbachia, Fatsia* oder x *Fatshedera, Philodendron, Spathiphyllum* oder die Zimmerkalla *Zantedeschia* (hier im Kübel) aus. Für den richtigen »Touch« sorgen farbige Kübel, Pflanzen in verschiedenen Standhöhen (Pflanzenbank) oder eine geeignete Plastik.

Mittelmeer im Kleinformat

Mit Terrakotta-Kübeln zaubern Sie Mittelmeer-Flair auf Balkon und Terrasse. Hübsche Accessoires, wie Akanthuszapfen, Kugeln, kleine Amphoren, Statuen oder Büsten, vervollständigen das Bild. Legen Sie sich bei der Bepflanzung keine zu engen Beschränkungen auf – es müssen nicht alles mediterrane Pflanzen sein.

Expertentipp

Zitrus-, Lorbeer- oder Olivenbäumchen sind zwar pflegeaufwendig, vor allem im Winter, sehen in Terrakotta-Gefäßen aber umwerfend aus.

Gemüse und Kräuter einmal anders

Fast alle Kräuter und Gemüse eignen sich auch für die Topfhaltung. Anders als im Garten können Sie jeder Art die perfekten Bodenbedingungen bieten: Mittelmeer- und andere Gewürzkräuter bekommen durchlässigen Sandboden, Kohlköpfe sehr nährstoffreiche Blumenerde, Mangold liebt guten Gartenboden.
Stellen Sie einfache Blumentöpfe zu abwechslungsreichen Gruppen zusammen. Sie sehen auch hübsch auf Treppenstufen oder kleinen Gestellen aus. Kreative Gärtner malen Ihre Blumentöpfe mit Farben auf Acrylbasis an.

Wasser im pflegeleichten Garten

Mit dem Wasser im Garten ist es ähnlich wie mit den Rosen. Die meisten Gärtner lieben es, doch wenn wir uns ernsthaft mit dem Thema befassen, wird rasch klar: Ein Wassergarten ist zu aufwändig für einen pflegeleichten Garten. Was also tun, wenn der Wunsch nach einer Teichlandschaft stärker ist als die Vernunft? Die einzige Lösung heißt dann: Auch bei der Anlage eines Teiches auf möglichst viele aufwändige Elemente verzichten. Nur so halten sich die Pflegearbeiten in Grenzen. Entscheiden Sie sich für ein relativ flaches Teichbecken mit geraden Ufern. Setzen Sie alle Pflanzen in eigene Töpfe oder Körbe. Meiden Sie Pumpen und lange Rohrleitungen. Pflanzen Sie nur wenige und robuste Arten, wie in unserem Beispiel.

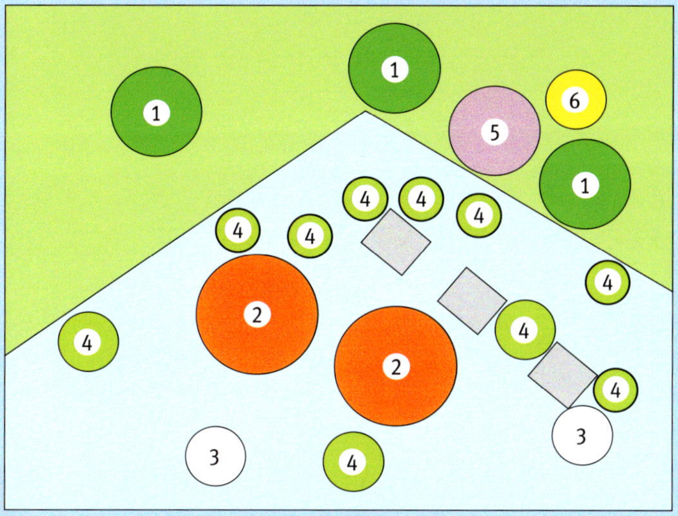

Das brauchen Sie:

1. Funkien (*Hosta*-Hybriden) als Randbepflanzung
bis 50 cm hoch, 60–70 cm breit; Blüten weiß bis blauviolett; achten Sie auf attraktives Laub (Farbe, Zeichnung, Struktur); 3 Pflanzen
2. Seerosen (*Nymphaea*-Arten und -Sorten)
fragen Sie nach winterharten Sorten und erkundigen Sie sich nach der erforderlichen Wassertiefe; Blüten weiß, gelb oder rot, blühen ab Juni; 2, maximal 3 Pflanzen (Faustregel: 1 Pflanze pro 2 m²)
3. Schlangenwurz (*Calla palustris* oder *Zantedeschia*)
bis 20 cm Wassertiefe, 15–20 cm hoch; Blütenkolben und auffallendes, weißes Hochblatt; blüht ab Juni; 2 Pflanzen
4. Schwertlilie (*Iris pseudacorus*, alternativ z. B. *Iris laevigata* oder *Kaempferi*-Hybriden)
bis 20 cm Wassertiefe; 80–100 cm hoch; Blüte gelb, blüht Mai–Juni; 7–10 Pflanzen

5. und 6. Blütenstauden, um den Raum zwischen den Funkien farbig aufzupeppen; geeignet sind alle pflegeleichten Arten und Sorten für den Halbschatten (z. B. *Aconitum, Dicentra, Euphorbia, Geranium, Meconopsis*)

So pflanzen Sie:

Setzen Sie den Teich nach Vorgaben des Herstellers in den Boden, und kontrollieren Sie sorgfältig, ob der Beckenrand waagerecht ist. Ein individuell aus Beton gegossenes Teichbecken lässt sich oftmals besser an die Gegebenheiten anpassen. Bepflanzt wird im Frühjahr, nach den letzten Frosttagen (Gärtner bieten die Seerosen ohnehin erst an, wenn sie ins Freiland gepflanzt werden dürfen).

- Setzen Sie die Seerosen in Pflanzkörbe mit Teicherde. Decken Sie die Erde mit Kieselsteinen ab (damit die Erde festhält) und versenken Sie die Kübel ins Wasser.
- Setzen Sie auch die Rhizome der Schwertlilien einzeln in einen Teichkorb, sie wuchern sonst stark.
- Die Schlangenwurz wuchert zwar kaum, sollte aber dennoch in einen Korb gesetzt werden. Graben Sie das Rhizom nicht ein, sondern legen Sie es auf die Teicherde (mit einem Stein beschweren).
- Die Funkien und andere Randpflanzen werden wie üblich in vorbereitete Beeterde gesetzt. Da sie keine direkte Verbindung zum Teich haben, können Sie diese Arbeit auch früher oder später erledigen.

Expertentipp

Weniger Arbeit als Seerosen machen schwimmende Lampen. Sie sehen am Tag dekorativ aus und tauchen abends Teich und umgebenden Garten in sanftes Licht.

So pflegen Sie:

Frühling: Alle Körbe aus dem Wasser heben und lang auswachsende Rhizome kürzen. Eventuell erfrorenes Schlangenwurz-Rhizom ersetzen; Schwertlilien durch Zerschneiden teilen.

Sommer: Im Frühsommer in Lehmkügelchen eingekneteten Seerosendünger in die Pflanzkörbe drücken. Algen und Schwimmblätter mit Fraßspuren komplett entfernen (Schädlingsfraß!).

Herbst: Gründlich alle Blätter entfernen, ggf. auch den Bodenschlamm. Setzen Sie einen so genannten Eisfreihalter ins Wasser (im Fachhandel), er sichert den Gasaustausch auch im Winter.

Winter: Entfernen Sie vor den ersten Frosttagen jegliche Technik aus dem Teich, die unter dem Eis leiden könnte. Ansonsten ist bei einem einfachen Teich wie hier keine Winterpflege erforderlich.

Kleines Garten-ABC

Anhäufeln: an der Basis einer Pflanze wird Erde, Laub oder Mulchmaterial zu einem kleinen Hügel angehäuft; das kann als Winterschutz oder zur Stabilisierung der Pflanze dienen
Art: in einer Art werden alle Individuen einschließlich ihrer Vorfahren und Nachkommen zusammengefasst, die in ihren wesentlichen Merkmalen übereinstimmen und sich fruchtbar miteinander kreuzen lassen; Abkürzung sp. oder spec.
Astring: Verdickung an der Triebbasis; wird der Astring beim Schnitt belassen, verheilt die Wunde zügig
Auge: in den Blattachseln von Stauden, Sträuchern und Bäumen sitzen kleine, »schlafende« Knospen, die so genannten Augen; aus diesen treiben die Seitenzweige aus
Ausläufer: ober- oder unterirdische, meist lange und dünne Seitentriebe, die sich bewurzeln und zu neuen Pflanzen werden; erwünscht zur Vermehrung (z. B. bei Erdbeeren), oft aber auch lästig wegen allzu starker Ausbreitung; Ausläufer bildende Pflanzen können mit einer Wurzelbarriere in Zaum gehalten werden
Auslichten: Schnittmaßnahme, die dazu dient, die Wuchsform eines Gehölzes aufzulockern; beim Auslichten werden schwache oder quer wachsende Triebe entfernt
Ballen: von Erde umgebenes Wurzelwerk einer Pflanze
Baum: Gehölz mit einem deutlich ausgeprägten Hauptstamm und einer Krone, die sich aus Ästen und deren Verzweigungen aufbaut
Blühperiode: die Phase im Leben einer Pflanze, in der die Blüten ausgebildet werden; schneidet man Verblühtes ab, kommt es häufig zu einer zweiten Blühperiode
Boden, durchlässiger: ein Boden, der von seiner Struktur her bis in tiefere Schichten locker ist, mit hohem Sand- und/oder Humusanteil und frei von Verdichtungen; Regen- und Gießwasser erreicht schnell die Wurzeln, Überschusswasser bleibt nicht lange stehen, sondern versickert bald
Boden, humos: ein humoser Boden enthält reichlich organische Substanz, die Nährstoffe liefert, und ein reges Bodenleben, das die Nährstoffe aufschließt und für die Pflanzen verfügbar macht
Boden, tiefgründig: in einem tiefgründigen Boden können die Pflanzenwurzeln ohne Behinderung durch dichte Lehm- oder Gesteinsschichten gut bis in ca. 80 cm Tiefe vordringen
Bodendecker: Pflanzen, die flächig wachsen und somit die Erde unter Gehölzen oder in Beeten verdecken
Bluten: an den Schnittstellen nach dem Frühjahrsschnitt austretender Pflanzensaft
Containerpflanze: besondere Angebotsform vor allem bei Gehölz- und Staudenjungpflanzen; Containerpflanzen haben einen kompakten, gut durchwurzelten Ballen und lassen sich fast das ganze Jahr über pflanzen – Frosttage ausgenommen
Dünger, mineralischer: industriell hergestellter Dünger, der alle (Volldünger) oder bestimmte Mineralien (Spezialdünger) enthält; er gibt seine Nährstoffe rasch und gezielt an den Boden ab; meist in Form von Körnchen oder flüssig angeboten; mineralischer Dünger wirkt meist schneller als organischer
Dünger, organischer: natürlich entstandener Dünger wie Stallmist, Kompost, pflanzliches Mulchmaterial, Gründüngung und Fertigprodukte wie Guano, Gesteinsmehl, Knochenmehl oder Hornspäne; organischer Dünger gibt seine Nährstoffe langsam an den Boden ab
Einjährige: Pflanzen, die innerhalb eines Jahres aus dem Samen austreiben, Blüten und Samen bilden und danach absterben, d. h., sie gehen jedes Jahr neu aus Samen hervor
Eisfreihalter: ringförmiges Gerät aus hartem Styropor; verhindert das vollständige Zufrieren einer Wasserfläche im Winter
Flachwurzler: Pflanzen, deren Wurzeln sich flach und dicht unter der Erdoberfläche ausbreiten; man darf hier den Boden nur vorsichtig lockern; Mulchen ist vorteilhaft
Formschnitt: regelmäßiges Schneiden von Gehölzen, mit dem Ziel, architektonische oder phantasievolle Formen zu erhalten; meist mehrmaliger Schnitt während der Wachstumsperiode nötig
Gehölze: mehrjährige Pflanzen mit verholzten Stämmen und Zweigen (Bäume und Sträucher)
Gründünger: Pflanzen, die zur Bodenverbesserung auf einer freien Fläche ausgesät werden; sie verhindern die Austrocknung des Bodens, unterdrücken Unkräuter, verbessern die Bodenstruktur und liefern Nährstoffe
Halbsträucher: Gehölze, die in mediterranen Breiten verholzen, in Mitteleuropa aber oft bis zur Erde zurückfrieren und deswegen ähnlich wie Stauden zurückgeschnitten werden
Haupttrieb: stärkster Trieb einer Pflanze, von dem seitliche Triebe abzweigen
Hochstamm: von der Baumschule durch Pfropfung oder gezielten Schnitt erzeugte Wuchsform; die grünen Triebe wachsen erst in einer gewissen Höhe aus einem kahlen Stamm
Humus: nährstoffreiche obere Bodenschicht, die aus verrottetem organischem Material entsteht
Hybride: Kreuzung aus zwei oder mehr Arten
immergrüne Gehölze: Gehölze, deren Laubblätter über mehrere Vegeta-

tionsperioden hin rund ums Jahr erhalten bleiben; das Blattwerk wird in unauffälligen Schüben erneuert
Knolle: unterirdisches Speicherorgan von Stauden, das aus Sprossen oder Wurzeln entsteht; Knollen (z. B. Dahlien) werden wie Zwiebeln verwendet und je nach Blütezeit entweder im Frühjahr (Dahlien, Gladiolen) oder im Herbst (Alpenveilchen) gesetzt
Knospe: von Hüllblättern (Knospenschuppen) geschützter Wachstumspunkt, auch Auge genannt; beim Austrieb entstehen daraus Seitensprosse, Blüten oder Blätter
Kompost: humusartige Erde, die bei der Kompostierung organischer Abfälle entsteht; nährstoffreiche Beetauflage
Koniferen: Gehölze, deren Blätter als Nadeln ausgebildet sind
Leitstaude: in gemischten Staudenpflanzungen eine dominierende Art, die meist hoch wächst und besonders prächtig und lange blüht
Moor: sumpfiges Substrat mit saurem pH-Wert
Mulch: Deckschicht für Beete und freie Erdflächen aus organischem oder anorganischem Material; Mulch hält Bodenfeuchtigkeit zurück und unterdrückt Unkräuter; als Mulchmaterial dienen Rasenschnitt, Laub, zerkleinerte Baumrinde und Zweige, aber auch Kies und Splitt
öfter blühende Rosen: Rosen, die von Frühsoimmer bis Herbst wiederholt blühen
pH-Wert: gibt den Säuregrad des Bodens an; Böden mit einem pH-Wert um 7 sind neutral, Werte unter 7 kennzeichnen saure (z. B. torfige Böden), Werte über 7 basische Böden (z. B. Kalkböden)
pilliertes Saatgut: Samen, der vom Hersteller mit einer Schicht aus Nährstoffen umgeben wurde; erlaubt problemlose Aussaat
Quellsteine: mit einem Loch versehene Steine, aus denen mit Hilfe einer Pumpe sanft sprudelndes Wasser hervortritt
Rhizom: fleischig verdickter Wurzelstock, in dem Pflanzen Nährstoffe speichern; dient vielen Stauden als Überdauerungsorgan
Rotte: Zersetzung organischer Abfälle mit Hilfe von Bodenorganismen
Solitär: auffälliges, meist relativ großes und/oder breitwüchsiges Gehölz, das in Einzelstellung platziert wird
Sommerblume: kurzlebige Blütenpflanze, die nur eine Vegetationsperiode überdauert
sommergrüne Gehölze: Gehölze, die ihre Blätter im Herbst abwerfen, im Gegensatz zu immergrünen Gehölzen
Stacheln: auf der Außenhaut der Triebe aufsitzende Auswüchse, die sich leicht abbrechen lassen – im Gegensatz zu Dornen, die aus dem Holzteil wachsen
Stauden: mehrjährige, nicht verholzende Pflanzen, deren oberirdische Teile im Winter absterben, im Frühjahr aber wieder austreiben
Staunässe: in Senken oder Böden mit tiefer liegenden, tonigen Schichten kann das Regenwasser nicht abfließen und verbleibt zwischen den Bodenteilchen – Staunässe ist die Folge
Stecklinge: abgeschnittene Pflanzenteile, die sich bewurzeln und zu einer neuen Pflanze heranwachsen
Strauch: Gehölz mit mehreren Haupttrieben, die sich von der Basis ab verzweigen
Strauchbeete: Beete, die mit Sträuchern bepflanzt sind; in die Zwischenräume passen im Frühling Zwiebelpflanzen, im Sommer Schattenstauden
Sumpfpflanzen: Pflanzen, die im Grenzbereich zwischen Wasser und Land wachsen; sie brauchen dauerhaft feuchten Boden
Tiefwurzler: Pflanzen mit einer sehr tief in den Boden reichenden Hauptwurzel und wenigen Nebenwurzeln
Totholz: durch Krankheit, Frost oder Alter abgestorbene, nicht mehr austriebfähige Triebe, die abgeschnitten gehören
Trockenmauer: aus Natursteinen, ohne Mörtel aufgeschichtete, niedere Mauer; in mit Erde gefüllte Zwischenräume pflanzt man Trockenheit liebende Stauden oder Gewürze
Unterlagen: Wildrosen, auf die veredelt wird; sie bilden später den Wurzelstock der Rose aus, die Edelsorte die oberirdischen Teile
Verblühtes: sobald die Blütenblätter verwelken, setzt der nährstoffzehrende Prozess der Samen- und Fruchtbildung ein; wird Verblühtes regelmäßig entfernt, bilden sich sehr oft neue Blüten aus
Vertikutierer: mit Hand oder Motor betriebenen Geräten wird die Grasnarbe senkrecht eingeschnitten; damit wird verfilzter Rasen entfernt und der Wasserabfluss verbessert
Wedel: Blätter von Farnen
Wildtriebe: bei veredelten Gehölzen treiben manchmal aus der Pfropfunterlage so genannte Wildtriebe aus; sie müssen entfernt werden
wurzelechte Rosen: Rosen, die nicht veredelt, sondern durch Stecklinge vermehrt werden; sie wachsen auf eigener Wurzel und sind robuster
wurzelnackte Gehölze: Gehölze, die ohne Erdballen verkauft werden; sie werden in der Regel im Herbst oder Frühjahr gepflanzt und sollten nach dem Kauf rasch in die Erde kommen
Wurzelsperre: in den Boden eingelassene Bahn aus Kunststoff oder Metall, die das Wuchern von Pflanzen verhindert
Zwiebel: Speicherorgan aus fleischigen Blättern, die einen ruhenden Spross umgeben

Hilfreiche Literatur und Adressen

Hilfe und Anregungen bei allen gärtnerischen Problemen bieten Organisationen und Verbände, Zeitschriften und Bücher.
Legen Sie schriftlichen Anfragen stets einen frankierten Rückumschlag bei.

Bodenuntersuchungen:

Auskunft über Institutionen in Ihrer Nähe erteilt:
Verband Deutscher Landwirtschaftlicher Untersuchungs- und Forschungsanstalten
c/o LUFA Speyer
Obere Langgasse 40
67346 Speyer

Pflanzenschutz:

Biologische Bundesanstalt für Land- und Forstwirtschaft/Institut für Pflanzenschutz im Gartenbau
Messeweg 11/12
38104 Braunschweig

Bundesamt für Landwirtschaft, Sektion Zertifizierung und Pflanzen- und Sortenschutz
Mattenhofstraße 5
CH–3003 Bern

Österreichische Agentur für Gesundheit und Ernährungssicherheit GmbH
Spargelfeldstraße 191
A –1226 Wien

Pflanzenschutzmittel, Erden, Dünger:

W. Neudorff GmbH KG
An der Mühle 3
31860 Emmerthal

Bund deutscher Baumschulen e.V.
Bismarckstraße 49
25421 Pinneberg

Bund deutscher Staudengärtner
Godesberger Allee 142-148
53175 Bonn

Deutsche Gartenbaugesellschaft 1822 e.V.
Lauenhaus
78465 Insel Mainau

Österreichische Gartenbaugesellschaft
Parkring 12/III 1
A–1010 Wien

Verband Deutscher Gartencenter
Borsigallee 10
53125 Bonn

Zeitschriften:

FLORA
Gruner & Jahr AG & Co. KG
20444 Hamburg

Gärtnern leicht gemacht
Living & More Verlag GmbH
Lange Straße 51
77652 Offenburg

Gartenpraxis
Eugen Ulmer Verlag
Postfach 7000561
70574 Stuttgart

Garten und Haus
Österreichischer Agrarverlag
Achauerstraße 49 a
A–2333 Leopoldsdorf/Wien

GartenZeitung
Deutscher Bauernverlag GmbH
Wilhelmsaue 37
10713 Berlin

Kraut & Rüben
DLV GmbH
Lothstraße 29
80797 München

mein schöner Garten
Burda Senator Verlag GmbH
Postfach 1520
77605 Offenburg

Schweizer Garten
Zeitschrift der deutsch-schweizerischen Gartenbauvereine
Bahnhofplatz 1
CH – 3110 Münsingen

Weiterführende Literatur:

Haas, H.: *Pflanzenschnitt*
Gräfe und Unzer Verlag, München

Hensel, W.: *Gartenpraxis*
Gräfe und Unzer Verlag, München

Hensel, W.: *Wassergarten*
Gräfe und Unzer Verlag, München

Hertle/Kiermeier/Nickig: *Gartenblumen* Gräfe und Unzer Verlag, München

Hudak, R.: *Küchengarten*
Gräfe und Unzer Verlag, München

Mayer, J.: *Gartenjahr*
Gräfe und Unzer Verlag, München

Simon, H.: *Gärten gestalten*
Gräfe und Unzer Verlag, München

Pflanzenregister

Halbfett gesetzte Seitenzahlen verweisen auf Abbildungen.

Der Autor

Dr. Wolfgang Hensel ist habilitierter Botaniker und arbeitete viele Jahre in Forschung und Lehre an den Universitäten Bonn und Münster. Seit 1990 ist er als freier Autor und Übersetzer tätig. Er hat zahlreiche Gartenbücher veröffentlicht, vor allem zu Themen der Gartengestaltung und Gartenpraxis. Dr. Wolfgang Hensel hält fortlaufend Gartenkurse und Vorträge zu gärtnerischen, botanischen und ökologischen Themen. Die vielfältigen Anregungen aus diesen Kursen und Vorträgen bildeten die Grundlage für die Erarbeitung dieses Buches.

Die Fotografen

Adams: 141unt.; Arco-Images: 106mi.; Bärtels: 73li., 81re.; Bieker: 58unt.; Borkowski: U4li., 12, 13, 51li., 52unt., 135ob., 154, 155ob., 155mi.; Chugg, Torie/The Garden Collection: U1; Borstell: 17ob., 20/1, 20/2, 45, 48, 72re., 78mi., 83re., 84li., 92mi., 93mi., 93re., 101re., 103re116-117, 125mi., 129ob., 129mi., 132, 138, 139li., 139re., 150; Eberts: 38li., 38re., 122, 123unt.; Ernst: 110mi.; GAP: 19, 42, 52ob., 95li., 118-119, 143, 149ob., Gardenworld Picture: 100re.; Gartenfoto.at: 35mi., 39li., 39mi., 124, 126-127, 134, 135unt., 153ob., 153unt.; Getty Images: 22-23; Hansen: 2-3, 21/1, 29ob., 53ob., 53mi., 53unt., 65/2, 70-71; Hecker: 76re.; Imago: 91mi.; Laux: 112re., 115re.; Masterfile: 10-11; Mauritius-Images: 4-5, 6-7, 152; Meile: 78re.; Modeste Herwig: 72li.; 82li., 107li., 107mi., 108mi.; Nickig: 21/3, 25, 76mi., 77li., 78li., 82mi., 85li., 85re., 88li., 90li., 90mi., 90re., 91re., 92li., 92re., 93li., 95mi., 95re., 96re., 97mi., 97re., 102re., 104li., 104mi., 105li., 108re., 109mi., 112li., 113li., 114mi., 114re., 115li., 125unt., 129unt., 130, 133mi., 135mi., 139mi., Pforr: 73re., 74re., 96li., 96mi., 110li.,110re., 111li., 111re., 112mi.; Redeleit: 21/2, 26, 27li., 27re., 31re., 34li., 34re., 35li., 35re., 39re., 41/4, 49li., 50re., 51mi., 54,55re., 56, 57ob., 57mi., 57unt., 61mi., 63ob., 64/1, 64/2, 64/3, 64/4, 65/4, 75li., 83li., 84re., 100li., 101li., 103li., 113re., 121, 125ob., 153mi.; Reinhard: 55li., 65/1, 75re., 80re., 100mi., 104re., 105re.; Romeis: 20unt., 140; Roselover: 79re.; Sammer: 63unt.; Schick: 28; Schneider-Will: 17unt., 59ob., 75mi., 80li., 85mi., 91li., 94li., 109li., 133li., 146re.; Seidl: 74li., 76li., 79li., 81li., 89li., 106li., 106re.; Silvestris: 108li.; Strauß: 15re., 16, 20/3, 49re., 50li., 55mi., 58ob., 59mi., 59unt., 60, 61li., 61re., 62, 66/67, 69, 74mi., 80mi., 84mi., 88re., 89re., 94re., 102li., 102mi., 103mi., 109re., 114li., 115mi., 120, 123ob., 128, 136-137; Strauß/GBA: 88mi., 141mi.; The Garden Collection: 14, 15li., 21/4, 145, 146li., 147li., 147re., 148, 149mi., 149unt., 155unt., 156; Thomas: 77re.; Timmermann: U4re., 8-9, 18, 29mi., 29unt., 30, 31li., 31mi., 32ob., 32unt., 33ob., 33mi., 33unt., 36, 37ob., 37mi., 37unt., 40/1, 40/2, 40/3, 40/4, 41/1, 41/2, 41/3, 46, 47ob., 47unt., 51re., 63mi., 65/3, 79mi., 86, 87, 98-99, 107re., 133re., 141ob.; VisionPictures: 94mi.; Wildlife: 82re.

Impressum

Leitende Redaktion: Anita Zellner
Redaktion: Michael Eppinger
Lektorat: Sonnhild Bischoff
Bildredaktion: Daniela Laußer
Illustration: Claudia Schick
Umschlaggestaltung und Layout: independent Medien-Design, München
Produktion: Susanne Mühldorfer
Satz: Bernd Walser Buchproduktion, München
Reproduktion: Fotolito Longo, Bozen
Druck: Appl, Wemding
Bindung: m.appl GmbH, Wemding
Printed in Germany

ISBN 978-3-8338-0511-0

Auflage	4	3	2	1
Jahr	2010	2009	2008	2007

GRÄFE UND UNZER

100 JAHRE GANSKE VERLAGSGRUPPE

Ein Unternehmen der
GANSKE VERLAGSGRUPPE

DAS ORIGINAL GU MIT GARANTIE

Unsere Garantie

Alle Informationen in diesem Ratgeber sind sorgfältig und gewissenhaft geprüft. Sollte dennoch einmal ein Fehler enthalten sein, schicken Sie uns das Buch mit dem entsprechenden Hinweis an unseren Leserservice zurück. Wir tauschen Ihnen den GU-Ratgeber gegen einen anderen zum gleichen oder ähnlichen Thema um.

Liebe Leserin und lieber Leser,

wir freuen uns, dass Sie sich für ein GU-Buch entschieden haben. Mit Ihrem Kauf setzen Sie auf die Qualität, Kompetenz und Aktualität unserer Ratgeber. Dafür sagen wir Danke! Wir wollen als führender Ratgeberverlag noch besser werden. Daher ist uns Ihre Meinung wichtig. Bitte senden Sie uns Ihre Anregungen, Ihre Kritik oder Ihr Lob zu unseren Büchern. Haben Sie Fragen oder benötigen Sie weiteren Rat zum Thema? Wir freuen uns auf Ihre Nachricht!

Wir sind für Sie da!
Montag – Donnerstag: 8.00 – 18.00 Uhr;
Freitag: 8.00 – 16.00 Uhr
Tel.: 0180 - 5 00 50 54*
Fax: 0180 - 5 01 20 54*
*(0,14 €/Min. aus dem dt. Festnetz)
E-Mail:
leserservice@graefe-und-unzer.de

P.S.: Wollen Sie noch mehr Aktuelles von GU wissen, dann abonnieren Sie doch unseren kostenlosen GU-Online-Newsletter und/oder unsere kostenlosen Kundenmagazine.

GRÄFE UND UNZER VERLAG
Leserservice
Postfach 86 03 13
81630 München

Gartenlust pur

GU Gartenspaß – Schritt für Schritt zum grünen Paradies

ISBN 978-3-7742-6680-3
168 Seiten

ISBN 978-3-7742-6683-4
168 Seiten

ISBN 978-3-7742-6681-0
168 Seiten

Preis je Band: 16,90 € [D]

ISBN 978-3-8338-0193-8
168 Seiten

ISBN 978-3-7742-8838-6
168 Seiten

ISBN 978-3-7742-5617-0
160 Seiten

Gärtnerwissen für Einsteiger:

Gartenpraxis – leicht verständlich Schritt für Schritt
Pflanzenauswahl – 100 ausführliche Porträts
Gestaltung – viele inspirierende Ideen

GU
Willkommen im Leben.